本丛书为"十二五"国家重点图书出版规划项目

丛书主编　陈平原

学术史丛书

夏晓虹 著

晚清女子国民常识的建构

北京大学出版社
PEKING UNIVERSITY PRESS

图书在版编目(CIP)数据

晚清女子国民常识的建构/夏晓虹著.—北京：北京大学出版社，2016.1
（学术史丛书）

ISBN 978-7-301-26462-1

Ⅰ.①晚… Ⅱ.①夏… Ⅲ.①妇女教育—研究—中国—清后期 Ⅳ.①G776

中国版本图书馆 CIP 数据核字(2015)第 259664 号

书　　　名	晚清女子国民常识的建构 WANQING NÜZI GUOMIN CHANGSHI DE JIANGOU
著作责任者	夏晓虹　著
责 任 编 辑	徐丹丽
标 准 书 号	ISBN 978-7-301-26462-1
出 版 发 行	北京大学出版社
地　　　址	北京市海淀区成府路 205 号　100871
网　　　址	http://www.pup.cn　新浪微博：@北京大学出版社
电 子 信 箱	pkuwsz@126.com
电　　　话	邮购部 62752015　发行部 62750672　编辑部 62752022
印 刷 者	北京中科印刷有限公司
经 销 者	新华书店
	965 毫米 × 1300 毫米　16 开本　17.25 印张　256 千字 2016 年 1 月第 1 版　2016 年 1 月第 1 次印刷
定　　　价	48.00 元

未经许可，不得以任何方式复制或抄袭本书之部分或全部内容。
版权所有，侵权必究
举报电话：010-62752024　电子信箱：fd@pup.pku.edu.cn
图书如有印装质量问题，请与出版部联系，电话：010-62756370

"学术史丛书"总序

陈平原

所谓学术史研究,说简单点,不外"辨章学术,考镜源流"。通过评判高下、辨别良莠、叙述师承、剖析潮流,让后学了解一代学术发展的脉络与走向,鼓励和引导其尽快进入某一学术传统,免去许多暗中摸索的工夫——此乃学术史的基本功用。至于压在纸背的"补偏救弊""推陈出新"等良苦用心,反倒不必刻意强调。因为,当你努力体贴、描述和评判某一学术进程时,已有意无意地凸显了自家的文化理想及学术追求。

其实,此举并非今人的独创。起码黄宗羲的《明儒学案》、江藩的《国朝汉学师承记》已着先鞭,更不要说梁启超、钱穆各自独立完成的《中国近三百年学术史》。至于国外,同类著述也并不少见,单以近年译成中文的为例,便有古奇的《十九世纪历史学与历史学家》、丹尼尔的《考古学一百五十年》、尼古拉耶夫等的《俄国文艺学史》、勒高夫等的《新史学》,以及柯文的《在中国发现历史》等。

即使如此,二十世纪九十年代中国学人之热衷于谈论"学术史",依然大有深意。一如黄宗羲之谈"明儒"、梁启超之谈"清学",今日之大谈学术史,也是基于继往开来的自我定位。意识到学术嬗变的契机,希望借"辨章学术,考镜源流"来获得方向感,并解决自身的困惑,这一研究策略,使得首先进入视野的,必定是与之血肉相连的"二十世纪中国学术"。

当初梁启超撰写《清代学术概论》,只是其拟想中的《中国学术史》之第五种;今人之谈论"学术史",自然也不会以"二十世纪"自限。本丛书不只要求打通古今,更希望兼及中外——当然,这指的是丛书范围,而不是著述体例。

无论是追溯学科之形成,分析理论框架之建构,还是评价具体的名家名著、学派体系,都无法脱离其所处时代的思想文化潮流。在这个意义上,学术史与思想史、文化史确实颇多牵连。不只是外部环境的共同制约,更有内在理路的相互交织。想象学术史研究可以关起门来,"就学问谈学问",既不现实,也不可取。

正因如此,本丛书不问"家法"迥异、"门户"对立,也淡漠"学科"的边界与"方法"的分歧,只要是眼界开阔且论证严密的学术以及思想史、文化史方面的著述,均可入选。也许,话应该倒过来说:欢迎有志于通过触摸历史、感受传统、反省学科进而重建中国学术的学人,加盟此项说大不大、说小不小的"文化工程"。

1998 年 8 月 4 日

目 录

"学术史丛书"总序　　陈平原/1
导　言/1

第一章　经典阐释中的文体、性别与时代
　　——晚明与晚清的《女诫》白话注解/1
　　第一节　五个《女诫》白话文本/2
　　第二节　俗语与俗语之不同/8
　　第三节　男性中心的强化与消解/17
　　第四节　现实语境中的意义流转/24

第二章　晚清女性典范的多元景观
　　——从中外女杰传到女报"传记"栏/35
　　第一节　新教育与新典范/36
　　第二节　从"列女"到"女杰"/44
　　第三节　女豪杰与贤母良妻/54

第三章　晚清西方女杰传的隐藏底本
　　——《世界古今名妇鉴》的"百变身"/64
　　第一节　德富芦花与《世界古今名妇鉴》/64
　　第二节　女性语境中的《罗兰夫人传》/70
　　第三节　《世界十女杰》的秘藏原本/75
　　第四节　女报"传记"栏的隐身作者/84

第四章　明治"妇人立志"读物的中国之旅
——晚清女报中的西方女杰探源/95
第一节　明治时期的"妇人立志"传/96

第二节　《女报》(《女学报》)中的"西方美人"/101

第三节　《女子世界》中的西国"爱种"/110

第四节　《中国新女界杂志》中的欧美"女国民"/118

第五章　女性生活中的音乐启蒙
——晚清女报中的乐歌/126
第一节　女校音乐课与女报"唱歌"栏/127

第二节　"唱歌"栏与晚清女性生活/134

第三节　从女报走出的乐歌传人/190

第六章　晚清女报中的国族论述与女性意识
——1907年的多元呈现/196
第一节　《中国女报》中的"汉侠女儿"/198

第二节　《中国新女界杂志》中的"女国民"/206

第三节　《天义报》中的女虚无党/215

【附录】
晚清两份《女学报》的前世今生/225

　　上篇　《女学报》的创生/226

　　下篇　《女报》的再生/235

主要参考文献/246

后　　记/254

导　言

　　历史发展虽然是一个渐进的过程,但不可否认,对于近代中国来说,鸦片战争尤其是甲午战争,确实足以成为突变的界标。试观思想界之异动,从西方价值观念的备受拒斥,到与中国传统认知体系的平分秋色甚至"西风压倒东风",如此天翻地覆的变化,大体是在十九世纪末到五四前后这二三十年间完成的。当然,此处叙述的不只是个别思想者的先知先觉,而是其作为"国民常识"被广泛认可的情状。

　　所谓"国民常识",乃是借自梁启超的说法。1910年2月,仍在日本流亡的梁启超创办了《国风报》。在首期刊出的《叙例》中,梁氏已明确提出构造国民常识的立意,指认"常识者,谓普通学识,人人所必当知者也"[①],故与专深的知识相区别。在随后写作的《论常识》中,梁启超更进一步完善与丰富了这一论述。由此我们可以知晓其所确立的"常识"标准:

　　　　凡今日欧美、日本诸国中流以上之社会所尽人同具之智识,此即现今世界公共之常识也。以世界公共之常识为基础,而各国人又各以其本国之特别常识傅益之,各种职业人又各以其本职业之常识傅益之,于

---

① 《叙例》,《国风报》1年1期,《叙例》4页,1910年2月。

是乎一常识具备之人出焉矣。①

很显然,这里最重要的、构成国民常识基础的,乃是"现今世界公共之常识",其与"本国之特别常识"相异,而以"今日欧美、日本诸国"为标杆,文化层次则限定为"中流以上之社会"。正是以此人群、知识水平为准的,梁启超曾有意创立"国民常识学会"。尽管这一计划最终未能实现②,但梁氏关于"国民常识"的诸般论述,对于本书的议题实为最恰切的概括。

在近代中国,由精英知识分子发出变革的呼声,抵达并影响到下层社会大众,这个过程通常被称为"启蒙"。虽然西方思想家从康德到福柯,对于"启蒙"的内涵都做过精要的论述,但回归中国情境,窃以为,在晚清特定的历史时空中,将"启蒙"理解为梁启超界定的"国民常识"的普及,无疑更为得体。

其实,无待外求,"启蒙"本来就是中国古已有之的词语。按照《辞源》的解释,起码汉代应劭的《风俗通义》中,已有"祛蔽启蒙"之言;晋人顾恺之也著有《启蒙记》三卷。凡此,基本都是在开启蒙昧、教导初学的意义上使用的③。直到晚清,这一古老的义项仍然适用,故书籍中有《西学启蒙十六种》的印行,报刊中亦有《启蒙画报》的名目。其间发生变化的只是用来开蒙的知识体系或价值取向。

晚清以来的启蒙利器已由中学易为西学,即是梁启超所致力输入的以欧美、日本为主体的"现今世界公共之常识"。强调"现今",自然意在与中国的"传统"对峙。故无论是英国传教士艾约瑟编译的《西学启蒙十六种》,还是彭翼仲于帝都北京创刊的《启蒙画报》,其以西学新知启发蒙昧的用心并无二致。而所谓"蒙昧",虽然包括了不识之无,却更指向被旧学旧知所蒙蔽。以此,梁启超呼唤"勿为古人之奴隶",也直白道出了对"四书六经之义理"必须重加审视的要义④。正是在这一关节点上,晚清新学家的"启蒙"

---

① 沧江《说常识》,《国风报》1 年 2 期,8—9 页,1910 年 3 月。
② 参见笔者《梁启超的"常识"观》,《梁启超:在政治与学术之间》,224—258 页,北京:东方出版社,2014 年。
③ "启蒙",《辞源》(修订本)第一册,522 页,北京:商务印书馆,1979 年。
④ 中国之新民《新民说》第九节《论自由》,《新民丛报》8 号,3、4 页,1902 年 5 月。

搭上了康德的思想脉络,与其"公开运用自己理性的自由"方可达致的"启蒙"①意义贯通。

具体到本书所处理的对象——女性启蒙读物,笔者希望考索的是晚清知识精英如何借助各种文本,将"国民常识"播植于女界的实践。因此,除了一般国民均应具备的"现今世界公共之常识"外,在此书中,也会有意凸显专为女性群体特设的类项。

这里首先需要顾及的是传统中国女子的社会-文化地位。关于"男尊女卑"导致的女性各项权利的缺失,晚清以来的先进之士已不断研讨与抨击,不必复述。因此,对于当时的女性而言,争得与男性同样的权利与地位,实为"男女平等"的正确释义。尤应注意的是,这一被取法的"男子",亦属已经具备"常识"的国民②。在此之上或之外,又有西方女杰提供的人格典范,由此构成了其时"中国新女国民"③的理想境界。

而古代中国流传下来的成语"妇孺皆知",则为女性在文化位阶上处于最低端提供了明证。女子的知识、见闻等同于年幼无知的儿童,因此,"妇女都知道",便演生为无人不懂的另一种表述。无可否认,晚清的男性精英们正是在此基点上开始了其启蒙工作。这也是承载新学的通俗文艺作品与白话书写大行其道的一个重要原因。

尽管是从一个很低的起点出发,对女性的期待却相当高远。这直接反映在启蒙读物设定的"女国民"所应具备的"常识"并不少于男子,梁启超谓之"尽人同具",已含此意。此外,即使有弹词这样被归类为女性读物的通俗制作,晚清的女报中也必定设置"演说"或"演坛"等白话栏目,然而,统观其时的女子启蒙读物,出以文言写作者仍占主流。这又关乎对预期读者的想象。

---

① 康德著,何兆武译《答复这个问题:"什么是启蒙运动?"》,《历史理性批判文集》,24页,北京:商务印书馆,1990年。

② 秋瑾的说法最典型:"如今中国不是说道有四万万同胞吗?但是那二万万男子,已渐渐进了文明新世界了,智识也长了,见闻也广了,学问也高了,身名是一日一日进了……今日到了这地步,你说可羡不可羡呢?"(《敬告姊妹们》,《中国女报》1期,13页,1907年1月)

③ 杨千里《导言》,《女子新读本》,《导言》2页,上海:文明书局,1906年。

虽然分类是一件极其困难的事,很难做到周全,但女学堂既为晚清出现的新事物,因而,该时段女性启蒙读物的读者也不妨据此分为两类:一类为接受了新式教育的女学生,一类是未经入学的社会各界妇女。后者中当然也包括了历代并不缺乏的才女与女学士,多数却属于下层不识字的女性。文言书写的预期读者,显然以女学生为主,而兼及后类中的识文断字者。需要特别指出的是,这一设想正好和梁启超"中流以上之社会"的界定吻合。在此之外的人群,便只能归入辐射范围,并非直接的阅读主体。其实,即便是白话读本,也必得有粗通文字的最低设限。而女报"演说"栏的创设,本不无方便启蒙人士采取其中篇目以为宣讲底本的用意,故编者预期的辐射圈,也容纳了第二类妇女中的大多数。

若采纳上述的划分,晚清女性启蒙读物也可区别为两类,分别对应学堂教育与社会教育。二者在新式女子教育的起步阶段不无混淆,亦很正常。如1906年出版的《祖国女界伟人传》既以"足为二亿姊妹之模范"相期,又标明为"女子高等小学及中学教科"①。这种将可推广到所有女性的读物兼充课本的做法,乃是以民办女学堂的存在及尚无统一规范的教材为前提。但无论如何,启蒙者心目中的"常识"水准,还是比照未来的"新女国民"即女学生而设计制订的。女子教育连同其实践主体——女校师生,也因此成为晚清女性启蒙过程中至关重要的中介。欧美、日本新思想、新知识的传播,正是假道于此,才得以沟通上下,浸润、广布女界。

除去文白之别,晚清女性启蒙读物的种类亦相当繁复,本书无意遍及,也不可能穷尽。只是,从女学生的视角打量,纯粹的教科书之外,妇德经典新解、中外女杰传记与近代妇女报刊,应是其中最具影响力的部分。全书六章即就此展开:

第一章处理的是古典新知问题。汉代班昭所著《女诫》虽不足二千言,却一向被视为女教最重要的读本,历代诵读不绝。本章选取的五种《女诫》白话注解本,分别出自明代朝廷重臣与晚清民间女子之手。通过考辨在不

---

① 许定一《凡例》,《祖国女界伟人传》,《凡例》1页,封面,横滨:新民社,1906年。

同时代、文体与性别纠葛中的五个文本所呈现的不同样貌及其意义,笔者力图昭显的是晚清读本中女性注释者主体地位的确立与男性中心观的逐步消解,以及作为底蕴的男女平等意识的觉醒。

第二至四章则以逐步推进的系列考论方式,专注于女性典范的重构。晚清西学东渐,外国女杰的姓名、事迹竞相传入中国,对传统女性典范构成了空前未有的挑战。而寻求新典范的冲动,本是伴随着女子社会化教育的兴起而出现的。第二章即从新教育与新典范的结盟入手,以目前所能查找到的七部中外女杰传,以及分别发刊于京沪两地的《女子世界》和《北京女报》的传记栏为考察文本,剖析在外国女杰的选择引进与中国古代妇女楷模的重新阐释中,晚清女性人格理想构建的多元景观。

而当年出版的西方女杰传中,来自明治日本的影响堪称巨大。第三章即聚焦于日本著名作家德富芦花编辑、1898年印行的《世界古今名妇鉴》。该书虽不见称于晚清译界,其中的多篇传记却已在中国广泛流播,实为近代女性启蒙史上不容忽略的隐身文本。本章探讨了出自梁启超笔下的《罗兰夫人传》、充满革命激情的《世界十女杰》,以及三份重要的女报"传记"栏与这一源文本的密切关联,从而揭示出具有"百变身"的《世界古今名妇鉴》参与晚清"女界革命"的实绩。

在此基础上,第四章进而将源文本的探求扩大到明治时期数以百计的"妇人立志"读物,其所传写的西方女杰大批输入中国,乃以晚清女报"传记"栏为最重要的集散地。而无论是《女报》(《女学报》)仰慕的"西方美人",还是《女子世界》赞赏的西国"爱种",抑或《中国新女界杂志》表彰的欧美"女国民",经由译者契合本土情境的再度阐释与修正,这些脱胎于明治读本的女杰传记,不但与其他栏目相呼应,凸显了各报的办刊宗旨与现实思考,也在中国女界精神重塑的历程中发生了深远影响。

而晚清女报发明女界最新学说、报道女界最近动态的宗旨,也使其具备了启蒙教育集大成之作的品格。因此,延续第四章集中关注女报的思路,第五章又将视点移至"唱歌"栏。此栏目的设置实以女子社会化教育的展开以及女学堂音乐课的开设为依托,承担了衔接学堂教育与社会教育的使命。本章在论述时,有意结合记事、论说、传记、文苑等众多女报栏目的相关载录,借由仪式歌、励志歌、助学歌、易俗歌、时事歌思想内涵与使用情形的逐类分析,以求彰显启蒙乐歌在晚清女性生活中的多重实践效应。

有别于以上两章对栏目的关注,第六章转而择取晚清女报界迅速扩张的1907年做抽样研究。特别是同年诞生的《中国女报》《中国新女界杂志》与《天义报》,编辑均为女性,且都有留学或居留日本的经历。尤为可贵的是,三家女报各自独特的探求,使其在同一对话场域展现出多样的姿态。而无论是秋瑾之提倡民族主义、期待"汉侠女儿"的出现,燕斌之宣导国家主义、呼唤"女国民"的诞生,还是何震之标举无政府主义、推崇女虚无党的践行,都从不同的角度与层面切近了女性与国族的关系论述,丰富了近代中国的思想图景。

附录一章进而从发生学的角度,对中国最早出现的两份女报——1898年7月24日创办的《女学报》以及陈撷芬随后编刊的《女报》(后改名《女学报》)进行了考证。因原刊存世稀少,相关论说中错讹颇多。为此,本篇采用原始文献,详细考述了两份女报的编辑及发行情况,尤其注重主笔身份、栏目设置、白话文的使用以及两种女报之间的承继关系;并以新见史料,确凿地证实了1899年《女报》的已然存在。

更进一层,假如从上述所涉女性读物说开去,与之同类的晚清启蒙文本,由于具有将精英思想普及化以及付诸实行的特质,在近代思想史研究中理应得到更多的重视。可以说,在精英与大众、理论与实践两端,启蒙读本拥有广阔的施展与转化空间。如要还原近代中国"国民常识"的思想与知识图谱,这批文字可谓保留了最完备、最可靠的信息。本书所作的探求尽管只是管中窥豹,已自觉意趣无穷。

2015年2月12日于京西圆明园花园

第一章

经典阐释中的文体、性别与时代
——晚明与晚清的《女诫》白话注解

作为传统女教读本,汉代班昭所作《女诫》虽不足二千言,却影响深久,在中国历史上可谓无出其右。后世出现的《女论语》《女孝经》[①]之假托其名以申己说,已见一斑。而明代以降不断的选录与注解,更极大地提升了其地位,加速完成了文本的经典化过程。其间,属于白话系列的直解与浅释本的出现,是一个颇为引人注目的现象。而笔者目前所掌握的五种文献,恰好分别出自晚明万历与晚清光绪年间,著者身份则有朝廷重臣与民间女子之差异。于是,对笔者而言,从晚清回望晚明,分辨在不同时代、文体与性别纠葛中的《女诫》释读文本所呈现的不同样貌及其意义,也成为一件有趣的工作。

[①] 参见《宋尚宫女论语》《郑氏女孝经》,《明伦汇编·闺媛典》第二、三卷,陈梦雷、蒋廷锡编《古今图书集成》,395册,影印本,上海:中华书局,1936年。

第一节　五个《女诫》白话文本

晚明与晚清，在中国历史研究中往往因话题的交互性而相提并论①。不过，与追溯二者间实在的影响不同，考察相隔三百多年、并无承继模仿的两组《女诫》白话注解本，这里要做的其实是平行比较。

为便于下文的讨论，此处先将五个文本的大致情况简述如下：

最早出现的是张居正(号太岳，1525—1582)著《〈女诫〉直解》。万历六年(1578)二月，十六岁的明神宗成婚，娶平民出身的王氏为后②。而神宗母李太后因帝"大婚有期，虑民间女子未闲姆训"，乃取《女诫》，命时任首辅的张居正"略为注解，俾之诵读"③。结合张氏写于篇首的说明，"圣母慈圣皇太后命臣居正直解汉班昭《女诫》，以教宫闱"，可知此"民间女子"并非泛指，而张居正的注解本最初也仅供宫中教读，无意外传。直到张氏于万历十年(1582)病逝三十年后，家人所编《张太岳文集》刊行，此篇才得以在卷十一录入。

张本开篇冠以万历皇帝《圣制序》，以下依"曹大家女诫序""卑弱第一""夫妇第二""敬慎第三""妇行第四""专心第五""曲从第六""和叔妹第七"的原篇次序而下。每篇在题目之后，即提纲挈领，总括大意，第一篇

---

① 参见陈平原、王德威、商伟编《晚明与晚清：历史传承与文化创新》，武汉：湖北教育出版社，2002年。

② 见《明实录》第99册，《神宗实录》卷七十二，1556页，台北："中研院"历史语言研究所校印，1966年。王皇后生平见《明史·后妃传二》，其父王伟事略载《明史·外戚传》。

③ 万历皇帝《〈女诫〉直解·圣制序》，《张太岳集》卷十一，134页，上海：上海古籍出版社影印明万历刻本《张太岳文集》，1984年。其中"有期"一语，黄丽玲认为"'期'有一周年之义"，故判定"张居正于万历七年受命注解《女诫》"(《〈女四书〉研究》，42、43页，台湾南华大学文学研究所硕士论文，2003年)，不确。应据《明实录·神宗实录》万历五年八月所记"仁圣皇太后、慈圣皇太后谕礼部：今选得锦衣卫指挥使王伟长女为皇后，大婚有期，合行礼仪，该部会同翰林院定议以闻"(卷六十五，《明实录》，99册，1429—1430页)，解为张于万历帝大婚前，即受李太后之命注解《女诫》。依张说，著成当在"大婚礼成"之后。《明实录·神宗实录》万历六年八月载："圣母慈圣文皇太后所制《女鉴》，赐大学士张居正十部……居正等疏谢。"(卷七十八，1685页)应与此有关。

也简要介绍了班昭事迹,接着抄录原文,然后进入释读。而属于"直解"的部分又包括两项内容:先用白话讲解文言词汇,继之以"大家说"的白话译述。篇中,凡《女诫》原本文字均退两格排列,与张氏的直解乃顶格而书形成对照,惟解题以退三格相区别。如此版式,与其他各本迥异。

晚明另一以白话写成的《曹大家〈女诫〉直解》出自赵南星(字孟白,1550—1627)之手。赵氏以东林党领袖闻名,与邹元标、顾宪成并称"三君",官至吏部尚书①。此编撰于万历十五年(1587)夏五月。全篇以俗语申讲为主,偶有字词注释,也只插入前列原文的相应处;并且,"曹大家《女诫》叙"并无白话译解,仅简述:"大家(音姑)姓班,名昭,扶风人,班彪之女,固之妹也。嫁同郡曹世叔。昭有才学,节行法度。汉和帝时,数召入宫,令皇后诸贵人师事焉,号曰大家。"②显然以为叙述著作缘起的该篇文字对一般女子并不重要。卷首作者栏题"高邑赵南星解",卷末有自署"孟白书"一短跋,并记时间。书成后,即曾单独刊行。版式为原文顶格,赵解退一格。

其他三部《女诫》释读本则出自晚清。若以编写年代而论,当以劳纺所著《〈女诫〉浅释》最早。劳父乃宣(号玉初,1843—1921),浙江桐乡人,本为近代著名音韵学家,提倡拼音文字,所拟"合声简字法"颇切

《〈女诫〉浅释》内封

---

① 事见《赵南星传》,《明史》卷二百四十三,第 21 册,6297—6301 页,北京:中华书局,1974 年。

② 赵南星《曹大家〈女诫〉直解》,1 页,万历刻本。

实用。劳纺(1867—1901)①为其次女,字织文,除此书外,尚有《织文女史诗词遗稿》②。劳氏光绪十七年(1891)嫁与新疆巡抚、陕甘总督陶模之子保廉(亦作葆廉)为继室,十年后病逝广东。据其《〈女诫〉浅释·跋》云:"曩读是书,家大人命效闽县陈君心泉《〈论语〉话解》之例,衍为俗说。纺承命,句诠而字释之,数月而竣,名曰《〈女诫〉浅释》。"可知此篇乃是劳纺未出阁时所撰。劳氏作此本为"藏之书箧,聊用自箴",经其夫劝说,"谓尚浅显易晓,或于女教稍有裨益"③,方才付梓。

该书标为"汉扶风班昭撰/桐乡劳纺释",体例一如陶保廉《〈女诫〉浅释·序》所说:"每章先疏其字义,次衍说一通。"疏解字义均以双行小字,直接原文排印;而"衍说"部分均以"解曰"开始,低一格书写。陶序作于光绪二十四年(1898)仲冬,当时,陶与劳氏一同侍奉其父陶模,居住兰州。序后为《〈女诫〉校勘记》,说明:"此编所录《女诫》,悉依《后汉书》原本,证之坊刻《女四书》《宫闺文选》等书,文字微有不同。记其大略,以备参考。"查陶序,曾言其"代为校写"④,故知此校勘工作非劳纺自为。此书初版署"光绪己亥夏守拙之居刊",所谓"守拙之居"应与劳夫字拙存有关。以此推断,《〈女诫〉浅释》1899年版当为家刻本。

而先于劳纺之著、于1898年开始刊载的裘毓芳作《〈女诫〉注释》,写作时间反而靠后。此编自光绪二十四年四月初一日(1898年5月20日)起,在《无锡白话报》(后改名《中国官音白话报》)第3期连载,至七月初一日(8月17日)第17、18期合刊,已见"和叔妹第七"开篇。因未见八月十一日(9月26日)最后一册杂志,故无从知晓全文是否刊完。但起码光绪二十七年(1901)裘廷梁编印《白话丛书》第一集时,《〈女诫〉注释》作为第一种著作,已经全篇收入。

裘著直接署记为"金匮裘毓芳撰"。前有吴芙"光绪戊戌四月"即1898

---

① 见劳乃宣《韧叟老人自订年谱》(1922年刻本)同治六年及光绪二十七年条。
② 见胡文楷《历代妇女著作考》,624页,上海:上海古籍出版社,1985年。
③ 劳纺《〈女诫〉浅释·跋》,《〈女诫〉浅释》,卷末,光绪二十五年(1899)守拙之居刊本。
④ 陶保廉《〈女诫〉浅释·序》《〈女诫〉校勘记》,《〈女诫〉浅释》,《序》1、2页,《校勘记》1页。

年5月①所写序,而以华留芳女史的《〈女诫〉注释·后序》收束。正文部分,裘毓芳先介绍《女诫》其书与班昭其人,最后说道:"我如今先把这《女诫》的序,分做两段;先把字义解明白了,再把一句一句的意思,细讲出来。讲完了序,再把七篇《女诫》,依着次序,一篇一篇的细讲。"②其实在"细讲"之后,还有裘毓芳的阐发。全本排版方式为:班昭原文顶格,字义解释和逐句细讲低一格,作者发表的意见再低一格。其评述部分又以"裘毓芳说道"的提点,与每段细讲开头之"曹大家说道"相对应。

作者裘毓芳(1871—1902)乃近代女界名人。其字梅侣,无锡人。叔父裘廷梁光绪二十四年闰三月廿

《〈女诫〉注释·后序》书影

一日(1898年5月11日)创办《无锡白话报》时,由她主持编务,故戈公振《中国报学史》誉之为:"我国报界之有女子,当以裘女士为第一人。"③除《〈女诫〉注释》外,裘氏还在该刊接连发表了《孟子年谱》《海国妙喻》《海国丛谈》《海外拾遗》《俄皇彼得变法记》《日本变法记》《化学启蒙》《印度记》等。因此,《白话丛书》第一集所收《〈女诫〉注释》《农学新法》《俄皇彼得事略》《日本志略》《印度记》与《海外拾遗》六种,全为裘毓芳演述。而光绪二十

---

① 光绪二十四年(戊戌)四月初一为西历1898年5月20日,正好为发表吴芙序的当期《无锡白话报》预订之出刊时间,可见该期有延后。

② 裘毓芳《〈女诫〉注释》,《无锡白话报》4期,《〈女诫〉注释》3页,1898年5月25日。本文所用《无锡白话报》由日本关西大学的沈国威教授提供,特此致谢。

③ 戈公振《中国报学史》,130页,北京:三联书店,1986年。

四年六月初六(1898年7月24日)《女学报》在上海创刊,裘也为最初具名的十八位女主笔之一,并在第7期发表过《论女学堂当与男学堂并重》。其于光绪二十八年五月十六日(1902年6月21日)因传染时疫去世①,令人痛惜。

相比而言,为《〈女诫〉注释》作序的吴芙,生平最难考知。而吴氏所以重要,是因为其人也留下了一部《〈女诫〉注释》俚语本。现藏于上海图书馆的吴著乃清抄稿本,封面左上方大字竖写"女诫",下接小字"吴芙俚语本",右侧下方有"无锡白话报馆置"一行题记。这样也就可以了解,此本应是《无锡白话报》的存稿。

可惜,此篇并未完成,目前所见只有卷一,系对班昭《〈女诫〉序》的演绎。作者栏题署为"汉班昭撰/国朝吴芙演俚语"。其所谓"俚语"乃无锡方言。前面先顶格介绍《女诫》与班昭,接着退一格的大段"吴芙说道",意思大致与为裘毓芳书所撰序相同,不过以方言而非官话写出。接下来是对班序的抄录与解说,其形式别具一格:原文之后,先直接以"曹大家说道"引出俚语译文,然后才逐字逐句地讲解,程序恰与别书相反。最特别的是,译文中若干俗话文字旁,又以红笔画框,填进班序中相应的文言词语。对此,吴芙自己有解释:"拿红笔旁边竖出来,是什么花样?就是

《女诫》俚语本(夹有豆芽字母及绘图)

---

① 见《女史逝世》,《中外日报》,1902年6月30日。张天星《我国最早女报人裘毓芳卒年考证》(《江苏地方志》2008年1期)一文,据《大公报》1902年7月10日"时事要闻"栏报道,"裘女史已于五月十六日因染时疫病故",却误将其中的中历错会为西历。

注明白什么字是什么讲究。'鄙'就讲粗俗小气;'人'就讲人;'愚'就讲笨;'暗'就讲弗明白……"①卷首则是一篇"七字俚语"的《〈女诫〉注释题辞》,虽未署名,应当也是吴芙手笔。该卷的写作时间,应略早于据吴文改写的裘著序所署之"光绪戊戌四月"。

　　从为裘毓芳撰序之交情看,吴芙显然为女性。其行文间时常出现音韵标记,吴氏也自言,有些字"书上弗曾有过,写他不出,故此就用等韵简马[码]"②,而等韵是一门相当专门的学问,少有女性学习,因此笔者也曾疑心,此位吴芙或许是托名作者。后查阅吴稚晖年谱,知其有一女恰名吴芙(字孟蓉),1889年11月9日出生,《无锡白话报》刊行时,才得虚龄十岁。更得知吴稚晖于1896年创造了"豆芽字母","以拼音字母,拼写乡音俗语,以代字母,使文盲可以据以代语";"并教家人试学'豆芽字母',以为通讯工具"③。而此一《〈女诫〉注释》俚语本中所用的"等韵简马[码]",即为吴氏家传的"豆芽字母",因此可以断定,此稿的作者吴芙即为吴稚晖之女。吴芙1902年6月随父亲一起留学日本,进实践女学校④;1909年又追随父亲留学英国,专习化学。后定居上海,1973年病殁⑤。

　　总括上述诸本,晚明二种均出自男性重臣,晚清三种均由民间女子编写,两组作者身份存在巨大差异。反映在文本的外貌样式上,尽管张居正本以直解的顶格而书突出了解释者的身份,毕竟还是依仗权势得来;后出的三种文本则不但加强了序跋的撰写,更由"解曰"过渡到直揭姓名的"××说

---

　① 吴芙《〈女诫〉注释》(俚语本),6页。原本未标页码。
　② 同上书,15—16页。
　③ 杨恺龄《民国吴稚晖先生敬恒年谱》,12、19页,台北:台湾商务印书馆,1981年。吴稚晖则自序于乙未年(1895)"依了《康熙字典》的等韵,做成一副豆芽字母"(吴敬恒《三十五年来之音符运动》,庄俞编《最近三十五年之中国教育》,卷下,30页,上海:商务印书馆,1931年)。
　④ 《大公报》1902年6月20日转载《苏报》消息,述其偕夫人并带女学生八人赴日。另,《日本留学中国学生题名录》记吴芙入学"帝国妇人协会",实即与同行的陈彦安、胡彬夏等一同进入帝国妇人协会会长下田歌子所办实践女学校(房兆楹辑《清末民初洋学学生题名录初辑》,45页,台北:"中研院"近代史研究所,1962年)。
　⑤ 见杨恺龄《民国吴稚晖先生敬恒年谱》,37—38页。另参见蒋术《吴稚晖和他的一家》,《卢湾史话》第四辑,34页,政协上海市卢湾区委员会文史资料委员会编印,1994年。

道",不满足于"跟着"班昭说,还要"接着"班昭说,从而确立了女性注释者的主体地位。

第二节 俗语与俗语之不同

尽管同样是俗语写作,晚明的两种《女诫》直解与晚清的三种《女诫》注释(浅释),在白话程度与文白观念上却有很大差别。

不妨以《女诫》第一章"卑弱"的第一节为例,比较一下各家的"今译"。班昭原文作:

> 古者生女三日,卧之床下,弄之瓦砖,而斋告焉。卧之床下,明其卑弱,主下人也。弄之瓦砖,明其习劳,主执勤也。斋告先君,明当主继祭祀也。三者盖女人之常道,礼法之典教矣。①

张居正《〈女诫〉直解》将其文自"而斋告焉"以下,分作两段,解曰:

> 大家说:古人生女,三日之后,卧之床下,寝之于地,将一块纺砖与他拈弄。斋戒而告之祖先,说我某日生一女。
>
> 这一节是解说上四句之意。大家说:古人生女,所以卧之床下者,明其不高傲,不强梁,专尚卑弱之义。盖女人以事人为职,故专主于下人,而不可高傲也。所以弄以纺砖者,明其熟习劳苦之义。盖女人以纺织为职,故主于执持勤劳,而不可懈息也。斋告先君者,盖女子长大嫁人,将以内助其夫,承家祭祀,故于诞生之初,即斋戒而告之。这三件乃女人常行之道,礼法中常以为教而不容已者。②

---

① 班昭《女诫》,见《列女传·曹世叔妻传》,范晔《后汉书》卷八十四,第10册,2787页,北京:中华书局,1965年。
② 张居正《〈女诫〉直解》,《张太岳文集》卷十一,136页。

赵南星文作：

> 古时人生下女子，到第三日，放在床下卧着；将压纺车的砖与他弄；斋戒告于祖宗之庙，说道：如今生了第几的女子。这三件古人都有个意思：放在床下卧着者，明他是个女子，比男子低下软弱，主屈下于人也；将压纺车的砖与他弄者，明女子家要演习劳苦，主执持勤劳也；斋戒告于祖宗之庙者，明其他日长大时，当主继祖宗的祭祀也。这是古人的意思，乃是女人的常道，礼法的常教，做女子的须如此行。①

二人的译解都在努力通俗，但仍保留了很多文言词语。特别是张居正之文，虽增加了不少串联、解说，字数增多，却因文辞近古，反倒比文白夹杂的赵文显得简洁。

晚清三位女性之文则是别一番风貌。劳纺的浅释为：

> 解曰：古时候生了女儿，三天底时候，教他睡在地下；会顽了，给他纺线底瓦顽；又斋戒祭祀，告诉祖先。教他睡在地下，是表明他卑下柔弱，该当让人底意思。给他纺线底瓦顽，是表明他该当学习劳苦，作事勤谨底意思。斋戒告诉祖先，是表明他该当承上代祭祀底意思。这三样，就是作女人们常行底道理，有礼法人家常行底事情了。②

语句已经相当浅白。裘毓芳的释文更进一步，连"解曰"这样用于标志的文言套语也已取消：

> 曹大家说道：古时生下女孩，到了三朝，把女孩睡在床下；拿块纺纱时踏脚的砖，与他弄弄；斋戒了，到祠堂里告诉祖先，说某月某日生了个女孩。这三层事，古时无论大小百家，都是这样。为什么要把女孩睡在

---

① 赵南星《曹大家〈女诫〉直解》，2—3 页。
② 劳纺《〈女诫〉浅释》，3 页。

床下呢?就是说既做了女孩,与男子比较,总要男子高些,女子低些;男子强些,女子弱些。所以做女人的道理,总要看得自己极卑下,才好。为什么要把瓦砖与他弄呢?就是说既做了女人,总要学习纺纱织布,一切劳苦的事情,取他大起来勤谨的意思。为什么要斋戒了,到祠堂里告诉呢?就是说做女人的,在一家当中,关系极重大,祖宗的香烟羹饭,都要靠着他的。这三件事情,都是做女人的道理。凡讲究家礼、讲究家法的,总要把这些典故教他。①

吴芙的俚语本自然应该更加通俗,且具方言色彩。只是由于现存稿本仅有对班昭《女诫》序的解说,故在此只能抄录其演述"鄙人愚暗,受性不敏,蒙先君之余宠,赖母师之典训"的释文:

> 曹大家说道:我个粗俗小气人,又笨又弗明白;受着天拨个灵性,又弗聪明。那个遮好子我,叫我弗坍眼?遮好是父亲个一点点多头欢喜。那个托住我,叫我弗跌倒?托住是母亲、女先生个拿正道理来教训我。②

需要特别说明的是,晚明两种直解本均无句读,而晚清三种注释本中,裘著是以空格代句读,即现在加标点处,原先均空一格,劳、吴二本亦有点断。如此处理,自然更方便文化程度较低的人阅读。

浏览五段文字,也可感觉到,前三者无论白话程度高低,基本属于书面语;而裘毓芳与吴芙的译述,显然更接近口语。最明显的是设问句的增多。以张居正文作比对,其第二节"解说上四句之意",连续采用了"所以……者"的句式;到裘毓芳,即改为三个"为什么"。而吴芙也在"蒙先君之余宠,赖母师之典训"的两个叙述句之前,接连使用了两个"那个……叫我

---

① 裘毓芳《〈女诫〉注释》,《无锡白话报》9、10期合刊,《〈女诫〉注释》7—8页,1898年7月9日。
② 吴芙《〈女诫〉注释》(俚语本),5—6页。

弗……"。这些在原文之外，额外添加的问句，实际被赋予的是提请注意的功能。类似的需求更多见于演说的场合。因为演讲者面对的是各式各样众多的人群，要其聚精会神连续听讲，便不时需要插入提问，令听众关注以下的讲说。据此，我们可以认为，裘、吴二著实为模拟口语的写作，乃是其时已经开始流行的演说之文本演示。

进一步尚可考察其人对于白话的态度。尽管同样使用俗语，但各人对于俗语的价值判断显然不同。其中张居正的情况最特殊，《〈女诫〉直解》之外，他还编撰过《〈四书〉直解》《〈书经〉直解》与《〈通鉴〉直解》。而其著作无一例外，均属于皇家读本，后三种更是专为小皇帝明神宗而作。其《拟日讲仪注疏》中，给万历皇帝规定的日常功课是："先读《大学》十遍，次读《尚书》十遍，讲官各随即进讲。""近午初时，进讲《〈通鉴〉节要》，讲官务将前代兴亡事实直解明白。"若皇帝仍然"于书义有疑"，张居正等讲官"再用俗说讲解，务求明白"①。其《直解》各书既然是为了迁就十龄幼帝或读书不多、来自民间的皇后之知识水准，便只能采用"俗说"。在此情境下，可想而知，张居正自不便贬斥白话。然而，其进呈讲章奏折中所说，"虽章句浅近之言，不足以仰窥圣学精微之奥，然行远升高，或亦一助"②，在以俗语为入门阶梯的同时，仍然透露出了白话无法传达经典之微言大义的意思。

这一将白话视为低层次解道工具的理解，与赵南星完全相同。在《曹大家〈女诫〉直解·跋》中，赵氏直言：

  曹大家之文甚古。《女诫》不及他文，乃欲其女之易晓耳；然尚未易晓也。余是以解以俗语。俗语未必一一皆合于古解，容有未悉者，要在女子知其大义，仿而行之。以为淑媛贤妇，在于存心定志，岂在言语文字间哉？③

---

① 张居正《拟日讲仪注疏》，《张太岳文集》卷三十七，470 页。
② 张居正《进讲章疏》，《张太岳文集》卷三十八，485 页。
③ 赵南星《曹大家〈女诫〉直解·跋》，《曹大家〈女诫〉直解》，19 页。

因班昭撰《女诫》，自云是为女儿们而作："但伤诸女方当适人，而不渐训诲，不闻妇礼，惧失容它门，取耻宗族。"①故写作时已经格外照顾到女儿们的读书能力，力求通俗易解。不过，由于时代变异的缘故，赵南星认为其文字"尚未易晓"，不得已，才用白话讲解。但俗语在他看来，于准确、精深处仍有欠缺，只能传写大意，而无法贴合文言经典的"古解"。因此，作为以通俗为目标的载道之具，其最终的命运也应当是得意忘言，被丢弃。由此可以判定，晚明的两位名臣虽有白话著述，内心却实在瞧它不起。

同样是以俗语作为解读经典的方便法门，晚清三位女性已对白话更多好感。就著述目的而言，劳纺的《〈女诫〉浅释》区别于后出的两种《〈女诫〉注释》处，在其原本是"藏之书箧"、无意行世的"自箴"之作。本来，如为自习自用，应取对于本人最方便的语体形式，文言自会优先。从劳纺所作跋中，已可见出其文言写作之熟练。而劳乃宣偏偏命其女效仿陈澧（字心泉）的《〈论语〉话解》"衍为俗说"，也即是说，劳纺之采用白话注解，完全是遵照其父劳乃宣的旨意。这又与劳乃宣虽为音韵学家，却不但不鄙斥白话，反而在晚清白话文与拼音化运动中表现出色有关。劳氏所以改造王照的《官话合声字母》，创制适应于南方语音的《合声简字谱》，并积极推进设立简字学堂，固然与晚清的启蒙思潮相应合，也源自其"言文一致"的语用观：

> 中国文字，渊懿浩博，其义蕴之精深，功用之闳远，为环球所莫及。顾学之甚难，非浅尝所能捷获，故但能教秀民而不能教凡民。天下秀民少而凡民多，此教育之所以不易普及也。泰西以二十六字母、东瀛以五十假名括一切音，文与言一致，能言者即能文，故人人能识字，实为教凡民之利器。我中国数百兆凡民，欲令普受教育，非学步之不可。②

这虽是劳乃宣日后的实践，但当初命女儿以"俗说"解释女教经典《女诫》，

---

① 班昭《女诫》，《后汉书》，第10册，第2786页。
② 劳乃宣《〈重订合声简字谱〉序》（1905年），文字改革出版社编《清末文字改革文集》，52页，北京：文字改革出版社，1958年。

实已存文、白平等看待之心,并不像张居正、赵南星那样担心白话传写中精义的失真。

有意味的是,在白话文运动兴起后,1902年,《苏报》主人陈范之女陈撷芬在上海续出《女报》,也曾经专门摘刊劳纺《〈女诫〉浅释》中的白话释文,套用《女报》已有之"演说"栏目,将其改题为《〈女诫〉演说》,连载三期。在陈氏看来,劳纺的白话《女诫》,可使"阅者较读《女诫》受益百倍"①。如此,劳纺其人虽已早逝,但她遗留的白话文本还是参与到晚清白话文书写的时代潮流中,发挥了效应。

同劳纺的情形相似,裘毓芳之与白话结缘,乃出于叔父裘廷梁的主意。光绪二十三年(1897)夏,裘廷梁曾至上海,动员主持《时务报》的汪康年"增设浅报"。可惜汪事务繁杂,无力顾及,裘因此起意自设报馆。作为前期准备,"岁暮无事",裘遂"令再从侄女梅侣,以白话演《格致启蒙》",而获得了"观者称善"的成功,这才有了随后的聚合同志、创办《无锡白话报》之举。办报的目的在于启蒙,此即裘廷梁宣布的"以话代文,俾商者、农者、工者,及童塾子弟,力足以购报者,略能通知中外古今,及西政西学之足以利天下,为广开民智之助"。该报的内容于是分作三项,裘毓芳之《〈女诫〉注释》便属于列在首位的"演古"②类。

作为一名激进的白话文提倡者,裘廷梁对于文言与白话的体认已迥异前人。从语源学的角度,裘氏在其名文《论白话为维新之本》中专门论证,人类社会初期,乃是"因音生话,因话生文字"。为此,他还引用当时先进的西方科技产品留声机作了形象生动的比喻:"文字者,天下人公用之留声器也。"白话之兼有语音与文字的二重性,符合晚清白话文运动倡导者的"言文一致"理想,在此表述中得到了充分显示。故曰"文字之始,白话而已矣"。尽管这一判断并不十分准确,但裘氏关于文字产生过程的叙述大体可信,仍可为其白话文优先的理论提供有力支持。后世的言、文分离,"一

---

① 陈撷芬《〈女诫〉演说》附志,《(续出)女报》2期,1902年6月。劳织文《〈女诫〉演说》刊于《(续出)女报》2—4期。

② 裘廷梁《〈无锡白话报〉序》,《时务报》61册,4页,1898年5月。

人之身,而手口异国",则被裘廷梁视为"二千年来文字一大厄"①,其最大的恶果乃是使得民力耗散、国家衰落。

文字既然是因应实用而产生,文言、白话便无差等,应一视同仁:

> 文言也,白话也,繁简不同,而为用同。祗有迟速,更无精粗。

而为了强调"白话为维新之本"的主旨,裘廷梁甚至更努力贬低文言,斥责文言的"踵事踵[增]华,从而粉饰之","是未知创造文字之指也",是以"外美"掩其"陋质"。若回归文字创造的实用本原,此时白话反应高于文言,这就是裘氏的惊人之论"崇白话而废文言"推导产生的理论依据。故从实用性考量,裘廷梁认为,汉以前之群经、诸子、传记,"今虽以白话代之,质干具存,不损其美";"汉后说理记事之书,去其肤浅,删其繁复,可存者百不一二"②。由此,裘毓芳《〈女诫〉注释》之以白话译述文言,不但不会使精微之旨暗淡失色,反而被认作因祛除芜杂,可令要义更为显豁呈现。

在晚清白话文运动中,吴稚晖与裘廷梁可谓志同道合之友。《无锡白话报》的创立也得其启示,第 1 期《白话大行》即提道:"无锡做白话头一个人,是吴举人名眺[朓],号叫稚晖。他两三年前,做出好几种白话书,个个看了佩服,可惜都未做完。"③而吴氏创造"豆芽字母",以之拼写无锡方言,又与劳乃宣同为中国拼音文字的先驱。其女吴芙以无锡方言注解《女诫》,便顺理成章地搬用了这套字母,"拼着写弗出个字,就终用等韵简马[码]"④,因此使其书别具一格。而此书未能在《无锡白话报》刊出,除了未完稿之外(当时许多连载文章其实是边刊边写),更重要的原因应该还是"豆芽字母"在排印上存在困难。当然,自第 5、6 期合刊始,考虑到"报首标

---

① 裘廷梁《论白话为维新之本》,《无锡白话报》19、20 期合刊,本文 1—2 页,1898 年 8 月 27 日。
② 裘廷梁《论白话为维新之本》,《无锡白话报》19、20 期合刊,本文 2 页。
③ 《白话大行》,《无锡白话报》1 期,《无锡新闻》1 页,1895 年 5 月 11 日。
④ 吴芙《〈女诫〉注释》(俚语本),16 页。

明'无锡'二字,恐阅者或疑专为无锡而设,尚虑不足以号召宇内"①,《无锡白话报》因此改名《中国官音白话报》,也使得方言作品减少了在该刊露面的机会。

尽管放在晚清语境中,笔者特别凸显了三部女性的《女诫》白话注本在言文合一方向上的推进之功,不过,依照五四时代周作人的看法,晚清的白话文仍透露出强烈的文言气息:"现在白话文,是'话怎样说便怎样写',那时候却是由八股翻白话。"列举的例证恰是吴芙为裘毓芳《〈女诫〉注释》所作序及华留芳后序的开篇部分:

> 梅侣做成了《女诫》的注释,请吴芙做序,吴芙就提起笔来写道:从古以来女人,有名气的极多,要算曹大家第一。

> 华留芳女史,看完了裘梅侣做的曹大家《〈女诫〉注释》,叹一口气说道:唉!我想起如今中国的女子,真没有再比他可怜的了。②

周氏批评说:"这仍然是古文里的格调,可见那时的白话,是作者用古文想出之后,又翻作白话写出来的。"③而吴芙俚语本的发现,则让我们有可能澄清其间的误会。

如果比较吴芙的《班昭〈女诫〉注释·序》与其自撰《〈女诫〉注释》俚语本的第一段"吴芙说道",不难看出,前文是由后文改写而成(为方便比对,两段文字中相异的部分用下划线标出)。如吴芙希望女子学习班昭,"要拿曹大家做个榜样",其美名也因此得到传扬,说的是:

> 住到一处,个个称赞,<u>做个村中底好嫂嫂,弄到满巷姑娘齐行要好</u>。

---

① 《本馆告白》,《无锡白话报》4 期,卷末,1898 年 5 月 25 日。
② 华留芳之引文依据裘廷梁编《白话丛书》本《〈女诫〉注释》30 页,标点与周作人所用不同。
③ 周作人《中国新文学的源流》,98—99 页,北平:人文书店,1934 年。

死子着大着小,个个眼泪索索抛。隔子三十、廿年,还说着他底好处。念书人听见子,记到书上去,搭他扬名,就搭曹大家一样。隔开一千六七百年,还个个晓得他。闭笼子眼睛一想,想他少年时候,就一个端端正正,秀秀气气一个贤慧小姐,活龙活现,到眼睛前头来了;想到他年纪大个时候,就一个弗火冒,也弗多话,一个板方老太太,活龙活现,到眼睛前头来了。①

写到裘序中,已完全改成其时通行的官话:

住到一处,个个称赞,把他做个好榜样。死了没大没小,个个眼泪汪汪,不住的哭。隔了二三十年,还说着他底好处。念书人听见了,记到书上去,替他扬名,就与曹大家一样。隔开一千六七百年,还个个知道他。闭着眼睛一想,想他少年时候,就一个端端正正、秀秀气气的贤慧小姐,活龙活现,到眼睛前头来了;想到他年纪大的时候,就是一个慈眉善眼、循规蹈矩的老太太,活龙活现,到眼睛前头来了。②

很明显,那些生动鲜活、贴近口语的无锡方言,已被替换成中规中矩、通行全国的官话。由此可以窥见,晚清的白话文中,尚应区别出模拟方言与模拟官话两种不同的路数,前者更接近日常生活形态的口语,后者对于非官话流行区的作者而言,其实已含有书面语的意味。

回到周作人的质疑,我们也可以断定,那些由古文翻成白话的改动,实出自《无锡白话报》编辑之手——可能是裘廷梁,也可能是裘毓芳本人。因为在《〈女诫〉注释》俚语本的"吴芙说道"之后,紧接着的话是:"从古以来个女人,有名气个极多,要算曹大家第一。"③不但没有开头的套话,其中明

---

① 吴芙《〈女诫〉注释》(俚语本),4—5 页。
② 吴芙《班昭〈女诫〉注释·序》,《无锡白话报》3 期,《〈女诫〉注释》1 页,1898 年 5 月 20 日。
③ 吴芙《〈女诫〉注释》(俚语本),3 页。

显的无锡方言用字"个",在裘书序里也都作了修改。当然,确如周作人所示,带有古文调的白话历来并不少见,前引张居正、赵南星之作即为范例,这本是作者文言写作习惯涤除不尽的结果。只是这种指责与吴芙不相干,其俚语著述倒是更合乎周氏"话怎样说便怎样写"的标准,甚至比周作人本人的写作更加口语化。

而且,需要特别指出的是,我们也不应漠视裘毓芳采用官话书写背后的深刻用心,这本是使白话文成为通行全国的唯一文体的必要步骤。因此,裘廷梁日后评价《中国官音白话报》时期裘毓芳的写作,称其"所译中西书籍,逐字逐句,不失丝毫真相,盖皆忠于译事,又皆白话高手"①,确为实情。故从保存与呈现晚清白话文演进的真实形态来说,晚清三位女性的《女诫》注解也值得重视。

第三节 男性中心的强化与消解

班昭著《女诫》,乃是遵照《礼记》诸篇对于女子的严格规范而作阐发,其男性中心的意识极为明确。这一点,历来的引用、注释者从未错认,也毫不怀疑。倒是晚清"男女平等"的思想自西方传入后,《女诫》的立场才受到质疑。特别是对于女性阐释者而言,如何弥缝其间巨大的鸿沟,转变观念,正是为难之处。由此,晚明与晚清的白话释读本才构成了某种意义上的对峙。

不必说,熟读儒家经典、负有教导皇帝之责的张居正,对《女诫》的理解自然是异常精确。比之赵南星的尚拘泥于原文,极少发挥,张氏则每每在译文中钩沉隐而未发之意,并时常在每段讲解起首,先总括大义,全文七章也各有解题。凡此类地方,最值得留意。

《〈女诫〉直解》各章的题解提要钩玄,在揭橥班昭撰著的逻辑推演线索的同时,也显现出张居正对全篇精义的把握。《女诫》以"卑弱"为第一章,

---

① 裘廷梁《与从侄孙维裕书》,《可桴文存》,28页,无锡:裘翼经堂,1946年。

张氏认为乃带有开宗明义之意:"此一章专说女人卑而不高、弱而不强之义。盖女乃坤道,以柔顺为主。卑弱者,女德之先务也,故以为第一章。"而"有男女则有夫妇,故以夫妇为第二章"。第三章"敬慎",张居正解"'慎'字当作'顺'字,古时'慎''顺'二字通用";承上而言,"有夫妇,则有夫妇的道理。敬顺者,妇人之道也,故以为第三章"。"女人之道,其大者在敬顺,其行则多端,故以妇行为第四章。"下一章"专心",与"妇行"章的关联是:"专心是一心只敬事夫主,更无他虑。妇行固有四,而根本节目之大者,则在于贞静,故以专心为第五章。""以上五章,论女人之道,大略尽矣",但因"未及于舅姑,故以曲从为第六章";又因"舅姑之心不可失,而叔妹者,则舅姑之所爱也,欲得舅姑之心,不可不知处叔妹之道,故以和叔妹终焉"①。如此排比已清楚地显示出,在张居正读来,《女诫》的整个叙述都是围绕男性-丈夫展开的。

虽然班昭与张居正一致认定,女子一生都是男子的附属品,无论是在家为女,还是出嫁为妻,均无改变;不过,班昭之文毕竟简洁古奥,不易深入领会。张氏于是特别在章句解读中用心发力,阐幽烛微,上下勾连。经此一番处理,原有的男性中心意识不但贯穿前后,也得到了明显的加强与张扬。

按照《女诫》第一章的说法,自出生之日起,女子便经由"卧之床下""弄之瓦砖""斋告先君"这一系列的仪式,明确注定了其"卑弱""执勤""主继祭祀"的本分。张居正以为字面的解释犹有不足,故在"卧之床下,明其卑弱,主下人也"的解说中,特别增加了"盖女人以事人为职"一句,以连属"故专主于下人,而不可高傲也"②的下文,由此规定了女子一生不容改变的附属地位。

既嫁之后,为人妻、母,女性的生活更是专以丈夫为轴心,视听言动,不容或离。而《女诫》关注的核心问题,也随即转化为如何讨夫的欢心。这一点,张居正的解说可谓得其深心。"夫妇"一章讲"妇不能承事其夫,则妇之义理堕阙,便不成个妇人了",虽强调了"事夫"之责,毕竟还是在班昭"妇

---

① 张居正《〈女诫〉直解》,《张太岳文集》卷十一,136—143页。
② 同上书,136页。

不事夫,则礼义堕阙"的文义内。至"敬慎"章篇末,于"恩爱俱废,夫妇离心矣"诸句之后,又添加上"然其始,皆由女人不敬顺所致,可不戒哉"的训示与叹惋,既是回应前文"敬顺之道乃为妇之大礼也"以及题目"敬慎"即"敬顺"之义,也有再次强调女人必须敬谨侍奉丈夫、以免失宠被逐的用心。特别是《女诫》两次引用已经失传的《女宪》中"得意一人,是谓永毕;失意一人,是谓永讫"之言,也给张居正的阐释以启发与鼓励。"专心"章便一再补充"所以求得夫主之意者,在此而已","以此求得夫主之意,岂不难哉",所谓"专心",实集注于丈夫一身。而妻子所以要是非不分地曲从公婆,委曲谦让地和好小叔与小姑,以便"得其心",最终仍是为了求得丈夫的欢心。其间的关系是,"和叔妹之心,以求亲(按:即公婆)心之悦","父母之心既顺,则夫主之心亦得矣"①。至此,能否"得夫主之心"也彻底成为决定女性命运的关节点。

而这一由班昭确立、经张居正大力表而出之的男性中心观,在晚清"西学东渐"后,已逐渐遭遇质疑与抵抗。以儒家经典为凭借,重新阐释"夫妇平等"义,郑玄的"妻之言齐也,以礼见问,得与夫敌体也"等说法又获重视②。女性的平等意识也开始觉醒,康有为长女同薇 1898 年 5 月发表《女学利弊说》,已畅言"人有男女,未有轩轾""孔佛之道,男女平等"③。由中国女学会与中国女学堂主办的《女学报》,也于 1898 年 8 月发表署名"王春林"所写的《男女平等论》,此文是目前所知国人最早以"男女平等"名篇,并作正面阐发的论述。该文亦认上古时代,男女"未尝有所偏重",只是"降及后世,古意寝[浸]亡,人怀私智,于是重男轻女之习成,而夫妇之道遂苦焉"。其苦处集中表现为"男有权而女无权":"天下之事,皆出于男子所欲为,而绝无顾忌;天下之女,一皆听命于男,而不敢与校。"作者

---

① 张居正《〈女诫〉直解》,《张太岳文集》卷十一,137、139、138、141—142、144、143 页;班昭《女诫》,《后汉书》,第 10 册,2788、2790 页。
② 《礼记正义》卷四《曲礼下》郑注,《十三经注疏》,1261 页,北京:中华书局,1980 年。参见笔者《从男女平等到女权意识——晚清的妇女思潮》,《北京大学学报》1995 年 4 期。
③ 康同薇《女学利弊说》,《知新报》52 册,1、3 页,1898 年 5 月。

因此要求恢复古意,学习"泰西之制,男女平等"①,以改变女子无权,完全服从男子的陋习。

受此一新风气感染,与康同薇同为《女学报》主笔的裘毓芳,其实已很难原样接受《女诫》的教训。故其所从事的《女诫》白话注解,很大程度上应该说是对经典的重新阐释。于是我们可以看到,在经典与阐释两个文本之间,出现了不小的缝隙。

从字句的读解看,与劳纺早年完成的《〈女诫〉浅释》基本为逐字逐句的白话翻译不同,裘毓芳已在可能的情况下,有意弱化《女诫》原文的男性中心立场。不妨比较一下上引出自《女宪》的"得意""失意"四句释文。张居正解为:"女人若得了夫主意,固可以仰赖终身;若失了夫主意,也就将此一身断送了。"转述十分贴切。裘毓芳却说的是:"妇人终身所靠的,只有一人,再没有第二个的。若能得着只一人的心意,就可以一世到底,永远和睦;若失了只一人心意,就要一世到底,永远不和睦。"显然,裘氏不情愿认可原文中女性从属于男性的规约,因此,故意偷换"永毕""永讫"的内涵,代之以永远"和睦"或"不和睦"的差别,无疑是曲解。接下来的"由斯言之,夫不可不求其心",两人的演述也大异其趣。张居正反复申说:"夫女人一生的事,只靠在夫主身上。由此言之,可见夫主之心意,不可不求而得之,以仰赖终身也。"裘毓芳则将其化解为:"照这样说来,丈夫的心,究竟怎样,总要细心体贴的。"②得其心意、唯恐被弃,一转而为细心体贴其心意,妻子对丈夫的心理依赖程度明显有别。

而对照"曹大家说道"与"裘毓芳说道",其间的冲突、相左更为明晰。同样讲"敬慎",班昭的表述是"敬顺之道,妇人之大礼",此"敬"与"顺"的对象都是丈夫,二者不可或缺;"裘毓芳说道"却抛开更重要的"顺",而单解"敬",谓为:"夫妻与朋友一样:朋友要善始善终,少不了一个'敬'字;夫妻

---

① 王春林《男女平等论》,原刊《女学报》5期,1898年8月27日;录自徐辉琪、刘巨才、徐玉珍编《中国妇女运动历史资料》(1840—1918),141—142页,北京:中国妇女出版社,1991年。

② 张居正《〈女诫〉直解》,《张太岳文集》卷十一,141页;裘毓芳《〈女诫〉注释》,《无锡白话报》15、16期合刊,《〈女诫〉注释》14页,1898年8月8日。

要善始善终,也少不了一个'敬'字。"①将原文中男子为主、女性顺从的格局,一改而为平等的朋友关系,已完全脱离了《女诫》原意。更有一些阐发索性直接针对原文而来。如"曲从"章,班昭说:"姑云不尔而是,固宜从令;姑云尔而非,犹宜顺命。勿得违戾是非,争分曲直。此则所谓曲从矣。"裘毓芳即不以为然,而申论道:

> 曹大家这节书,是说无论公婆是不是,做媳妇的总要千依百顺。但也要是可依得的才依。譬如遇了不懂道理的公婆,要叫媳妇做贼,自然媳妇也不可顺从的。②

这已经是在做驳论,起码也是纠偏,并不依照历来经典阐释者的规矩,只能在原文给定的范围内腾挪。

更高明的做法则是借阐释经典自我立意,此即古人所谓"六经注我"。裘毓芳便不乏类似手笔。尤其是在各家解读"夫妇"章中涉及"教女"一节的差异上,足以彰显裘氏的过人处。班昭原文完整的说法是:

> 察今之君子,徒知妻妇之不可不御,威仪之不可不整,故训其男,检以书传,殊不知夫主之不可不事,礼义之不可不存也。但教男而不教女,不亦蔽于彼此之数乎!《礼》,八岁始教之书,十五而至于学矣。独不可依此以为则哉?③

此言本来意思明白,故无论是张居正抑或赵南星,所陈都是正解。张氏又特别在"教训男子,检阅书传"后,加上了"使他好管束妇人",故下文之"若只教训男子,而不教训女人","教女"的内容便完全属于"从夫"之道——"女

---

① 班昭《女诫》,《后汉书》,第10册,2789页;裘毓芳《〈女诫〉注释》,《无锡白话报》13、14期合刊,《〈女诫〉注释》11页,1898年7月29日。
② 班昭《女诫》,《后汉书》,第10册,2790页;裘毓芳《〈女诫〉注释》,《无锡白话报》17、18期合刊,《〈女诫〉注释》16页,1898年8月17日。
③ 班昭《女诫》,《后汉书》,第10册,2788页。

人也要承事夫主,也要存守女人的理义"①。

对于此说,劳纺的《〈女诫〉浅释》已表示不满。考虑到其书的著作年代(1891年前)与出版时间(1899年)中横亘着戊戌维新这一新思潮勃发的阶段,故劳氏的表达即使未必是濡染"男女平等"思想的结果,而可能出自女性的直觉意识,却因其过渡形态,更应当关注。劳解"彼此之数"时,异于赵南星"男女虽有彼此,道理原是一般"②的讲法,直接谓之"彼此一样底道理"。释义未必准确,却是暗合"男女平等"之言。更妙的是,在"女底就不可以仿照这样行么"之后,劳氏又擅自补充了一段文字:

> 女孩子七八岁底时候,大人就教导他言语进退底礼节,凡事总要让人,教他学着纺线绩麻。到了十四五岁,就教他作针线,作菜饭,常教导他作女人道理,等大了,嫁到夫家,也可以没有大错了。③

这番教导完全是比照着前面"教男"之法,从《礼记》中剪辑而成。其实,重要的不是劳纺说了什么,而是她用这种无中生有的平等书写方式,呈现了其心中潜藏的"男女一样"的渴望。

若论对经典的解释引申,裘毓芳的功力较之劳纺,可说是只深不浅。同样一段原文,裘氏的《〈女诫〉注释》偏能委婉消解掉对于女子的轻视与钳制之意。如将劳氏不得不原原本本直译的"细看如今底人,但知道妻子是不可不管束,威仪不可不整肃底,所以常检取书传,教训子孙,使他知治家底道理。殊不知妇人不可不事夫主,礼义也不可不存底"④,裘氏却解为:

> 看如今世上的男子,但晓得妻不可不管,家里仪节,不可不整顿,所以拣书上治家的道理教儿子,以为男子明白了治家的道理,就好了。却

---

① 张居正《〈女诫〉直解》,《张太岳文集》卷十一,138页。
② 赵南星《曹大家〈女诫〉直解》,5页。
③ 劳纺《〈女诫〉浅释》,5页。
④ 同上。

第一章 经典阐释中的文体、性别与时代

不知道,女子事奉夫主,循规蹈矩,一些没欠缺,总要女人自己明白透彻,才能处处合礼。①

不但男子的"威仪"被替换成"家里仪节",而且,下面两个"不可不"的强制句式,也被改易为对女子的正面提倡,语气已迥然不同。

更关键的是,在裘毓芳笔下,解说"教女"的必要性以及内容的文字,已和谨守妇道没什么关系,却更多了男女平等的意味:

若只教男子,不教女人,岂不偏在一边,教得不均匀么?照古时的礼,男子八岁,进小学堂,教他读书;到十五岁,还要进大学堂。男子的教法,却极有次序;难道女人就不可照这次序,一样一样的教他么?

经过如此刻意的"曲解",原文中对女子进行从夫守礼教育的"教女"诉求,也改造成为女子应与男子一样,接受同等教育,从小学读至大学的呼吁。这样的声音已经很接近其时女学应与男学并重的呼声。因此,这一章释文的后面,"裘毓芳说道"便直接引入"女学堂是必不可少的"②现实话题。

吴芙的《〈女诫〉注释》俚语本与裘毓芳的《〈女诫〉注释》原为同声相应之作,思想亦相当接近。尽管如同裘氏称"《女诫》是教女人的第一部好书"③,吴芙也赞美"曹大家是女(人)当中底孔夫子,《女诫》是女人最要紧念底书",但二人在根本观念上实已与班昭疏离。被裘书借用作序的那段"吴芙说道",通篇都在畅谈"拿曹大家做个榜样"。而其所学之点专在:"他是一个女人,就会万古留名,个个想念他,敬重他。我也是一个女人,难道我就只好做木头、石头、翠绿鸟、养胖狗,就算一世完结?"而这一连串比喻,本是对应着前文对女性陋习的批评:"做小姐单晓得衣裳首饰,争多嫌少;做

---

① 裘毓芳《〈女诫〉注释》,《无锡白话报》9、10 期合刊,《〈女诫〉注释》9 页,1898 年 7 月 9 日。
② 同上书,9、10 页。
③ 裘毓芳《〈女诫〉注释》,《无锡白话报》3 期,《〈女诫〉注释》2 页,1898 年 5 月 20 日。

媳妇单晓得吃老官,着老官。也弗晓得天东地西,也弗晓得古往今来,木头一段,石头一块。着好吃好,就算顶好;着到像翠绿鸟,吃到像养胖狗。"①在贬斥的口气中,已包含了女性-妻子不应成为男性-丈夫的附庸的意涵,乃是用孩子话说出的平等思想。

当然,也应该承认,既为经典注释,便有相当的限制。何况班昭对男权的推尊,与裘毓芳、吴芙已经开始觉醒的男女平等意识完全南辕北辙。即使努力弥合,曲为之说,甚至以对话者的姿态,补正、消解其谬误,但仍然不免左支右绌,甚至会受其牵累。而要改变这种状况,则须完成从经典的注释者到独立的批判者的身份转换。这显然尚需假以时日,尽管我们不必等待很久。

第四节 现实语境中的意义流转

将近一千八百多年前,班昭写作《女诫》时,不过以之为留给女儿的家训;然而,流传于世后,竟然长盛不衰,逐渐演化成为一部女教经典。无论这是否出乎作者本人的意料,一旦跻身经典,《女诫》也如同其他古典文本一样,为后人反复阐释。而阐释者身处的现实语境以及个人的思维定式,也被自觉或不自觉地带入,左右其论述。何况,对于训诲类的读本,意旨导向尤关紧要。具体到本书所处理的五个白话注本,解读者各自的时政关切,更使其在《女诫》意义的阐发上呈现出巨大差异,从而构成相映成趣的不同图景。

由于资料不足,我们尚无法确知赵南星撰写《曹大家〈女诫〉直解》时有无特别的针对性,或者很可能一如其以"俗语"注解《女儿经》一般,都存着负起"士大夫之责","教诲觉痦",以使天下女子皆成"贤女子"的普救之心②。不过,张居正奉李太后之命,作《〈女诫〉直解》,那篇以明神宗名义冠于卷首的《圣制序》以及正文中的若干疏解,倒真的颇堪玩味。

---

① 吴芙《〈女诫〉注释》(俚语本),3、4、5、3—4页。
② 赵南星《〈教家二书〉序》,《教家二书》,光绪十七年(1891)刻本。

查考史实,张居正成为独揽大权的首辅时,明神宗刚刚十岁。因此,作出这项重大任命的决策者,实为神宗之母李贵妃(后上尊号称"慈圣皇太后")。故《明史》谓为:"万历初政,委任张居正,综核名实,几于富强,后之力居多。"①李太后对张居正备极信任,尊礼甚至,以之为帝师。年幼的神宗犯了过错,李太后"每切责之",常会提道:"使张先生闻,奈何!"神宗结婚后,李还特意嘱咐张:"我不能视皇帝朝夕,恐不若前者之向学、勤政,有累先帝付托。先生有师保之责,与诸臣异。其为我朝夕纳诲,以辅台德,用终先帝凭几之谊。"②正是依仗李太后的特殊信赖,张居正才能大展身手,整顿朝政,实行改革。可以想见,张对李亦当心存感激。

在此背景下,阅读张居正编撰的《〈女诫〉直解》以及应该是由其代拟的明神宗序,也当别有会心。《女诫》的主旨在强调女子之"卑弱下人",张居正自然也首肯其说。不过,与明太祖朱元璋命臣下修《女诫》,意在教训"后妃虽母仪天下,然不可俾预政事"③的着眼点不同,明神宗的《〈女诫〉直解·序》却大力表彰周文王之母太任与夫人太姒等后妃"代有圣善,以佐王猷",又赞颂"我明之兴",与周室之事可前后辉映:先有马皇后"以明德翊赞高皇(按:即明太祖),肇造区宇",现在"至我文母,鞠育眇躬,丕承芳躅,比于有周"。如此,则后宫干政不但不成为禁忌,反而可扶助君主,裨益王政。于此便不难理解,一篇短序中为何一再申明:

> 乃仰廑慈虑,表章是书,以垂内范。若此者,诚欲毓成淑德,以佐朕共保鸿业也。

> 呜呼!继自今有听内治之责者,其亦绎思我圣母之慈训,以淑慎厥躬,斯朕亦将有攸赖矣。④

---

① 《后妃传二·孝定李太后》,《明史》卷一百十四,第12册,3535页。
② 《张居正传》,《明史》卷二百十三,第19册,5649、5646—5647页。
③ 《后妃传》,《明史》卷一百十三,第12册,3503页。
④ 明神宗《〈女诫〉直解·圣制序》,《张太岳文集》卷十一,134页。

这些话显然都是说给李太后听的。

即使在解说《女诫》原文时,张居正类似的心事也会见缝插针地生发出来。其中"曲从"一章最明显。班昭之言为:"舅姑之心,岂当可失哉?物有以恩自离者,亦有以义自破者也。夫虽云爱,舅姑云非,此所谓以义自破者也。然则舅姑之心奈何?固莫尚于曲从矣。"全章主意在顺从公婆,不可违拗其心。而张居正在译解时,起承转合,每有添加,其间也不乏引申发挥。如解释"以义自破"与"然则舅姑之心奈何"两句,张在说明"其舅姑不喜之,则为夫者,亦不得不顺父母之意,而与之相离"之后,又添加上:"此可见以妇视夫,则夫为重;以夫视舅姑,则舅姑为重。"①因其《直解》本是专为王皇后而作,此处所说的"舅姑",便很容易令人联想到李太后,而察知张氏此言乃是意有所指。处在这样微妙的情势中,曲从舅姑的教育对象也就不限于皇后,甚至延及明神宗本人了。

如果说,由于牵涉朝政纷扰,对张居正《〈女诫〉直解》的理解尚嫌曲折,那么,晚清三位女性的著述,在意义表达上却已足够明快。而近代社会思潮的演进,也在其文本中留下了清晰印记。

三人之中,劳纺从行迹上最合于传统妇德。其相夫教子,远赴甘肃、广东,竟因此奔波殒殁,堪称贤妻良母;奉父命作《〈女诫〉浅释》,初意也想遵守《礼记·曲礼》对女性言说的限制,"内言不出于阃"("守出阃之戒"),著作"不欲示人"②。然而,即使是这样一位表面恪遵礼教的女士,其思想意识也已非《女诫》所能范围。因此,尽管字斟句酌、费数月工夫将其"衍为俗说",并称赞"班昭《女诫》七篇,文辞古质,切于人情",但随后表示的不满更为重要:

> 惜其反覆告诫,只言利害,一若修德励行,皆为一己名誉,于圣贤教

---

① 班昭《女诫》,《后汉书》,第 10 册,2790 页;张居正《〈女诫〉直解》,《张太岳文集》卷十一,142 页。
② 陶保廉《〈女诫〉浅释·序》,《〈女诫〉浅释》,《序》1 页。

人之旨未睹本原。且所论仅柔顺谦让小节,不及相夫教子之大,似可议也。①

以"相夫教子"为大义,贬《女诫》通篇反复申说的要旨"柔顺谦让"为仅仅关乎个人利害与名誉的小节,这已经是很严重的批评。而其所谓"相夫教子",又关乎"圣贤教人之旨"的本原。

回到《〈女诫〉浅释》,可以发现,劳纺在"夫妇"章解说"《礼》,八岁始教之书,十五而至于学矣"之时,并不像前人譬如赵南星那般直解:"《礼记》上说:男子八岁,始教他学书;十五而志于大人之学矣。"而是另外依据经文,增加了"圣贤教人之旨"的具体内容:"古礼,男孩子八岁底时候,出去从先生念书,学些进退底礼节。到了十五岁,就入了大学,讲求齐家治国底道理。"②既然男子以"修齐治平"为做人之本务,劳纺的"相夫教子",其意涵自然便不单是帮助丈夫与儿子"齐家",还应该延展到"治国"。也就是说,在张居正那里尚曲意弥合的后妃"佐王猷"与守"卑弱"之间的矛盾,到劳纺已以大义与小节之辨,截然分开,高低有别。在此已然透出时代的回音。

当光绪二十四年(1898)"戊戌仲冬"陶保廉为《〈女诫〉浅释》作序时,合维新派群英之力创建的中国女学堂已在上海开办半年多③,由女学堂内董事、女教习为主体创行的第一份女子主笔的报章《女学报》也还在艰难维持中。女子既已走出家门、接受新式教育,眼界、心胸自然大异古昔。见于《女学报》的《男女平等论》《女子爱国说》,单从题目,已可窥知其见识超卓、意旨宏大。即使在传统的语汇里做文章,薛绍徽的《女教与治道相关说》也明确指认,有无"内助之功",直接关系到"治道"之隆替④。尽管其时劳纺远居兰州,未必亲眼目睹过前列诸文,但类似之凸显女子对于国家与社

---

① 劳纺《〈女诫〉浅释·跋》,《〈女诫〉浅释》,卷末。
② 班昭《女诫》,《后汉书》,第 10 册,2788 页;赵南星《曹大家〈女诫〉直解》,6 页;劳纺《〈女诫〉浅释》,5 页。
③ 关于1898年5月31日创立的中国女学堂相关情况,可参看笔者《中西合璧的教育理想——上海"中国女学堂"考述》(《晚清女性与近代中国》,北京:北京大学出版社,2004 年)。
④ 薛绍徽《女教与治道相关说》,《女学报》3 期,1898 年 8 月 15 日。

会重要性的一时公论,也应当曾经入耳与入心。挑剔《女诫》之重小遗大,已表现出对传统经典的不再一味信从。

而这种重新审视经典文本的意识,在裘毓芳那里尤为自觉。作为自第1期起即在《女学报》列名主笔的女报人,裘氏发表过《论女学堂当与男学堂并重》,为上海中国女学堂鼓吹叫好。她认为,"倘廿二行省,闻风兴起,遍开女塾,使为女子者,咸得广其学识,尽其才能","其必大有益于强种富国之道"。裘氏期望中国女子也能像西方一样,"学业成就者,为工为商,为医生,为教习,与男子无异",不但"可减男子分利之忧,而即为国家生利之助"。既然以女子从业为国家"挽回利权之一助"相期许,也就难怪裘毓芳要求女子超越家庭的狭隘视阈,而慨言:"相夫教子云乎哉!"①其心思境界显然又比劳纺更上一层。

以现实中的中国女学堂为标杆,女子教育因此成为裘毓芳《〈女诫〉注释》关注的核心话题。从解说班昭的《〈女诫〉序》开始,"裘毓芳说道"即就此发声:

> 不知那个胡涂不通人,说什么"女子无才便是德",这句话,害得天下女子不轻。弄到如今的女子,非但不知什么是学问,什么是有才料,竟一字不识的,也有几万几千人。若曹大家也依着这"无才便是德"的话,《汉书》也续不成了,七篇《女诫》也做不成了,到如今也没人知道什么曹大家了,那能人人佩服他,个个敬重他?可见得做了女子,学问不可没有的。②

做《女诫》、续写《汉书》的班昭,以其自身流传千载的著述,确证了女子理当注重才学的人生道理,从而为现实存在的中国女学堂的合理性提供了支持。而

---

① 裘毓芳《论女学堂当与男学堂并重》,《女学报》7期,1898年9月;录自《中国妇女运动历史资料》(1840—1918),98—99页。
② 裘毓芳《〈女诫〉注释》,《无锡白话报》7、8期与9、10期合刊,《〈女诫〉注释》6—7页,1898年6月29日、7月9日。

这一思路直到对《女诫》最后一篇"和叔妹"的释读依然有效,裴氏追究姑嫂失和的原因,归结为"不读书、不明理",故所言"若要做四行齐全的贤惠好女子,只有读书一法"①,便理当视为注解者对《女诫》全文一种颇具深意的总结。

即便作为《女诫》中心要旨的"卑弱"一章,裴毓芳的读解也别开生面。在稍许应和原文以"谦让恭敬,先人后己;有善莫名,有恶莫辞;忍辱含垢,常若畏惧"为"卑弱下人"之后,话锋一转,裴毓芳反而批驳起重男轻女之说对女子受教育的阻碍:

> 《卑弱》这篇书,不过是说做了女子,要处处谦让,并不是说女子应该看轻的。不料如今世界上做男人的,没一个不看轻女人。说起一切学问来,就说这都是男人的事,女子何必叫她知道呢?说起古往今来的道理来,又说都是男人的事,女子何必叫他知道呢?那些女子,被男人看轻惯了,非但不觉着是被男人看轻,反以为应该如此。就有人要教他学问道理,他反说这都是男人的事,怎么来教起我们女人呢?这是自轻自贱,并不是曹大家说的卑弱。②

将重男轻女与班昭所谓女子的"卑弱"分离开,其实相当勉强。不过,裴毓芳的用意在于消除女性的自卑感,而指明求学知理为女子应有之事。女子的教育问题仍占据其心目。

特别是前述关于"教男而不教女"的义解,裴毓芳的话题已导向女子也应与男子一般,接受完整的初等到高等教育,这样的声音,无疑很接近由中国女学堂引出的女学应与男学并重的论说。因此,这一章释文后面的"裴毓芳说道"也一如其时常见的论述策略,征引三代以上的历史,以为变革现实的依据:

---

① 裴毓芳《〈女诫〉注释》,裴廷梁编《白话丛书》第一集,《〈女诫〉注释》29 页,1901 年。
② 裴毓芳《〈女诫〉注释》,《无锡白话报》9、10 期合刊,《〈女诫〉注释》8 页,1898 年 7 月 9 日。

> 中国三代以前,有道理有学问的女人极多。女子从小就有姆教,姆就是女先生,想来古时也有女学堂的。

这一对上古美化的想象,也指向批判相沿至今的传统:"后来重男轻女的风俗,一日胜一日,世界上一切道理,一切学问,都不叫女人知道,把天下的女人,当做化外人一样。这病根都从看轻女子起。"①而按照当时如梁启超,包括裘毓芳在内的诸多论者的思路,"女子无学而待养于人","全属分利,而无一生利者"②,是中国家贫国弱的根源。故裘氏在此处说:"其实女子不懂学问,不知道理,满天下的男子,就受累不浅。若女子个个会教到有学问,懂道理,真是与国与家,都大有益处的。"至此也自然地推导出一个关涉现实的重大结论:"所以女学堂是必不可少的。"③对古代经典的阐释,最终落实到为当时的女子争取受教育的权利,这也是晚清一种行之有效的言说方式。

女学应该教授的内容,裘毓芳在《〈女诫〉注释》中没有机会讨论。华留芳所作《后序》以赞赏的口吻展示的西洋与日本情况,倒不失为恰当且必要的补充:

> 西洋各国的女子,七八岁进小学堂读书,余下来的工夫,兼学针黹。小学堂功课学完,再进大学堂,学各国说话,各国文理,及一切天文、地理、格致、医算的学问。也不单西国如此,就是东洋的日本国,他女学堂的教法,都十分讲究,凡是做人的样子,当家的事情,及一切史鉴、地理、算学、写字、画图,没有一样不学的。

这样教育出来的"个个有学问,个个会赚钱"的女子,在华氏眼中,自然让

---

① 裘毓芳《〈女诫〉注释》,《无锡白话报》9、10 期合刊,《〈女诫〉注释》9—10 页。
② 裘毓芳《论女学堂当与男学堂并重》,录自《中国妇女运动历史资料》(1840—1918),98 页;梁启超《论学校六(变法通议三之六):女学》,《时务报》23 册,1 页,1897 年 4 月。
③ 裘毓芳《〈女诫〉注释》,《无锡白话报》9、10 期合刊,《〈女诫〉注释》10 页。

"都要靠男人养活"、只"会吟风弄月"①的中国妇女相形见绌。并且,不仅与裘毓芳在女子教育一端思路相通,华留芳更揭出女子"还有说不出的苦处,连曹大家都没有知道的""缠脚的恶习",痛加斥责。而这一声讨与放足的吁求,本是对戊戌年间在各地蓬勃兴起的不缠足运动的及时响应,《后序》中所说"如今各省都立了不缠足的会,现在入会的,已经有几千家;就是我们无锡,亦已经有一百多家"②,便是华氏发言的现实语境。不过,如此阐说已与《女诫》文本完全无关,凸显的只是华留芳对当下女性处境的热切关注。

至于同样作为经典阐释者的吴芙,其与前述诸人可谓"心有灵犀一点通",她也要求女子像班昭那样,"知书达理,博古通今"③。而实际上,在晚清女子教育的起步阶段,合用的教科书极其缺乏。吴芙的《〈女诫〉注释》俚语本所采用的解说方法,颇有便于教学之用,起码也是其时启蒙思潮的投影,因此值得特别讨论。

相对于红笔画框的古文与今译逐字相对应,吴芙自陈其还有"旁边弗拿红笔竖底"的"花样":

> 只个是讲书人加个油盐酱醋。为子一个字一个字讲明白子,暴念书人,还弗见得一定明白,故此加了油盐酱醋,连牵出来,好像说书底说拨各位听,各位然后有点明白。当中还有弗明白地方,说完之后,从新拿弗明白底摘出来,细细里再讲,一定要各位明白到搭玻璃一样。④

而这些添加的油盐酱醋以及细细的讲解,往往有超出原本的内容,实为有意识的知识普。举例来说:"蒙先君之余宠"中的"先君",先是在"曹大家说道"的无锡方言译文"遮好是父亲个一点点多头欢喜"中,用红笔在"父亲"

---

① 华留芳《〈女诫〉注释·后序》,裘廷梁编《白话丛书》第一集,《〈女诫〉注释》32、33页。
② 同上书,30、32页。
③ 吴芙《〈女诫〉注释》(俚语本),4页。
④ 同上书,6—7页。

《女诫》俚语本内文

的左边画框，填入"先君"，表示古文今语一一相对；又在接下来的逐字简释时说："先君就讲父亲。"后面再对一些字词进行重点讲解。说到"先君"的一段是：

> 先君算父亲，只好算死底父亲。若是活底父亲，就要叫"家君"，或者叫"严君"。君是一家之主。父亲是一家之主，故此叫"君"。死者为先，故此叫死底父亲要叫"先君"。活底父亲叫"家君"，就是说，一家之

君。父亲是有威严底,合家门都见他怕,故此又叫"严君"。①

其中只有第一句在题内,且前面的简释已经说明,此处只是重复;其他多出的"家君""严君"之解,都属节外生枝。

这种经典注解方法迥异前人,故不像"注经",更似课读。其所套用的模式,近于教学中常见的义项相关词语的连类而及。即使给未进学堂的人阅读,也有增进知识的功效。何况,对于《女诫》中的"箕""帚""金紫"诸语,注本不但以俗语释为"粪箕""笤帚""金印紫绶",而且还配上实物图画。此举也令人联想到1898年吴稚晖参与创办的无锡三等公学堂②所用的《蒙学读本全书》,该编"由俞复、丁宝书、吴敬恒等执笔,丁宝书绘图,杜嗣程缮写,书画文有三绝之称"③。1902年出版后,风行全国,影响巨大。而其端倪,在吴芙的《〈女诫〉注释》俚语本已有发露。因此,将经典注解转变为文化阐释,并由此与新式教育发生关联,实为吴芙文本独特的价值所在。

总括上文,晚明与晚清出现的五种白话《女诫》读本,就阐释的精确与贴切而言,张居正、赵南星无疑在裘毓芳、吴芙之上;劳纺即便稍有逸出,大体尚在度内。而若关注文本自身的意义价值,无论从文体、性别还是时代考量,裘、吴之作都理应占据高位。这也是本章于二人著述多费笔墨的原因。当然,注释本无法完全超脱原文本,自由发露思想,除非裘、吴等先已打定主意,要做一本批判书。而其所遭遇的尴尬,到二十世纪初,"女权"思想传入后,才发生根本改变。

1906年,务本女学堂学生张昭汉发表《班昭论》,已在痛快淋漓地以男女平等之义批驳《女诫》的谬说:

> 夫天生蒸民,秉彝攸好,无男女一也。立于天地间而为人,则皆当

---

① 吴芙《〈女诫〉注释》(俚语本),5—6、6、7—8页。
② 杨恺龄《民国吴稚晖先生敬恒年谱》于"民国前十四年—清光绪二十四年戊戌(西历一八九八年)"记:"四月二十三日,百日维新,先生与友人在无锡毁寺院,倡议在城中崇安寺创办三等小学堂。"(21页)
③ 陆费逵《六十年来中国之出版业与印刷业》,《申报月刊》1卷1号,15页,1932年7月。

勤学好问以自强,造成高尚之资格以自尊,乃能保其固有之天职,尽其国民之义务。而《女诫》乃以"卑弱""下人"为宗旨,养成柔懦根性为目的,是使群女子相率而为自暴自弃也。……由是观之,《女诫》宗旨,实乃大谬不然者矣。

至此,《女诫》已从经典沦为罪书,"废其国民之半部份"亦成为班昭的最大罪状,且"罪不容逭矣"①。经典的价值重估既从文本内走向文本外,班昭的男性中心观才真正与男女平权的现代思潮完全脱钩。

---

① 张昭汉《班昭论》,《女子世界》2年4、5期(16、17期)合刊,113、114页,1906年7月。原刊未署出版时间,据栾伟平《清末小说林社的杂志出版》(《汉语言文学研究》2011年2期,33页)一文考订。

第二章

晚清女性典范的多元景观
——从中外女杰传到女报"传记"栏

自汉代刘向编撰《列女传》,以"母仪""贤明""仁智""贞顺""节义""辩通""孽嬖"名篇,崇正斥邪,为女子树立人格典范,嗣后,历代正史为妇女立传,便专从褒扬一面落笔。因《列女传》所取传记故事的方式易于记诵、传播,其中蕴含的妇德规范于是也潜移默化,深入人心。比之《女诫》等道德范本,其教化作用实有过之而无不及。晚清西学东渐,外国女杰的姓名、事迹亦竞相传入中国。在外来新价值观的冲击下,传统的女性典范骤然面临空前未有的挑战,重构理想女性的形象已势在必行。处此新旧交替的时代,一批中外妇女传以及各地女报的"史传"专栏纷纷出现,及时为晚清女性提供了众多取向不一的榜样。而基于政治理念、文化地域与时间差别的典范选择、阐释之异同也随之发生。本章将以几部有代表性的女杰传文本,及分别发刊于上海和北京的两份女报的"传记"栏为考察对象,观照晚清女性人格理想构建的缤纷图景。

第一节　新教育与新典范

晚清女性传记的总体格局，可以搜罗颇广的《近代中国女权运动史料》①为样本。该书所录女子事迹分置三类：一名"列女"，属于"中国妇女的传统地位"编，再细分为总类、殉夫、守节、遇贼死节、守贞、孝女、母仪七项，而将赋予新义解的古代女性如缇萦、梁红玉等，别立"历代杰出妇女"一项以纳之。其次是隶属于"对外国妇女地位及女权运动的认识"编中的"杰出妇女的介绍"，专门记述外国女杰的生平行事。第三类为单独成编的"清末的杰出妇女"，下分文学家、捐助公益事业者、女医士、教育家、助夫成大业者、革命党人、家庭革命者、女将、女侠、独行者、妓女十一子目，专为当代女性留影。应该说，就著述总量而言，沿袭历代《列女传》范式的著述（即上述第一类中的前七项）仍居多数，这在此期各地地方志的修撰中尤为明显。而对于晚清当代女子的表彰，固然能够见出新女性日益出现的趋势，但从本章设定的"典范重构"之着眼于采西补中与古典新义的立说角度考虑，大抵仍以其时撰写的外国与中国历代女杰的传记最为合格。也即是说，在本篇中，笔者注重的是对于中外女性典范的当代意义阐释。

大体而言，寻求新典范的冲动，是伴随着晚清女子社会化教育的兴起而出现的。公认为中国最早诞生的妇女报刊《女学报》，乃是由中国女学会与中国女学堂的女性成员合力创办于上海②。此一新式教育的背景，也使《女学报》编者尽先关注到女性典范重建的必要。1898年7月24日的创刊号上即有声明：

> 兹于报尾，拟续附女学书一页。先将潘仰兰所演、刘可青所绘《中

---

① 李又宁、张玉法主编《近代中国女权运动史料》，台北：龙文出版社，1995年。
② 关于上海中国女学堂与《女学报》的关系，参见笔者《晚清文人妇女观》（北京：作家出版社，1995年）18—23、30—33页，以及《晚清女性与近代中国》（北京：北京大学出版社，2004年）第一章"中西合璧的教育理想"，并可参阅本书附录《晚清两份〈女学报〉的前世今生》。

外古今列女传》印出,以作巾帼师范之资。①

引人注目的是,外国女杰此时已进入女性楷模的搜访行列,以补助中国原有典范人物之不足。这一预告后来虽未见实行,但由女学堂同人所标示的新思路,已明显与此前同样取图说形式的《闺媛丛录》立意相左。

《闺媛丛录》为吴友如所绘,1890年4月开始在《点石斋画报》连载②。按照《申报》广告的介绍,这部"搜考古今史集,旁及诸子说部,上自中古,下迄有明"的图画历代妇女故事,乃是汇集"宫闱之艳迹,闺阁之杳尘""名妓之韵事,仙女之幽踪"而成。所收诸人"或秀而有藻,或贤而且奇,或情重而恨深,或不[貌]美而性妒",最要之点则为"有美毕收,无奇不备"。此一搜奇猎艳的编绘倾向,虽无历代《列女传》的教训意味,却又染上浓重的商业色彩。无论是作为《点石斋画报》附录赠送的出版行为,还是其"既可征艳体之取裁,又可供闲情之消遣"的意旨自述,都纯粹是出于取悦读者的营销考虑。由此,该作之美女图后"附录原书"③旧文的形式,便具有强烈的娱乐视觉效果。而从《闺媛丛录》再转为《古今百美图》④,在吴友如亦属顺理成章。

同样看中图说的趣味性与通俗性,上海《女学报》的主笔们却已完全摈弃了《点石斋画报》主人与吴友如娱乐大众的方针,其拟议刊载的绘图《中外古今列女传》,明确说明属于女学堂教科书,且意在"作巾帼师范之资"。这一新编《列女传》与新教育的联盟,嗣后也在相互提携的展开过程中,日益显示其塑造中国新女性品格的巨大效应。而实施新教育的女学堂与接受新教育的女学生数量日渐增加,女性典范的更新便拥有了落地生根的深厚土壤。

由《女学报》肇端,在推介女性新典范方面,晚清妇女报刊实为重要的

---

① 《本馆告白》,《女学报》1期,1898年7月24日。
② 见《点石斋画报》222号,光绪十六年(1890)三月上浣。
③ 点石斋《画报后幅附印〈闺媛丛录〉告白》,《申报》,1890年4月15日。
④ 《古今百美图》,《吴友如画宝》,上海璧园,1909年。

一翼。由于其时的女报大抵以女学堂学生为预期读者,因此,兼具女学教科书功能也成为编者自觉的取向①。对于女性模范的认知需求,便在各报的"传记"栏得到及时反映。

通观晚清女报的"传记"栏目,有一个从不固定到常设的演变过程。由《苏报》主人陈范之女陈撷芬于1902年续办的《女报》(自第二年起改名《女学报》),分别在"论说""附件"与"译件"栏,发表过美国批茶女士、英国维多利亚女皇、法国罗兰夫人、德国俾士麦克(即俾斯麦)夫人与英国涅几柯儿(即南丁格尔)诸人传②。其中批茶与罗兰夫人传转载自《选报》与《新民丛报》③,并非编者自出机杼;而且,各篇性质相近的传文反辗转出入于不同的栏目。由此显示出,为当代女性寻找典范者最初之注目于西方,以及由于资料匮乏所造成的稿件短缺。前者恰与晚清出版界的趋向暗合,实际上,正是在西方女杰传的引领下,各种女性人物新传才纷纷面世。后者在彰显为女性寻找理想典范的紧迫性及困难度的同时,也让人窥见专一取法西方所带来的限制。而其偏失与缺憾,很快便由1904年1月出版的《女子世界》加以弥补。并且,自此以后,晚清女报之专设"传记"(或名"史传")栏,也成为一条不成文的规矩。

就笔者目前掌握的资料而言,在晚清女性传记出版史上,上海广智书局1903年2月发行的《世界十二女杰》实具有界标的意义。此书原本为日本岩崎徂堂、三上寄风④所著,尽管赵必振的译笔不算高明,却无碍于该作首开近代女子新传出版之风的历史定位。紧随其后,《世界十女杰》也于同年

---

① 参见笔者《晚清文人妇女观》之"女报"一节。
② 分见《(续出)女报》3、7、8—9期,《女学报》2年3、4期,1902年7、10、11—12月,1903年5、11月。
③ 友人译寄、观云(蒋智由)润稿之《批茶女士传》,原刊1902年6月《选报》18期;中国之新民(梁启超)所撰《(近世第一女杰)罗兰夫人传》,初载1902年10月《新民丛报》17—18期。
④ 后一作者原译本误写作"三上寄凤"。另,《世界十二女杰》一书由钟少华先生提供,特此致谢。

3月推出①。而大约半年后问世的丁祖荫(号初我)译自日文的《(近世欧美)豪杰之细君》②,则将1903年充分地演绎成"西方女杰传记"出版年。第二年中历七月,又有杨千里编著的《女子新读本》首版印行;在不到两年的时间里,该书即重版六次③。杨作不仅在诸种女杰传中以印数之高雄踞榜首,而且本身亦承上启下,别开生面。其上编本国十八人、下编外国十人的结构安排,改变了汇编西方女杰事迹的译作一统天下的格局,由此而进入了中外女杰并立、译著兼备的女传出版新阶段。其后,1906年在南京排印的《外国列女传》,据编者薛绍徽自述,乃是费时两年、于1903年2月即已成稿的旧作④。

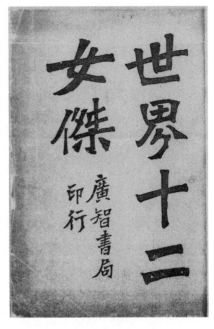

《世界十二女杰》封面

这一着手最早、却姗姗来迟的西方女性传记,由于出自《女学报》主笔之一的薛绍徽之手,其实更应当被作为早

---

① 《世界十女杰》一书未见版权页。据周作人癸卯三月十二日(1903年4月9日)日记:该日收到鲁迅"日本初五日函",内开托人带来之书目中有《世界十女杰》一册(鲁迅博物馆编《周作人日记》,383—384页,郑州:大象出版社,1996年),故推知其大抵于该年3月出版。此书复印件由刘慧英研究员提供,特此致谢。

② 村松乐水著,丁初我译《(近世欧美)豪杰之细君》,常熟:海虞图书馆,光绪二十九年(1903)十月。

③ 杨千里编著《女子新读本》,上海:文明书局,光绪三十年(1904)七月初版、光绪三十二年(1906)五月七版。

④ 薛绍徽《叙》,陈寿彭译、薛绍徽编《外国列女传》,卷首,南京:江楚编译官书总局,1906年。

期范本来研究。此外,留学日本的许定一①以一人之力,编写了两本中国女界人物传。题名《祖国女界伟人传》者,1906年10月由日本横滨新民社印行,上海的广智书局负责该书的国内发售;《祖国女界文豪谱》则直到1909年5月才在北京印出,可惜那时许氏已英年早逝。

从版本渊源看,最先成书的《外国列女传》"虽译从西文",陈寿彭却以为"西国无此专集,爰取英文各史传以及谱录之类,采摘成之"。因系编译之作,搜辑不易,"故费功至二年有奇,所得不过二百余条而已"②。同样是编写,《女子新读本》却无此困扰。当杨千里撰著之时,书籍、报章中已有多种西方女杰传可备采选,改编成文并非难事③;加以《女子世界》先已发表了多篇中国古代杰出女性传,成例在前,自可追摹。而身为《女子世界》主编的丁初我,尽管在杂志的传记采编上已有回归本土的调整,自家却仍延续着《(近世欧美)豪杰之细君》的译述路数,其以"初我"之名发表的传记,也专一叙说西方女性故事④。至于杨氏《女子新读本》的《导言》亦尝刊载于《女子世界》,其间隐含的人际关系⑤,也提示出交互影响的存在情形。

除此之外,下余的四书则是两两相关。出版在后的《世界十女杰》,其未具名的编写者尽管自承"是书以《世界十二女杰》为蓝本"加以增删,却又强调,"其文辞则悉出自己意以组织之,虽曰译编,实近于撰著矣"。因而,在明知《世界十二女杰》译本已经出版后,作者仍决意"不辞重叠",刊行此

---

① 据《日本留学中国学生题名录》可知,许定一为湖南善化人,光绪二十八年(1902)三月到日本留学,入清华学校,时年十四或十五岁(房兆楹辑《清末民初洋学学生题名录初辑》,35页,台北:"中研院"近代史研究所,1962年)。

② 陈寿彭《译例》,《外国列女传》,卷首。

③ 《女子新读本》中,如下编《批茶》一篇为《选报》所刊《批茶女士传》之缩写,其他各篇与《世界十二女杰》《世界十女杰》之关系,均一目了然。

④ 署名"初我"的传记有《记俄女恰勒吞事》《妇人界之双璧》(包括英国孟加列·罗巴与美国扶兰斯德)与《女文豪海丽爱德·斐曲传》,分见1905年2、5、6月《女子世界》10、12期、2年1期(13期)。《女子世界》自第10期后不再记刊行时间,此处据栾伟平《清末小说林社的杂志出版》(《汉语言文学研究》2011年2期,32—33页)一文考证。下同。

⑤ 杨千里《〈女子新读本〉导言》刊1904年8月《女子世界》8期。金一(天翮,字松岑)与丁祖荫相熟,曾为《女子世界》作《发刊词》;杨与金均为江苏吴江同里镇人,金氏的《女界钟》即由杨题写书名,杨妹纫兰则为金书作序。又,杨纫兰为费孝通之母。

书,便是由于对其撰著价值有充分的自信①。许定一生前编定、印行的《祖国女界伟人传》去取严格,仅录三十九人,自云此书既成,"则女子中能以今日之新例范之、今日之新眼观之者,殆尽矣"。而其复作《祖国女界文豪谱》,更广搜博采至约四百人,却是"专以能文为主义,不拘拘以人品人格论"。其力图借表彰女界文豪,证明女子能力不弱于男子,以达"扩张女权"之目的②,亦可称用心良苦。

而上述七部女性传记,无论编译还是撰著,其目的都在为中国女界提供取法榜样。承继《中外古今列女传》思路、率先完成的《外国列女传》,本为

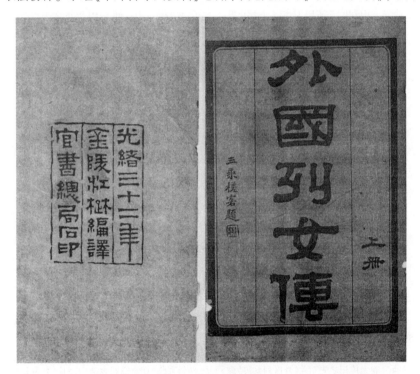

《外国列女传》书影

① 编者《例言》,《世界十女杰》,《序》1—2页,1903年。
② 咀雪子(许定一)《〈祖国女杰界文豪谱〉自叙》《凡例》,《祖国女界文豪谱》,卷首,北京:京华印书局,1909年。

薛绍徽"欲观西国女教而作",明显有中国女学堂"采泰西之美制"①的遗意。因未见日本的同类著述,薛氏只能借鉴刘向《列女传》之名目与体裁,编撰中也留下了脱胎刘作的痕迹②,虽然其所记内容已全然不同。即使最低调的丁初我,自言其书仅述"絮絮家庭事",属于"酒后茶余之一噱"的"伟人佳话,名士美谈";但《女子世界》上刊登的该书广告,竟以之与金一的名著《女界钟》相提并论,标榜其"非特作一则伟人佳话观,抑亦可以生女国民之气"③,则丁译同样也是有益女子教育的新读本。

至于"世界女杰"与"祖国女界伟人"的标题,即已明示诸书所载人物之堪作典范。因此,《新民丛报》为《世界十二女杰》做广告,便专以采西补中立说:

中国数千年来,废女子不用,而女子之杰出者益寥寥罕闻矣。读此书载世界女杰,皆可歌可泣、可敬可慕,饷我中国,吾知女子中必有闻而兴起者矣。④

《世界十女杰》也以"少年读传记书,为最有益,以其摄古人之影于脑,而能熔化其气质"的理由,要求为今日之"讲女学者""立标本"⑤。许定一更干脆,既以为"近日女学校虽林立,教科每苦无善本",因此毛遂自荐,倡言:"可取是篇作修身范本,或以为国文,或历史科,亦未尝不可。"并保证其"较诸干燥无意识之教科书,过之远耳"⑥。这一许诺经由出版者的当仁不让,竟得实现,《祖国女界伟人传》的封面便赫然印有"女子高等小学及中学教

---

① 陈寿彭《译例》,《外国列女传》,卷首;梁启超《倡设女学堂启》,《时务报》45册,4页,1897年11月。
② 薛绍徽为其书附录"妖妄""神异"二目而自辩,即称引"刘更生(按:刘向本名)不删'孽嬖',能为传记之先"(《〈外国列女传〉叙》);陈寿彭言薛"初意欲以贞洁、节烈等类为分目"(《〈外国列女传〉译例》),也明显是从《列女传》的"贞顺""节义"等名目化出。
③ 丁初我《译者序》,《(近世欧美)豪杰之细君》,《译者序》2页;《海虞图书馆新书出现·(近世欧美)豪杰之细君》,《女子世界》1期,卷首广告,1904年1月。
④ 《广智书局出版书目·世界十二女杰》,《新民丛报》25号,1903年2月。
⑤ 编者《序》,《世界十女杰》,《序》1页。
⑥ 许定一《凡例》,《祖国女界伟人传》,《凡例》2页,日本横滨:新民社,1906年。

科"的标记。

真正作为教科书使用因而迭次再版的《女子新读本》,无疑在诸本中最合乎教学要求。其有意放弃当时流行的女杰传之名,也使之更便于女学堂采用。基于女子教育为国民教育之基础的时论,作者杨千里在《导言》中也开宗明义,指认其编写乃是出于培育新女国民的现实需要:

> 以今日而言教育,莫急于教育国民。然而女子者,国民之母也。不教育女子,不能教育国民。然而女子而不以教育国民者教育之,则与不教育等。

女子国民教育既为当务之急,其分列中、外女杰事迹成上、下编则用意深远:"列乎前者,我中国新女国民已去之导师也;列乎后者,我中国新女国民未来之摄影也。"这一画龙点睛之笔形象、概要地揭示出,超越先贤,追步西方,实为晚清女性人格改造理想的推展步骤。而杨氏兼顾"文法"与"新理",自认《女子新读本》"适合于中学程度"①,也说明西方女杰传的加入比单纯演述"祖国女界伟人"故事,在层次与难度上都要更高一等。

作为教材或教学参考书出版的书籍,其预期的读者自为女学堂师生无疑。而其出版时段除《祖国女界文豪谱》外,均集中在1906年以

《祖国女界文豪谱》内封

---

① 杨千里《导言》《略例》,《女子新读本》,《导言》1、2页,《略例》1页,上海:文明书局,1906年。

前,则与清廷学部的《女子小学堂章程》与《女子师范学堂章程》1907年3月始公布有关。换言之,在女子教育尚处于民办阶段、未纳入官方正规体制之前,教材的编撰、采用也拥有相当大的自由度,各种中外女杰传因此得以理直气壮地进入各地女学堂。接受此一"东西女杰并驾驰"①教育的女学生,既已将典范形象先入为主地铭刻心中,必当受用一生。谓之形塑了晚清一代女性的品格,亦非过言。

第二节 从"列女"到"女杰"

晚清出版的诸多女子新传记,虽然在树立典型上立意相近,但在择录标准与评价尺度上仍有歧义。其相同处固然反映了时代的需求、潮流的趋向,值得关注;而出入处因显示了典范重构中的多种面相,故更有意味。

就四部译本而言,《外国列女传》"以职业事实"分类,列出"女主""后妃""女官""闺媛""文苑""艺林""义烈""教门""私宠""优伎"十目,另有"妖妄""神异"二目作为附录,并一概删去了薛绍徽所撰论赞。据其夫陈寿彭之说,乃是"用符西书体例","系传人传事起见,公论听之天下"②,因知此作在刘向《列女传》之外,亦兼学西方传记体式。编译者显然以实录型史家自居,务求广博,故不弃异闻;专记事实,故不加评说。其书价值自在,不容否定,但在本节的论述框架中,该编可以存而不论。

《(近世欧美)豪杰之细君》尽管被追加、提升了著作之义,但专注于豪杰夫人的角色限定,则使其难免落入以女性为男性附庸的窠臼。因而,所谓"世界几多英雄之轰天震地大事业,顾操纵支配于一二柔弱妇人之手"③,固然可以为晚清女性鼓气;不过,"豪杰"之定语偏加于男性,自会减损该书作为妇女范本的价值。这与命名为"世界女杰""祖国女界伟人"之书呈现出

---

① 金一《女学生入学歌》,歌词初刊《女子世界》第1期(1904年1月),谱曲后,载于该刊第10期(1905年2月)。
② 陈寿彭《译例》,《外国列女传》,卷首。
③ 丁初我《译者序》,《(近世欧美)豪杰之细君》,《译者序》2页。

的以豪杰自期的女性主体意识,精神境界本大不相同。即如"细君"中最为独立、声名卓著的罗兰夫人(Jean-Marie Roland,1754—1793),在此传之施以"法国革命家"的名头,已属格外对待①。然其拘于夫人传记的体例,仍多从"助其夫罗兰氏鼓吹革命思想"②的角度叙说,便造成传主本身事迹的简陋不详。即使略过梁启超的《(近世第一女杰)罗兰夫人传》不提,将丁初我笔下的人物与《世界十二女杰》及《女子新读本》中的罗兰夫人对照,其思想风采也还差得甚远。

《世界十二女杰》与《世界十女杰》则不同。二书版本关系最为密切,又在人物取舍上多有出入③,

《(近世欧美)豪杰之细君》封面

其同中之异便很耐人寻味。后出的《世界十女杰》,除因说明"《罗兰夫人传》已见于《新民丛报》中,兹特删之",可以按下不表外,其关于《世界十二女杰》中"有无谓之人物,乃更删而补增之"④的变动,已明白道出编者的别有怀抱。实际上,该书采自"蓝本"《世界十二女杰》的人物不过一半。为其

---

① 可对比其人物传的题名,如《十九世纪大伟人格兰斯顿夫人》《铁血宰相俾思麦夫人》《俄国文豪达尔斯达伊夫人》《美国铁道大王豪留得夫人》等。
② 《法国革命家罗兰夫人》,《(近世欧美)豪杰之细君》,25页。
③ 《世界十二女杰》所述人物有:沙鲁土·格儿埕、加厘波儿地夫人(即马尼他)、苏泰流夫人、路易·美世儿、如安·打克(即贞德)、朗兰夫人(即罗兰夫人)、俄国女帝伽陀厘、缕志·发珍逊、女王伊纱百儿、克路崎美苏女王、扶兰志斯、普国王后流易设;《世界十女杰》所录人物为:路易·美世儿、沙鲁土·格儿埕、独罗瑟、苏泰流夫人、络维恪扶夫人、傅萼纱德夫人、马尼他、柰经慨卢(即南丁格尔)、美利·莱恩、女帝伽陀厘。
④ 编者《例言》,《世界十女杰》,《序》1页。

所摒弃者,最显眼的是西班牙的伊沙百儿、英国的克路崎美苏、普鲁士的流易设三位女王或王后。从日文原作者的角度设想,《世界十二女杰》大致属于明治年间盛行一时的《西国立志编》①一类普及读物。其选取"大名鼎鼎,垂于宇宙,千秋万世,令人崇拜而敬服"的"人杰"立传,意在表明"功名者,坚忍不拔之颂号;成业者,惨憺苦心之表价"②,非经大磨难,难得大名声。因此,地位之作为成功的标志,也左右了作者的眼光。这当然与志在推翻君主专制的《世界十女杰》编者大异其趣。

与《世界十二女杰》以三分之一的篇幅奉献给帝王不同,《世界十女杰》只为俄国女皇伽陀厘(今译"叶卡捷琳娜二世",Catherine Ⅱ,1729—1796)留下了一席之地。而编写者反复称引的,则是女沙皇如下豪言警句:"吾愿天下专恣横暴假我一身而行尽,又过此以往,自天下人民得发达先天自由之日也。"由此使得这位专制暴君的种种倒行逆施,都成为自觉自愿的有意为之,必达其引发革命的目的而后已。传末所述,"伽陀厘之既卒也,不数十年,青年革命起,而学生革命起;至今日而有所为[谓]秘密社会、虚无主义者",正好应验了女沙皇秘密札记中"后四十年,我露西亚民气必大振,虽然彼革命必启我墓土、出我骸骨而鞭之"的预言③。该书以此传殿后,正表现了浪漫的激进文人对于自由、革命的热切向往。

如此趋于极端的思路,在《世界十女杰》书中倒是一以贯之。列为首篇的《路易·美世儿》一传,发端处即向读者大声疾呼:"今而后吾惟设自立、自杀两途请速取择,而不愿再醉生梦死,以涊[靦]颜立于世界也。"这种非此即彼的决绝态度,乃是激于所演述的美世儿(今译"路易斯·米歇尔",Louise Michel,1830—1905)对自由权利的誓死捍卫。"不自由毋宁死"这句

---

① 《西国立志编》为中村正直翻译之斯迈尔斯(Samuel Smiles)的《自助论》(Self Help),1871年(明治四年)出版后,风行一时。继之而起的有《万国立志编》《(少年必携)日本立志编》《妇人立志编》《(耐忍伟业)商人立志编》等(参见康有为《日本书目志》卷四《图史门》"传记"类,《康有为全集》第三集,上海:上海古籍出版社,1992年)。详见本书第四章。

② 岩崎徂堂、三上寄凤[风]《〈世界十二女杰〉序》,《世界十二女杰》,《序》1页,上海:广智书局,1903年。

③ 《露西亚怪魔:女帝伽陀厘》,《世界十女杰》,59—65页。

欧西名言,放在晚清中国的情境里,即为"各出死力以驱逐奴隶我、压制我之魔之鬼,以还我有生以来自由之权利也;否则,其各制爆药于室中,架薪炭于里巷,霎时使我同胞四万万可耻可辱、不自由之种类尽灭尽"①。于是,"天赋人权"论的倡导者卢梭也为《世界十女杰》传内传外的人物所崇拜。

  与《世界十二女杰》之尚有无关紧要者滥竽其中②且宗旨驳杂不同,《世界十女杰》始终将目光集注在对于天赋自由权的争取与维护上,所选人物因此也偏向革命,这是由于编撰者本以之为获取自由必不可少的手段。全书以曾经参加巴黎公社革命的路易·美世儿打头,接以刺杀法国大革命激进派领袖马拉的沙鲁士·格儿垤(今译"夏洛特·科黛",Charlotte Corday, 1768—1793),当然是出于凸显革命情怀的刻意安排。其实,单是标题,两相对比,《十女杰》也比《十二女杰》在主题明确、眉目显豁上胜出。诸如以"无政府党女将军"标举美世儿,以"为自由流血者"指称沙鲁士·格儿垤,以"红粉侠"加诸意大利民族统一运动中的名将加里波第之夫人马尼他(Anita Garibaldi,1821—1849),均为别具只眼的借标题以昭示立传主旨。

  为《世界十女杰》编写者弃而不取的人物中,固然也有像法国圣女贞德(译名为"如安·打克",St. Joan of Arc,1412—1431)这样的名人——私心猜度,假若不是因其广为人知、一如罗兰夫人之缺选,便很可能与在国家和民族之间,作者更倾向于后者有关——但添加上的人物,如被冠以"普救主"之称的南丁格尔(译名为"奈经慨卢",Florence Ninghtingale,1820—1910),知名度也不在贞德以下。不过,对于晚清"女界革命"论者而言,该书所增补的最重要人物还是傅萼纱德夫人(今译"福西特",Millicent G. Fawcett,1847—1929),作者对她的定位是"英吉利提倡女权之勇将"。传记用充满崇敬的笔调,叙述了傅萼纱德夫人为英国妇女争取选举权与参政权而奋斗的经历。其间最为人传诵的傅氏名言是:

---

  ① 《无政府党女将军:路易·美世儿》,《世界十女杰》,1 页。
  ② 如《缕志·发珍逊女》一传,大半述其情爱史,政治作为仅一笔带过,且语焉不详。作者最后褒扬其为"一世之女杰,兼为贞妇与慈母者"(《世界十二女杰》,68 页),也属眼光偏差。

> 女子者文明之母也。凡处女子于万重压制之下,养成其奴隶根性既深,则全国民皆奴隶之分子而已。大抵女权不昌之国,其邻于亡也近矣。①

此言即为坚定的女权维护者柳亚子所一再征引②,其人也成为鼓舞晚清先进女性奋发有为的楷模。

就在《世界十女杰》出版不久,署名"爱自由者"的金一也迅速完成了其妇女论名著《女界钟》。理论阐发之外,金氏也在篇末的"结论"部分,开列了一张中外女杰兼容并包的 22 人名单,以为晚清女子取法。其外国部分乃是合并两本世界女杰传又添以俄国虚无党女性成员而成,计有美国女作家批茶(即斯托夫人,Harriet Beecher Stowe,1811—1896),女护士职业的创始人娜丁格尔(即南丁格尔),英国女权运动领袖傅尊纱德夫人,法国女政治家苏泰流夫人(今译"斯塔尔夫人",Germaine de Staël,1766—1817),陪伴加里波第征战的马尼他,法国大革命中基伦特派灵魂人物玛利侬(即罗兰夫人),从英人手中拯救法国的圣女贞德,以及俄国虚无党女杰韦露与苏菲亚。而起码娜丁格尔以下六人的生平事迹,均是由《世界十二女杰》及《世界十女杰》两书最先介绍到中国。这正是金一如数家珍,指名其人"皆我女子之师"③,读者亦能够心领神会所必需的前阅读经验。

在两部世界女杰传奠定的基础上,再综合《女界钟》开列的"女子之师",便构成了"中国新女国民未来之摄影"的《女子新读本》下编入选名单,计有:沙鲁脱、马尼他、路易·美世儿、如安、罗兰夫人、缕志、扶兰志斯、流易设、批茶、南丁格尔。引人注目的是,其中前八人均首见于《世界十二女

---

① 《英吉利提倡女权之勇将:傅尊纱德夫人》,《世界十女杰》,32 页。此传所述傅尊纱德夫人之死,应为传写中出现的错误。

② 见柳亚子《黎里不缠足会缘起》《哀女界》诸文,《女子世界》3、9 期,1904 年 3、9 月。前文虽署"倪寿芝"撰,实为柳氏代笔,故收入柳亚子《磨剑室文录》(上海:上海人民出版社,1993 年)上册《磨剑室文初集》。

③ 第九节"结论",金一《女界钟》,93 页,1903 年初版、1904 年再版。柳亚子为此书所作《后叙》写于癸卯(1903 年)闰五月,因知金书在此前已经完稿。

杰》，且有五人为《世界十女杰》剔除，从后书中增补者唯有南丁格尔一人。由此可见，以普通女学教科书的标准衡量，较为温和的《十二女杰》比革命色彩浓厚的《十女杰》内容更合用。而依据《女子世界》刊发的《〈女子新读本〉导言》，杨千里的原稿中尚有苏菲亚一传，应该是文明书局在出版时慑于政治禁忌而将其删除①。这也印证了过于激进的传记难于普遍推广的前言。

外国女杰之所以有必要大批输入中国，在《世界十女杰》编撰者看来，问题出在合于新理想的中国女性典范极度缺乏：

《女子新读本》内封

> 中国女子占民数之半，以余所闻，则有殉夫者，殉姑者，有殉父母者，其下有殉其所欢者。所殉之人不同，所殉之法不同，要之牺牲于一人，而非牺牲于全国。纵翻尽列女、闺秀诸传，无以易我言也。②

这种分别公义与私德以评定人物高下的做法，也在晚清的女杰传与传统的列女传之间作出了严格区划。因此，与《后汉书》始设《列女传》重在表扬"哲妇隆家人之道，高士弘清淳之风，贞女亮明白之节"③相异，私德完备已非入选的首要条件，晚清作者更看重的是其人对于国家和民族的贡献。这

---

① 杨千里《〈女子新读本〉导言》，《女子世界》8期，83页，1904年8月；《女子新读本》，上海：文明书局，1906年。
② 编者《序》，《世界十女杰》，《序》1页。
③ 范晔《列女传》，《后汉书》，第10册，2781页，北京：中华书局，1965年。

也是近代中外女性新传多半搁置,甚而抛弃已有的"列女传"名称,而另外采用"女杰""女界伟人"一类说法的根本原因。

以晚清国人的普遍心理与接受基准而言,外国女杰的伟业固然令人崇敬,但中国女性典范的整体缺席,无论如何也会造成极大的失落感,这自然不利于鼓舞女性群体,重塑人格理想。有鉴于此,不满于"中国教育女子之书"如《女诫》《妇法》《烈女传》之"守缺抱残",不合时事,杨千里在《女子新读本》中,便特意表白自己如何"上下周旁,大索于四千年之历史",访求"我中国新女国民已去之导师"。其专述本国人物的上编,排列次第"隐分教育、实行、文学三派",本有教育优于实行、实行高于文学的层级之见。杨氏自述的编选原则,也与之一一对应:

> 一孟母,女子道德,以教育为第一事;二缇萦,除数千年之苛政酷刑,进全国民之幸福;庞娥以下十三人,皆挺身家国,不惜牺牲一身,以苏万姓者也。

而列于末后的"文学"三人班昭、黄崇嘏与卫夫人,因与其"女子读书,本非求才也,盖求为国民也"的立说相违,也让杨千里不能放心。于是又专门花费笔墨,在《导言》中逐一辩明:班昭续修《汉书》,以成国史,黄崇嘏女扮男装,上书授官,卫夫人精善书法,教授王羲之,是女子"出其余绪,已足抗数千年男子之衡",则女子之不可轻视,且当"自爱自重"①,也于此得到证明。

《女子新读本》的中外合于一手,到了留日学生许定一那里,又加厘清而独重本国。其撰写《祖国女界伟人传》,也抱有明确的补缺意识。许氏自言,因"叹祖国女界之沉沦也久矣,思以方振起之、鼓舞之,以雪加吾姊妹以无知识、不勇武等名之辱"。而雪耻之方,则以"取古代伟人之行事以刺激之"为"不二法门"。放眼中外,令其感慨的是:

---

① 杨千里《导言》《略例》,《女子新读本》,《导言》3、2页,《略例》1页,《导言》2、1、2—3页,并参见上编"课二十四:班昭""课二十五:黄崇嘏""课二十六:卫夫人"。

他国言女界人物者有所谓《世界女杰传》，书虽汗牛充栋，而卒无一泰东人与焉，不能用之，此其最著明者也。祖国言女界人物者，有所谓《列女传》（注略），专言个人德育，固不合于今日，尤非今日之最急务也，不能仍之，此又其最著明者也。

求之域外与前代，既然均无一合用之书，许定一因此"不能不躬亲旅行于黑暗历史中"，从战国至其所生活的清代，精心汰选出三十九位"足为二亿姊妹之模范"①的女子。

虽然挑剔包含《世界十二女杰》与《世界十女杰》在内的外国女杰传不合于中国国情，但许定一采写《祖国女界伟人传》时，其所凭依的选择标准，却与《世界十女杰》并无二致，而透露出作者本人接受现代教育洗礼的思想文化背景。从其鄙弃"专言个人德育"的《列女传》之说与《世界十女杰》相近，已可知二书乃交相为济的互补之作。因而，许氏上下求索、辛苦访得的祖国女界伟人，也均为"有文学、武德而知种族主义、爱民主义之女子"。不仅于《自叙》中揭出此意，《凡例》中又特加申述：

> 本编事实，皆取其精神活现而关于国或种者，饶有兴味。若徒有个人私德，称为贞女节妇者，世俗多知之，无待复述之，且与本编体例不合。其少关于国家者，亦多删之。②

这一崭新的取舍进退标格，实际担负了重新诠释历史人物、重构女性典范系列的重任，比之将历代女子一概摒弃于今人取法范本之外的做法，无疑更贴近现实，也更易受到读者欢迎。

仿照《史记》开创的"太史公曰"成例，许定一也在每传之后附加"咀雪子曰"的评语，"略以己见，发明作书之意"。如见齐国使者，先问收成与百姓而不问候齐王的赵威后，得到了与孟子并列为"祖国言民权之鼻祖"的光

---

① 许定一《自叙》《凡例》，《祖国女界伟人传》，《自叙》1页、《凡例》1页。
② 同上。

《祖国女界伟人传》封面

荣称号;东晋时,助梁州刺史朱序守城、抵御苻坚之兵的朱母韩夫人,被誉为知"种族主义之观念者";清初有诗文集传世,日常喜欢"讲究河漕、屯田、马政、边备诸大计"的顾若璞,作者也以"世俗徒目为文学家"为"夫人之不幸",而将其正名为"俨有政治家之资格"的"忧国士",因其"不顾家政,而研究国政",恰符合许氏著书的宗旨。其他,如推许孟子之母为"祖国唯一之教育家",庞渍母赵娥为"女界刺客",班昭为"祖国空前绝后之一伟人,教育家、文学家之资格,兼而有之",木兰为"祖国之女军国民"①等等,无一不是以新眼光打量旧人物。

而这些散见于全书的新诠解,原本关联到作者对于《祖国女界伟人传》的总体构想。许定一本人在《自叙》中作过完整而准确的表述,不妨节录其文,以窥知晚清人出新意于古典的古为今用之妙法:

女子者,国母也。既为国母,则教育是其天职,是其义务。若今之女子,不能教人,受教于人,犹以为不雅事,何放弃责任若是也?故录孟母、大家、郑氏以警之。

女子固以家庭为单位,然家政既清,亦必返身于国政。有参政权,有选举权,泰西人文明最高潮,实非泰东女子所能梦及。吾甚惜夫今日女子,遂以家庭琐事以终其天年者伙矣,故录威后、君王后、寡妇清、缇

---

① 分见《凡例》《赵威后》《朱序母》《顾氏》《邹孟轲母》《庞母赵娥》《曹大家、曹丰、丁氏》《木兰》,许定一《祖国女界伟人传》,《凡例》2 页,2—4、11—12、35—36、2、6、9、22 页。

萦、刘智远夫人以警之。

文野界判，智识日增。人之所以异于禽兽，思想固一要素，而文学尤为一要素。"言之无文，行而不远。"虽然，均是人也，同受命于父母，岂可女逊于男乎？今以文学专属于男子，实女界之耻也，故录大家、宣文君、陈邈妻、顾氏、蕙缵以警之。

自缠足恶俗流行，祖国女子遂不武矣。不知不武实弟二天性也。然居于二十世纪竞争时代，弱肉强食，惟以铁血是赖，则能生存，故录庞娥、吕母、朱序母、李秀、荀灌、孔氏以警之。

国也者，聚其地人民团结而成者也。所以有国，即所以保种。国界与种界，实有密接之关系。非我族类，其心必异。异心生，则败我类也必矣，安可使蔓延我土耶？祖国男子为胡奴者，不可胜数，况女子素以服从之陋见为宗旨者乎？故录韩希孟、洪宣娇、萧三娘以警之。①

作者所列举的人物入选资格，一一为今日女性所欠缺，同时即为其所应该具备的基本品格。而借助附加其上的新解说，古代女性之作为取法型范的人格意义顿获提升，便使其能够以焕然一新的面貌，重新进入现代人的生活与记忆。

自觉已集合中国女性精英于一编的许定一，当然也有理由对自家著述寄予厚望。其劝诫"最亲爱之姊妹""勿自骄，勿自弃"，开出的对症良方正是阅读己作：

读《祖国女界伟人传》，可知祖国女界素多伟人，非徒泰西女子能之，则自骄者必不复能醉心苏菲、稽首罗兰之言，以饰过也。读《祖国女界伟人传》，可以启其人皆可为尧舜之思，则自弃者，亦当可以有立志者矣。②

---

① 许定一《自叙》，《祖国女界伟人传》，《自叙》2—3页。
② 同上书，4页。

而《祖国女界文豪谱》更降低门槛,从教育入手,单标"能文"一义,汇聚众多古来女子,以与"文苑""儒林"传中的男子抗衡,其"以励来者"①的心思更形急迫。因此,就激发晚清女性追摹先进的情势而言,中国女界英豪的大面积发掘也绝对必要。

第三节 女豪杰与贤母良妻

追溯晚清女性读物的出版历史,1903 年诸多西方女杰传的印行,正是女报"传记"栏应运而生的契机。未尝设立专栏的《女报》(《女学报》),在《世界十女杰》行世后,也曾由主编陈撷芬执笔,将其改编为白话,开始在杂志连载。只是本可自成一栏的长篇《世界十女杰演义》②,竟随着刊物的迅即停刊而仅见一回,便成绝响。

继之而起的《女子世界》,则自 1904 年 1 月的创刊号起,已将"传记"(后改称"史传")设置为每期必备的重头栏目。对此专栏的设计,主编丁祖荫显然经过深思熟虑,早已成竹在胸。在热切祷祝蕴含着女权伸张、女学普及诸义的"女子世界"理想③早日实现之时,丁氏也披示了其具体进路:

> 女子世界之范围何似乎?吾勿表欧风,吾且扬国粹。披吾国三千年之历史,冯嫽、木兰、梁夫人、秦良玉之勇武,轰天烈地,胜于奄奄一息、束手待毙者何如?缇萦、聂姊、庞娥、红线之游侠,高义云天,胜于同胞胡越、翻云覆雨者何如?班昭、左芬、卫恒[铄]、若兰之文学美术,照耀古今,胜于咕哗终身、溺心科举者何如?④

这一流行于《女子世界》同人中的女尊于男的典型思路,将拯救中国的重任

---

① 参见咀雪子《〈祖国女界文豪谱〉自叙》《凡例》,《祖国女界文豪谱》,卷首。
② 楚南女子(陈撷芬)《世界十女杰演义》,《女学报》2 年 4 期,1903 年 11 月。
③ 参见笔者《晚清女报的性别观照——〈女子世界〉研究》之"'女子世界'的构想"一节,《现代中国》第 3 辑,武汉:湖北教育出版社,2003 年 5 月。
④ 初我《女子世界颂词》,《女子世界》1 期,6 页,1904 年 1 月。

也同时托付予女子。而其极力张扬的女性崇高品格,此时已无一例外地均可在中国古代女杰身上发现。

其实,丁祖荫之说也是其来有自,对照同期发表的金一(天翮)之文,其前后承接便可了然。在《女界钟》里以更多热情礼赞外国女杰的金一,一旦为《女子世界》撰写发刊词,却也能够面对现实,为大众说法,转而大力颂扬起祖国女界伟人的无上功德,甚至以之为中国强盛的根源:

> 闻者亦知中国前者之所以强乎?屈指而数,案籍而稽,彼圣贤帝王、英雄侠义,皆有贤母贤妻以为左右也。其尤特立独行,则班昭、伏女、左芬、谢韫之文章,卫恒[铄]、若兰、薛媛、蔡琰之灵秀,缇萦、聂姊、庞娥、红线之义侠,冯嫽、木兰、荀瓘[灌]、梁夫人、秦良玉之干济。此皆足表馨逸于陈编,播荣誉于彤史;须眉却步,冠剑低头。

此时再回望原先壁立千仞的西方女杰,金一已并不觉有彼胜于我的缺憾,反而谴责国人之自弃本国典型:"不此之崇拜,而顾日言罗兰、若安、苏菲亚、娜玎格尔,以为不可及,不可及,所谓'国有颜子而不知','目见千里而不自见其睫'也。"如此明显的翻覆,并非意味着金一已拒西就中、舍近求远,实乃由于《女子世界》作为女子教育辅助读物的定位,已使其将"振兴女学"置于"提倡女权"①之上。教育之讲究循序渐进,典范之效仿亦当由易入难,发扬古代杰出女子的潜德幽光,因此被金一视为女界获得切实进步的起点。

实际上,《女子世界》的调整眼光向内转,应该也与《世界十二女杰》与《世界十女杰》出版在前有关。外国女性典范既已足敷应用,受其刺激,本国女杰传统的重建自亦不容再缓。于是,祖国女界伟人有了在《女子世界》"传记"栏中的集体亮相与精彩表演。

作为《女子世界》重要撰稿人的柳亚子(号亚卢),也是该刊"传记"栏名列第一的重量级作者,先后为之撰写过五篇女性传记,且无一例外,均选

---

① 金一《〈女子世界〉发刊词》,《女子世界》1期,1—2页,1904年1月。

材于本国史。当年,柳亚子正就读于金一创办的同里自治学社,其诸篇传记与金一、丁初我发论之间存在着明显的呼应关系,使我们有理由将柳文视为体现《女子世界》"传记"栏宗旨的代表作。

柳亚子之现身于"传记"栏,系以《中国第一女豪杰女军人家花木兰传》为开山。这位年少气盛、豪情满怀的少年革命家出手不凡,虽以表彰祖国女杰为主意,却是从批判旧史落笔:

> 西哲有言:历史者,国民之镜也,爱国心之源泉也。虽然,此独不可以例我中国。中国之历史,则势利之林耳,专制之伥耳。彼点染淋漓,大书特书,以一代史笔自命者,类皆不知自由、平等为何物。由是炀于尊君卑臣之谬说,而连篇累牍,无非家奴走狗之丰功伟烈,于英才俊彦,反漠然置之矣;炀于重男轻女之恶俗,而所谓"列女""节女"之篇,皆奄奄无生气,且位置不足以占全史百分之一,女界伟人,乃群在若明若昧之间矣。①

因此,柳亚子自觉拨乱反正,责无旁贷。其废弃正史而旁采于野史、传说的取材路径,即明白显示了柳氏本人反正统、反官方的革命立场。

与其后编辑行世的《祖国女界伟人传》正文乃撮述、摘录典籍不同,柳亚子为中国女界伟人立传,采用了其时刚刚开始流行的评传体。这一由梁启超率先"仿西人传记之体"②引进中国的新体式,其与传统史传的最大区别在于夹叙夹议,作者自由发挥的空间明显扩大。受梁氏"笔锋常带情感"的"新文体"③感染,同样在行文中激情澎湃的柳亚子,也将评传体赋予作者的论说权伸张到极点。仅仅凭借诗文中的一点踪影,柳氏便将花木兰的事迹洋洋洒洒地敷演成一篇三千字的大文章。

---

① 亚卢《中国第一女豪杰女军人家花木兰传》,《女子世界》3期,26页,1904年3月。
② 饮冰室主人(梁启超)《序例》,《李鸿章》,《序例》,1页,日本横滨:清议报馆,1902年。
③ 梁启超《清代学术概论》二十五节,夏晓虹编校《中国现代学术经典·梁启超卷》,195页,石家庄:河北教育出版社,1996年。

为花木兰赢得"中国第一女豪杰女军人家之徽号"的缘由,与金一、丁初我表扬冯嫽、木兰、梁夫人、秦良玉之"勇武""干济"同一心思,都以揭橥尚武精神为鹄的。丁氏更将养成"军人之体格"、铸造"军人世界",为"女子世界"诞生的首要指标①。因而,《女子世界》创刊伊始,即开始连载沈同午(号职公)的《女军人传》②。三期传文虽只记述了沈云英与秦良玉两位明末女将,由其所开启的表彰女军人卫国殊勋的传记写作新风,却在《女子世界》蔓延开来,并构成其"传记"栏的一大特色。

应声而起的柳亚子之作《花木兰传》,也同样有感于"环球逐逐,强国十数,方群以其最跋扈、最恐怖之强权与帝国主义,集矢于我中国"的现实,而急切地寻求"所以抵御之策"。这就是他大声召唤"尚武精神""军国民资格"与"民族主义"的原因。此一强烈的现实关怀也浸染传记全篇,于是,千余年前的古代女子花木兰(柳亚子断其生长汉朝)投梭而起时,也有一番慷慨陈词:

> 执干戈以卫社稷,国民之义务也。今日之事,其何敢辞?虽然,我父老矣,安能驰驱塞外,与强胡角逐,为同胞出死力?我弟方幼,我又无长兄,谁代我父行者?我虽女子,亦国民一分子也。我其往哉!且我闻俚俗之恶谚矣,曰"妇人在军中,则兵气不扬"。咄咄妖孽!谁以腐败之恶名誉,污辱我女界者,我其誓雪此耻哉!

其征战归来辞官不做,也直言:"某不佞,所以居留戎马之间一十二年者,欲牺牲一身以报我民族耳,岂以是为功名富贵之代价哉?"③传文中之所以不断出现类似的时空交错,让古人具有现代意识与语言表述,乃是由于作者的关切本在当下,而无意于发思古之幽情。

更能表现柳亚子革命情怀的女军人传,尚属为梁红玉所撰篇章。于

---

① 初我《女子世界颂词》,《女子世界》1期,7页。
② 职公(沈同午)《女军人传》,《女子世界》1—3期,1903年1—3月。
③ 亚卢《中国第一女豪杰女军人家花木兰传》,《女子世界》3期,31、28、30页。

《花木兰传》已露端倪的民族主义,到柳氏为梁红玉作传时,便径直登上了标题。荣获"中国民族主义女军人"称号的梁夫人,也以"投身于民族战争之盘涡中"、击鼓助阵之壮举,引发了作者的遐思。而其与金人对敌的本事,正好应和了柳亚子自身坚定的反清革命立场。柳氏在篇末殷殷表达的思致,"我日日焚香缥笔,祝二万万女同胞,有继梁红玉而起,以助我杀异种、保同种之遗志者"①,吐露的也是"借古人之酒杯,浇自己胸中之块垒"的一腔心事。

由民族主义串联起的,尚有《女雄谈屑》(亚卢)与《为民族流血无名之女杰传》(松陵女子潘小璜)②。二文追述明季以来抗清而死或发露民族意识的众多女性事迹,接续着《梁红玉传》阐发"男降女不降"谣谚的思路③而反复申说。通过张大明季女性自杀与被杀的意义,激励大众的种族思想,以达到推翻满清统治的革命目标,这才是柳亚子撰写诸文的用意。而从《女子世界》"传记"栏的主导倾向看,尚武精神亦须服从于民族大义。同名之作《女魂》在该刊的两次发表,后篇即是为了补正前篇所述两位与太平天国为敌而死的女子之昧于"种族思想",故特意截取明清之际宁死不降清兵的赵雪华、宋蕙湘以及洪秀全夫人徐氏三人行事,"俾世人知民族主义"④。而此三人均已先见于柳亚子的《女雄谈屑》。

外国女杰中,最受青睐的显然是女刺客形象。沙鲁士·格儿垤传的重新书写,且冠以"女刺客"之名,便昭示了作者的革命取向。另一为俄国虚无党11名女性集体留影的合传,干脆直接以《革命妇人》名篇⑤,其中亦贯穿了以激烈手段对付专制政府的呼声。柳亚子的《中国女剑侠红线聂隐娘

---

① 松陵女子潘小璜(柳亚子)《中国民族主义女军人梁红玉传》,《女子世界》7期,22、26页,1904年7月。
② 分刊《女子世界》9—11期,1904年9月,1905年2、4月。
③ 参见笔者《历史记忆的重构》,《读书》2001年4期。
④ 吕逸初《女魂》与大我《女魂》二篇后之大我评语,《女子世界》2年4、5期(16、17期)合刊,50页,1906年7月;6期,57页,1907年7月。
⑤ 见大侠《女刺客沙鲁士·格儿垤传》、大我《革命妇人》,《女子世界》2年2、3(14、15)期,1905年9月、1906年1月。

传》,则是将此革命、暗杀的背景放置在中国古代,借用红线与聂隐娘这两位小说中的剑侠人物,以接引法兰西革命、俄罗斯虚无党、欧洲各国无政府主义之思潮①。诸篇传记连同以上各文,共同酿造了《女子世界》"传记"栏浓重的革命氛围。

相形之下,由南丁格尔、斯托夫人及其他外国女子传记所指代的慈善与救世情怀②,虽同为晚清女性所缺乏的品格,却未得到《女子世界》"传记"栏的特别关照,也并非该栏目的主旋律。这一等差在发行于京城的《北京女报》却恰恰倒置过来。

1905年8月20日创刊的《北京女报》,为晚清北方地区影响最大的妇女报刊。其以日报的方式刊行,且延续时间最少长达四年③,填补了"中国南省,曾有女报出版,惜其旋起旋灭,未能垂久"以及"只有月报而无日报"的双重缺憾。该报出名的主人虽为张筠芗,实际主持者兼主笔却是其子张毓书(字展云)。在《创设〈北京女报〉缘起》中,编者已表明此报"以开女智为宗旨",故特重女子教育,并以"女学日兴"为"女权发达之始基"④。从目前的存报看,其人物传记大体刊载在前后相继的"女鉴""中国女界史"及"故事"三个栏目中,"演说"栏也偶有中外女性事迹的演述。

与《女子世界》不同,《北京女报》的各篇传记篇幅均很短,且全部是用白话讲说。因其通常只是叙述人物生平的一两个片段,谓之"故事",更为得体。其所取为典范的中国历代妇女,也不乏柳亚子等《女子世界》同人所不屑道的节女与烈妇。但倘若以此判定《北京女报》之固守旧道德,却又并非事实。比如讲到"殉节",编者也表示,"如今进化时代,殉节二字,看得不

---

① 见松陵女子潘小璜《中国女剑侠红线聂隐娘传》,《女子世界》4、5、7期,1904年4、5、7月。
② 见觚庵《军阵看护妇南的辂尔传》、初我《女文豪海丽爱德·斐曲士传》,《女子世界》5期、2年1期(13期),1904年5月、1905年6月。
③ 现存《北京女报》最末一期为光绪三十四年十二月二十四日(1909年1月15日)出版。目前能够看到的报纸为第一年之20期,以及第三年之部分与第四年之全部。见姜纬堂《北京女报》,姜纬堂、刘宁元主编《北京妇女报刊考》(1905—1949),35页,北京:光明日报出版社,1990年。
④ 张筠芗《创设〈北京女报〉缘起》,《大公报》,1905年6月28日。

如那么重了"。而该报之表扬节妇,肯定的是"一夫一妇,情投意合",寻死者实属殉情;而不是"专为沽名,或是囿于陋俗",那在编者看来,即为"作无意之死"①。

比之《女子世界》的独标高格,《北京女报》的人物故事与议论显然更贴近日常生活。在闲话家常的气氛中,改良思想也点点滴滴地渗透到读者意识中。不妨举梁鸿与孟光的故事为例,《北京女报》在1908年之内,三次讲述其事,每次均翻出新意。放在"故事"栏的《荆钗布裙》突出了孟光的安于贫贱生活,作者由此要发明的道理是:"可见古时候,那有贤德的妇女们,绝不是竟在穿戴打扮上头讲究哇。"以此批评今人嫁女时陪送妆奁的"竟尚争奇斗艳"。另一则仍然出自"故事"栏的《孟光》,对孟女的别具眼光、选中梁鸿大加赞赏,称赞二人之结合为"这就是婚姻自主,为结婚的正理"。第三次讲说孟光,则是在《北京女报》的首要栏目"演说"中,作者就孟光的自择配偶评议道:

> 这事情,要搁到如今,管保就有人笑话他罢。只因为我们中国的婚姻大事,都是由父母给作主,凭媒婆子给说合,竟在那外貌上头讲究,不管为人的品格跟德行怎么样。……又搭着我们中国的女子都没有学问,可就把夫妇这一伦的事情,常有闹糟糕的了。②

婚丧嫁娶既为人生必有之事,《北京女报》着眼于此,正凸显了其关注社会改良而非政治革命的温和派立场。这也是该报与《女子世界》的根本歧异之处。

在民办女学起步较早的南方,女校师生自然成为《女子世界》的主要读者。而处在女子教育相对滞后的京城,《北京女报》的期待读者必然更偏向

---

① 《论刘阎两节妇》,《北京女报》,1908年5月13日。
② 《荆钗布裙》《孟光》《孟光》,《北京女报》,1908年6月11日、8月15日、11月29日。

家庭主妇①。由此,其演述的历代妇女故事,也多半落实为贤妻良母的德行。如《子发之母》《隽不疑母》《陶母》诸篇,都是讲说母亲如何教育为官之子爱民、清廉,引发出的教训也直指当下:

> 如今做官的,那个不是自顾自!武官待兵,文官待百姓,真有能同甘苦的吗?江皖百姓,遭那样的奇灾,请看两省的官儿老爷,谁不是朝朝暮(暮),吃肥肉大米?可惜呀,可惜!可惜中国做官的,没有好母亲呕!②

即使不出于教子相夫,贤母良妻也仍有诸多可供发掘的崇高品德。如谢枋得夫人"不惜自己的性命,保全山中居民",被推赞为"爱群热心,够多么难得";刘凝之妻"能安俭苦,自谋其生",也由记者以现代观念解为"独立"这一"妇人最高的品行";罗夫人"待家中的奴仆,但用爱情感化他们",经作者推演"夫人的意思",竟也包含了"同为人类,原无可分贵贱的"人类平等理念。而由晋朝魏夫人的"撙节饮食,喜欢清洁"生发出的"讲究卫生学"之议,由卫夫人的擅长书法而提醒女学堂"习字一科,也是很要紧的"③,更清楚地表明,在《北京女报》编者心目中,女性人格的全面改造,实与改良社会风俗密不可分。

应该说,《北京女报》之重视母仪妻范,与清朝学部制订的女学章程不无关系。《女子师范学堂章程》以家国同构的儒家伦理解说新兴女学的意义,便强调"家政修明,国风自然昌盛;而修明家政,首在女子普受教育,知守礼法",又肯定"女子教育,为国民教育之根基;故凡学堂教育,必有最良善之家庭教育以为补助,始臻完美"。归根结底,"欲家庭教育之良善,端赖

---

① 实际上,《北京女报》期望的读者群更广,其《开办简章》中即声明,其报"不但妇人、女子、人人读之,即官、商、士、民,亦当购阅"(张筠芗《创设〈北京女报〉缘起》)。
② 《子发之母》《隽不疑母》《陶母》,分刊《北京女报》1907年5月2日、1908年6月20日、8月13日。语出《子发之母》。
③ 《谢夫人》《刘凝之妻》《罗夫人》《魏夫人》《卫夫人》,分刊《北京女报》1908年5月26日、6月3、24、13、30日。

贤母",才是关键之点。接受"完全之女学"的"贤母",也因此成为国民教育、国家昌盛的根基①。《北京女报》编者的思想尽管比学部章程的规定更自由开阔,但在大思路上,仍无法完全脱出京城官场的制约。何况,标举贤母良妻,在北京也更具现实针对性。

而论及取法域外,假如把沙鲁土·格儿垤视为《女子世界》"传记"栏中外国女杰的代表,那么,出现于《世界十二女杰》而为《世界十女杰》所删减的扶兰志斯(今译"威拉德",Frances Willard,1839—1898),却可作为《北京女报》所推崇的西方女性的典范。虽然扶兰志斯的生平也曾由丁初我在《女子世界》述说过②,但其人未受到特别重视,也在情理之中。移至京城这样一个天子脚下、官员济济的环境中,以创办"万国妇人矫风会"(今译"世界基督教妇女禁酒联盟")著称的扶兰志斯倒是如鱼得水,得天独厚。1906与1907两年先后在北京创立的"中国妇人会"与"中国妇女会",均是由中上层妇女组成的女性团体,其立会缘起与日常活动,主要以赈灾恤难为中心③。这也为扶兰志斯在京城的大得人心,一年两次在《北京女报》上露面奠定了基础。

两见于"演说"栏的《演说扶兰志斯》,其实是同一篇传记的重刊。文章开篇先说:

> 中国女子,把自己看的太轻,总以为我们女子,本不能作甚么事业,不过吃吃喝喝,混一辈子就算了。嗳,这些人都受了不读书的害喽!你翻开外国史看一看,有多少女豪杰,留芳千古,扬名五洲。我今天先说一位最有名的女子,大家听听。这位女子叫甚么呀?就叫扶兰志斯。

传文重点叙述了扶兰志斯改良风俗的伟业:

---

① 《女子师范学堂章程》,《学部官报》15期,"本部章奏"138页,1906年3月。
② 见初我《妇人界之双璧·黑夜之明星》,《女子世界》12期,1905年5月。其译名为"扶兰斯德"。
③ 参见笔者《晚清妇女生活中的新因素》第四节"女子团体",《晚清文人妇女观》,51—53页。

扶兰志斯,既然作了矫风会会长,就订了三条家庭禁令,宣布大众。那三条禁令呢?一是禁酒,一是禁烟,一是遇有挺身政党的,必要大家帮助。这三条禁令宣出来之后,全国妇人,无不遵守。美国的风气,居然大变。

而其随后将矫风会由美国推广到世界,在各国建立分会,"无论到那一处,立刻能见功效"。令作者惋惜的是:"当时这矫风会,也曾派员到咱们中国来。无奈中国女界,沉睡不醒,怎么说也是白饶。所以直到今日之下,全球的人心风俗,都能转移,惟独咱们亚洲大陆,一天糟似一天。"①而移风易俗,改良社会,《北京女报》及其同道也自觉有责焉。

有趣的是,《北京女报》演说的这篇扶兰志斯传,其祖本虽为《世界十二女杰》,直接采用的蓝本却是《女子新读本》。而且,除却开头的一段感慨,全文几乎是该书《扶兰志斯》一篇生前事迹②逐字逐句的白话翻译。如此,由《女子新读本》连接的《北京女报》与《世界十二女杰》之间的通道,也与《女子世界》和《世界十女杰》的血脉贯通,构成了两条晚清女性典范的精神之链。其相交与相离的复杂纠葛,正状写出其时思想界的多元景观。

可以肯定的是,由于外国女杰的加入以及中国古代妇女楷模的重新发现与认识,晚清的女性典范形象得到了极大的丰富。承载着诸般新思想的古今中外女豪,在为晚清女性日益熟悉的过程中,也深刻地影响与改变了其外在的生活与内在的精神。

---

① 《演说扶兰志斯》,《北京女报》,1908年5月2—3日、12月12—13日。
② 杨千里《女子新读本》的"扶兰志斯"一传本占"下编"三课篇幅,《北京女报》所译者仅只前面之"课十三"与"课十四"。

第三章

晚清西方女杰传的隐藏底本
——《世界古今名妇鉴》的"百变身"

明治时期的日本对近代中国的强大影响,在学界早已成为众所周知的事实。不过,具体到女性史,因相关研究起步较晚,仍有许多课题未及深入。本章拟加讨论的《世界古今名妇鉴》,便是这样一部尚未受到应有重视的文本。考察晚清妇女思想变迁史时,该书本为不可逾越的文献。而其在翻译与流传过程中的选择性接受,也成为笔者关注的重心。

第一节　德富芦花与《世界古今名妇鉴》

《世界古今名妇鉴》为日本近代著名作家德富芦花(本名健次郎,1868—1927)所编,明治三十一年即1898年4月由东京的民友社出版。按照编者撰写的《例言》可知,其所收各文多半采自《家庭杂志》与《国民之友》。因而,此处有必要先从德富芦花之兄德富苏峰(本名猪一郎,1863—1957)说起。

明治二十年(1887)2月,由于所撰《将来之日本》印行而名声大噪的德富苏峰,趁热打铁,迅速创办了民友社,同时发刊了《国民之友》。这份杂志的创刊号居然销售了数万份,使德富苏峰大受鼓舞。于是,三年后的2月1日,日报《国民新闻》也开始发行。再经过两年,1892年9月,《家庭杂志》接续面世①。如此密集的出版动作,足以显示德富苏峰在此一时期日本舆论界如日中天的号召力。

与报刊相辅佐,民友社出版的各种图书也受到读者的追捧。1881年出生于日本的冯自由曾忆述,当时"各书店所刊各类小丛书以民友社为最风行"②。而且,不只在日本读书界,尤其是青年学生中广有好评,其出版物在居留日本的中国知识者中同样有口皆碑。《新民丛报》的说法可为代表:"民友社著译之书,其论断常有特识,其文体为日本文界之革命军。"③显然,由德富苏峰开创的这一文坛新风气已作为民友社的整体风格,为世人看好。

德富芦花

身为苏峰之弟的德富芦花,此时也追随兄长,为《国民之友》等报刊大量撰稿。据其自述,收录22题的《世界古今名妇鉴》,除五、六题有署名者外,"多从余数年来刊载于《家庭杂

---

① 参见並木仙太郎、田中幸二郎编《年谱》,"现代日本文学全集"第四编《德富苏峰集》,570—571页,东京:改造社,1930年。另见[日]近代日本思想史研究会著,李民等译《近代日本思想史》第二卷,10页,北京:商务印书馆,1991年。
② 冯自由《日人德富苏峰与梁启超》,《革命逸史》第四集,252页,北京:中华书局,1981年。
③ 《绍介新著·十九世纪外交史》,《新民丛报》18号,97页,1902年10月。

志》及《国民之友》之文章中集来"①。当年,德富芦花尚为二十多岁的文学青年,其激情与文采也浸透于笔下文字。因而,这些外国女性传尽管多有所本,芦花的工作却并非简单的翻译,而更应该名之为"改写"。当其去世后,德富苏峰评述乃弟的传记写作时,也正表达了这层意思:

> 芦花弟弟在东京的工作,是以翻译为主的。说是翻译,他的翻译工作并不仅仅是把原文原封不动地变为日语,为了让读者在头脑中可以很好地接受,都经过了消化,差不多彻底用日本文化抹去了翻译的痕迹。
>
> 当时的材料都是我所选择的,我亲自作为指导者,给了他很多建议。这样,经他的手成篇的,就有了《布赖特(Bright)传》《科布登(Cobden)传》,还有接下来的《格莱斯顿(Gladstone)传》等几篇。②

由于文中列举的传记仅限于有单行本者,故未包括《世界古今名妇鉴》中的散篇,但其同出一源,且均为民友社刊行,在文风与格调上便十分接近。

毋庸讳言,编写《世界古今名妇鉴》时,德富芦花的思想也深受其兄的影响。而当时德富苏峰倡导的"平民主义",按照研究者的概括,乃是"从一般人民的立场出发,使欧化主义在内心里贯彻到底,以谋求日本社会近代化的东西"③;简言之,这是一种针对上层贵族的欧化主张而标举的平民的欧化主义。显然,其与梁启超等中国维新人士所提倡的"开通民智"意涵接近。

---

① 蘆花生《例言》,蘆花生编《世界古今名婦鑑》,東京:民友社,1898年。德富芦花在《例言》中称:"篇中《奥尔良少女》《科学之妇人》《友姊友妹》为宫崎湖处子君之笔。《北美教育家》为三宅天水君之笔。《贤母》中之《卫斯理之母》为冈田紫樱君之笔。在此明记以详其责。"(《例言》2页)实则《画家》一篇署名"黄花女史",也应不是德富芦花的作品。又,本篇引用的日文资料翻译得到了陈爱阳与邵迎建的帮助,特此致谢。

② 德富蘇峰《弟德富蘆花》,100页,東京:中央公論社,1997年。松尾洋二也认为:"果如德富苏峰所说这样的话,那么可以说德富芦花的史传已超越了今天的'翻译'的狭窄意义,可说得上是一种著述。"(《梁启超与史传——东亚近代精神史的奔流》,狭间直树编《梁启超·明治日本·西方》,273页,北京:社会科学文献出版社,2001年)

③ [日]近代日本思想史研究会著,李民等译《近代日本思想史》第二卷,15页。

而以西方文化作为启蒙之道,此一思路在《世界古今名妇鉴》也有清晰体现。德富芦花撰写的《例言》篇幅虽短,对此却有不厌其烦的申说,当然,话题更集注在西方妇女的楷模意义上:

> 世界日渐狭小,人与人相涉之范围则日广。方当今日,渐趋多事,非但男子,即我日本之妇人,亦毋庸置疑尚需更进一层之进步与活动,此诚为人所皆知。其理虽然,不启不发;如其不知,则不能有所望。一求可以振兴妇人诸君志气之道,一为增加开阔诸君见闻之路,其为今日之急务欤!寻古代妇人于历史上发光之旧迹,并今之妇人在世界四方正在进行之事业,如介绍此等人物,或可成其一助。余辑此一编,诚怀斯念。
>
> 里尚仁,友择高。观感所及,实有大者。此篇所载,每每不尽中庸之行,其实为发挥妇人之光辉者。蔷薇一瓣,犹不减其芳。此篇中所举妇人之事历固过简略,如有幸及于姊妹诸贤之目,聊成慰藉,或得有所感奋,则于编者实为望外之喜。①

其中虽未道出"西方",但编者心目中所谓"世界",对照内文即可知,实在并不包括日本在内。也即是说,无论"古代妇人"还是"今之妇人","世界古今名妇"之可取为借鉴的尚友对象,足以"振兴妇人诸君志气"者,在德富芦花看来,非西方女杰莫属。这与早十年出版的西村茂树编《妇女鉴》②之内外兼收、中西并列恰好形成了鲜明对比。

应该说明,并非德富芦花对本国妇女的缺席毫无意识,《例言》第三则即以致歉的口吻提及:"泰西之名妇人,而为本编遗漏者固甚多,各种方面各种事业之代表人物,遗漏者亦复不少。况和汉妇人界当传之人亦不暇屈指。他日若有机缘,切望有为其作传之时。"③而其预告终未践诺,相信在芦

---

① 蘆花生《例言》,蘆花生编《世界古今名婦鑑》,《例言》1—3页。
② 西村茂樹编纂《婦女鑑》,東京:宮内省藏版,明治二十年(1887)。
③ 蘆花生《例言》,蘆花生编《世界古今名婦鑑》,《例言》2页。

花眼中,发掘日本与中国杰出女性的典范价值实非当务之急。

    为下文比较的方便,有必要先将《世界古今名妇鉴》各篇的目次开列出来;并且,考虑到晚清人名译音的歧义,故所录为日文原题:

    佛國革命の花(ローラン夫人の傳)
    老女皇
    トルストイ家の家庭教育
    修羅場裏の天使
    政治家の妻
      ビスマアク夫人
      グラッドストーン夫人①
    社會改良運動の母
      ウイルラード夫人
      ブース夫人
    英雄の妻(ガリバルヂー夫人)
    賢母
      ユーゴの母
      ウエスレーの母   岡田紫櫻
    つれなき生命
    一枝の筆(スタウ夫人)
    畫家   黄花女史
    北米の教育家(メーリー、ライオン女史)   天水生
    夜叉面の女菩薩(ルイ、ミセール)
    科學の婦人
      女天文學者マリヤ、ミッチエル②   K. M.
      ソマー#ル夫人   讚美生

---

① 題目誤作《グラッドスノート夫人》,据正文改。
② 人名誤作"マリア、ミッチエル",据正文改。

第三章　晚清西方女杰传的隐藏底本

西洋細君氣質
　　佛蘭西
　　英國
獨逸
北方の寒半島
米國
　　露西亞
オルレアンの少女　　　　　　　　　　　　宮崎湖處子
名女優
　　エルレンテルリー女史
　　サアラア、ベルナアル女史
歐洲政界の三女傑
　　無官の露國全權大使(ノヴイコフ夫人)
　　佛國新聞開の女王(アダム夫人)
　　英國女權論の勇將(フオセット夫人)
讀餘雜錄
　　烈婦の一隊
　　斷頭臺上の婦人
　　孛露士亞の皇后ルイザ
奈翁の勁敵(マダム、ド、スタアル)
友姉友妹
　　ラム家の連珠
　　ヲルヅヲルスの詩神　　　　　　　　　　讚美生
金冠の婦人
　　日耳曼皇后
　　伊太利王后
　　露西亞皇太后
　　羅馬尼亞后
　　西班牙太后

69

和蘭女王
墺地利皇后

有趣的是,迄今为止,《世界古今名妇鉴》并没有完整的译本,不过,书中叙述的三十余位女性的事迹,又确实经由反复的译介,多半在晚清知识女性中耳熟能详。即便就译笔而言,德富芦花激情洋溢、抒情色彩浓郁的写作风格,也成为独特的标记,使之区别于其他来源的译文,为晚清西方女杰传的书写增添了浪漫、壮快的别样情怀。

尽管笔者认为,在已往的研究中,《世界古今名妇鉴》的重要性并未得到充分的阐述,但这不等于说对该书与近代中国的关联无人察知。实际上,需要强调指出的是,日本学者松尾洋二已最先在此用力。其《梁启超与史传》一文,便揭破了梁氏传诵一时的名文《罗兰夫人传》,实出自《世界古今名妇鉴》中的《法国革命之花(罗兰夫人传)》①。松尾所发之覆虽只一端,笔者跟踪追击,从晚清女性史切入,却是收获良多。德富芦花所谓"其理虽然,不启不发",用在此间,也很恰当。

第二节 女性语境中的《罗兰夫人传》

晚清西方女杰传记的译介,自然并非始于《世界古今名妇鉴》。起码在其成书前一年,由西方传教士创办于上海的《万国公报》,便已连续刊载过王文思翻译的四篇西妇传,内含女科学家、画家、慈善家等②。其中人物也有与《世界古今名妇鉴》重合者,但王氏既明言其"爰就英文女史报中译登《公报》"③,故二者之趋同处也只能谓为来源一致,均取材于西方,而非互相袭用。

---

① 见松尾洋二《梁啓超と史伝——東アジアにおける近代精神史の奔流》,狭間直樹編《梁啓超:西洋近代思想受容と明治日本》,273—278頁,東京:みすず書房,1999年。
② 王文思译《天文女史汉嘉禄林传》《法国女画史濮耨氏小传》《丹国许美门女伯小传》《翕尔燈善女创立代养婴孩院记》,《万国公报》101、104、107、109卷,1897年6、9、12月,1898年2月。
③ 王文思译《天文女史汉嘉禄林传》,《万国公报》101卷,24页。

不过,这样的寻根究底,仍然无碍于《世界古今名妇鉴》之为晚清最重要的西方女杰资源库的地位与事实。

由于松尾洋二的探究,现在我们已可以知晓,最早将《世界古今名妇鉴》引进中国并产生广泛影响的,乃是梁启超以"中国之新民"笔名发表的《(近世第一女杰)罗兰夫人传》。梁文初刊于横滨出版的《新民丛报》第17至18号,时间为1902年10月。其时距《世界古今名妇鉴》的刊行只有四年,身在日本的梁启超自然不难看到其书。

《世界古今名妇鉴》封面

依据松尾洋二比勘的结果,收入梁启超《饮冰室合集·专集》的《罗兰夫人传》,"除了开头五行和结论部分的'新史氏曰',以及在正文中稍有改动以外",基本上是德富芦花《法国革命之花》的翻译。而出于论题的需要,松尾文的中心也围绕此传在梁启超思想演进中的意义展开,结论是:"德富芦花的《罗兰夫人传》在近代中国最著名的'改良与革命'的大论战中占据了一个中心位置,又通过梁启超使其成为东亚精神史上一部极其重要的著作。"①论者因此又钩稽出梁氏《罗兰夫人传》流传到朝鲜的情况。

而如果将《罗兰夫人传》的译述仍然归位于《世界古今名妇鉴》系列,揭示其在树立女性楷模上的作用,则梁启超的添加与删改,甚至就是其中文译文本身,也自成典范,别具魔力。朝鲜译本采自梁文而非德富芦花原作,已可为证明。

---

① 松尾洋二《梁启超与史传——东亚近代精神史的奔流》,狭间直树编《梁启超·明治日本·西方》(即《梁啓超:西洋近代思想受容と明治日本》的中译本),265、273页,北京:社会科学文献出版社,2001年。

在这样的背景下阅读《罗兰夫人传》,梁启超于开篇增写的两段文字便不但作为著名的警策妙语被不断记忆,同时也释放出新的意义。其言曰:

> "呜呼!自由自由,天下古今几多之罪恶,假汝之名以行。"此法国第一女杰罗兰夫人临终之言也。
>
> 罗兰夫人何人也?彼生于自由,死于自由。罗兰夫人何人也?自由由彼而生,彼由自由而死。罗兰夫人何人也?彼拿破仑之母也,彼梅特涅之母也,彼玛志尼、噶苏士、俾士麦、加富尔之母也。质而言之,则十九世纪欧洲大陆一切之人物,不可不母罗兰夫人;十九世纪欧洲大陆一切之文明,不可不母罗兰夫人。何以故?法国大革命,为欧洲十九世纪之母故;罗兰夫人,为法国大革命之母故。①

罗兰夫人的临终遗言,在后文仍有表述。将其提前揭出,从梁启超的思想脉络考量,显然是为了突出对于暴力革命危害性的警告。而这一有特定政治内涵的话语,由于出现在标注为"近世第一女杰"的范本中,也成为普适于女性群体的格言而得到称述。《女子世界》尝辑录女性警句佳话成《新女诫》,梁氏《罗兰夫人传》中重复出现的此言便也脱离了原有的政治语境,而为编者摘录其中②。

不止此也,秋瑾遇难后,有意将其事迹与同样死于斩刑的罗兰夫人绾结一起的《轩亭冤传奇》,编剧者在自述写作缘起时,亦仿照"罗兰夫人何人也"诸句式而申言:"秋瑾何为而生哉?彼生于自由也。秋瑾何为而死哉?彼死于自由也。自由为彼而生,彼为自由而死。秋瑾乎!秋瑾乎!中国规复女权第一女豪杰。"据此定义,在标题上,《轩亭冤传奇》也一如《罗兰夫人传》的冠以"近世第一女杰",而有"神州第一女杰"之命名③。秋瑾为罗兰

---

① 中国之新民《(近世第一女杰)罗兰夫人传》,《新民丛报》17号,35页,1902年10月。
② 见尚声《新女诫》,《女子世界》3期,87页,1904年3月。
③ 萧山湘灵子(韩茂棠)《(神州第一女杰)轩亭冤传奇》,初刊1908年《国魂报》,亦载《女报》临时增刊《越恨》(1卷5号),1909年9月。关于罗兰夫人对秋瑾的影响,笔者在《晚清女性与近代中国》(北京:北京大学出版社,2004年)第七章第五节有专门论述,可参看。

夫人精神传人一层意思,也在语句的摹写中呈现出来。

更有意味的是晚清流行一时的"国民之母"说,也与梁文不无干系。梁启超关于罗兰夫人为"拿破仑之母""梅特涅之母""玛志尼、噶苏士、俾士麦、加富尔之母也"的譬喻,不但制造出了一段"拿破仑与梅特涅,一母所生,而一则为民权之先导,一则为民权之蟊贼"的"考试新笑话"①,其肯定罗兰夫人为"十九世纪欧洲大陆一切之人物""一切之文明"的精神母体,也因推许奇高,加以造语新颖,而使人过目不忘。将这一与女性的生育能力相系连的伟人之母、文明之母的思路推广开去,导源于日本的称誉女子为"国民之母"的论说,也因得到罗兰夫人的生动佐证,而在晚清思想界迅速铺开。

就笔者目前掌握的资料而言,晚清直接使用"女子者,国民之母也"说法的,首见于金一(天翮)1903年闰五月(约当7月)完稿的《女界钟》②。稍早,则留日女学生何香凝撰写的《敬告我同胞姊妹》也有类似的表述:

> 且西谚曰:"女子者,生产文明者也。"又曰:"女子者,社会之母也。"故女子为社会中最要之人,亦责任至重之人也。

耐人寻味的是,二人的论述中不约而同都出现了罗兰夫人的名字:或呼吁"我同胞,其勿仍以玩物自待,急宜破女子数千年之黑暗地狱,共谋社会之幸福,以光复我古国声名",一如"当日罗兰夫人、美世儿、苏太流夫人者"③;或引述罗兰夫人(玛利侬)"吾等今日已不能救身,虽然,一息尚存,终不可以不救国"之言,而要求"善女子"以这些中西女杰为导师④。凡此,梁氏《罗兰夫人传》的印记分明可见。

当然,梁启超的比拟也并非横空出世,即在《世界古今名妇鉴》中,便已有"社会改良运动之母"的标题可供取法。不过,经由梁氏的尽情渲染,并

---

① 《考试新笑话·拿破仑与梅特涅同母》,《新小说》1号,182页,1902年11月。
② 爱自由者金一《女界钟》,13页,光绪二十九年(1903)八月初版,光绪三十年(1904)五月再版。其中柳人权(柳亚子)的《后叙》作于癸卯闰五月,应为《女界钟》刚刚完稿时。
③ 何香凝《敬告我同胞姊妹》,《江苏》4期,144页,1903年6月。
④ 爱自由者金一《女界钟》,14、93页。

以"近世第一女杰"置换掉原有的正题"法国革命之花",再加上面向女性读者的上海《(续出)女报》的及时转载①,回归女性语境的罗兰夫人也作为爱国女杰的崇高典范,深植于晚清女界,而与德富芦花笔下那位一度激进的女革命家多少拉开了距离。

《新女诫》的编撰可为范例。篇中摘取罗兰夫人的警言总共四条,数量之多,仅拥有"圣女贞德"称号的法国奇女子若安堪与比肩。而除前文已提及的关于"自由"的告诫以及《女界钟》引录的"救国"誓词,罗兰夫人尚有下述二则壮语:

> 在法廷审判时昌言曰:凡真正之大人物,常去私情私欲,以身献诸人类同胞,而其报酬则待诸千载以后。
>
> 在狱中遗其爱女书曰:汝宜思所以不辱其亲者。汝之两亲,留模范于汝躬。汝若学此模范而有得焉,其亦可以不虚生于天地矣。

其实,《新女诫》的写法并非班昭经典之作的翻版,其篇后用于补白的题句"东鳞西爪入我锦囊,暮鼓晓钟醒君大梦"②,概括最为准确。所取集锦与剪影的方式,将编者认为精华的片段展现出来,不见全人,却精神毕露。当然,摘录者的眼光也会对读者造成遮蔽,起码,四则语录均出自罗兰夫人政治立场转向反对暴民政治之后,便难免有以偏概全之嫌。然而,我们却可以透过这样的剪辑,了解晚清人眼中的罗兰夫人的共相——用梁传中"新史氏曰"的说法,即是"志芳行洁、忧国忘身"③,高尚的爱国女杰形象于此定格。

为理解梁启超译述的《罗兰夫人传》的感召力,还应该补充的一点提示是,在《新女诫》发表前一年出版的同样译自日文的《世界十二女杰》中,也有一篇专记罗兰夫人。但此"朗兰夫人"并未能从书中走出,甚至其译名也

---

① 见《(续出)女报》8、9 期,1902 年 11、12 月。转载时未署名,亦未刊完。
② 尚声《新女诫》,《女子世界》3 期,87、88 页,1904 年 3 月。
③ 中国之新民《(近世第一女杰)罗兰夫人传》,《新民丛报》18 号,55 页,1902 年 10 月。

不敌梁氏的传之久远。《新女诫》的不予采录因此并非特例。毕竟,以德富芦花之作为主干的梁氏传记,合二人之才情笔力于一手,其能感动一世人心,自不待言。

第三节 《世界十女杰》的秘藏原本

晚清出版的单行本西方女杰传,以同为译作的《世界十二女杰》与《世界十女杰》二书为最先,均于1903年面世。其中前书为2月发行,比后作大致早一个月①。至于两书的来源,《世界十二女杰》的很清楚,其同名原本由东京广文堂书店明治三十五年(1902)7月5日发行,作者署名岩崎徂堂与三上寄风②;而《世界十女杰》的出处则颇为含混,有深入探究的必要。

按照编者在《例言》第一条中的说明:"是书以《世界十二女杰》为蓝本。"已然承认《世界十女杰》有取自日文本《世界十二女杰》之处,不过,后者显然不是该书唯一的源头。因此,尽管"近见广告中,

《世界十女杰》封面

---

① 日本岩崎徂堂、三上寄风[风]合著,赵必振译《世界十二女杰》,上海:广智书局,1903年2月;《世界十女杰》,未署作者姓名及出版信息,据周作人癸卯三月十二日(1903年4月9日)日记,提及收到鲁迅"日本初五日函",内开托人带来之书目中有《世界十女杰》(鲁迅博物馆编《周作人日记》,383—384页,郑州:大象出版社,1996年)。有关晚清中外女杰传的出版情况,参见本书第二章。

② 广智书局1903年出版的《世界十二女杰》译本中,三上寄风误署为"三上寄凤"。

知《世界十二女杰》一书已出",这一中译本的刊行却并未使《世界十女杰》的作者放弃其已"于去年十月中译竣[竣]"的著作。而其"所以不辞重叠者",自我解释是"以此书原系自著"。当然,晚清人对于"著"与"编"的界定远没有今日严格,故此间所谓"自著",在《例言》中具体表述为:

> 是书内容,所记事实皆详搜博采,求之别书者十之七;而其文辞则悉出自己意以组织之。虽曰译编,实近于撰著矣。①

此话起码告诉我们,在《世界十二女杰》之外,作者还曾从其他著作中取材;并且,这样的素材占到了全书的一多半。因为是广采博收,再加上文辞自出,作者便有理由自许其书更"近于撰著"而非纯粹的"译编"了。

比较《世界十女杰》与《世界十二女杰》的人选,可以明显看出二书的差异。《世界十二女杰》列传的人物依次为:沙鲁土·格儿埕娘、加厘波儿地夫人、苏泰流夫人、路易·美世儿女史、如安·打克娘、朗兰夫人、俄国女帝伽陀厘、缕志·发珍逊女史、女王伊纱百儿、克路崎美苏女王(即依里琐比斯女王)、扶兰志斯娘、普国王后流易设;《世界十女杰》叙录的人物依次为:路易·美世儿、沙鲁土·格儿埕、独罗瑟女士、苏泰流夫人、络维恪扶夫人、傅蓉纱德夫人、马尼他、柰经慨卢、美利·莱恩、女帝伽陀厘②。也即是说,十人之中,只有路易·美世儿、沙鲁土·格儿埕、苏泰流夫人、马尼他及女帝伽陀厘与《世界十二女杰》相同,其他五人实已溢出《世界十女杰》明示的"蓝本"之外。

若依照作者的说法,独罗瑟女士、络维恪扶夫人、傅蓉纱德夫人、柰经慨卢、美利·莱恩这五位西方女性,应属于其"详搜博采,求之别书者"。既为"博采","别书"当然不止一种。但笔者发现,《世界十二女杰》中失收的五人,实无一例外,均出自《世界古今名妇鉴》。其对应篇目如下:

---

① 编者《例言》,《世界十女杰》,《序》1—2 页,1903 年。
② 所有人名均保留原书题目中称谓。

诗界革命军:独罗瑟女士	ヲルヅヲルスの詩神
外交家:络维恪扶夫人	無官の露國全權大使(ノヴイコフ夫人)
英吉利提倡女权之勇将:傅蓴纱德夫人	英國女權論の勇將(フオセット夫人)
普救主:奈经慨卢	修羅場裏の天使
北米大教育家:美利·莱恩	北米の教育家(メーリー、ライオン女史)

如此,尽管《世界十女杰》的编译者也可能参考了其他日本明治时期的出版物,而《世界古今名妇鉴》仍毫无疑问是其中最重要的源文本。

甚至更进一步,我们还可以发现,除却沙鲁土·格儿垤与女帝伽陀厘,《世界十女杰》书中的其他八位人物,竟均与《世界古今名妇鉴》重合:上列五人外,尚有《无政府党女将军:路易·美世儿》之与《夜叉面の女菩薩(ルイ、ミセール)》,《那破仑之劲敌:苏泰流夫人》之与《奈翁の勁敵(マダム、ド、スタアル)》,《红粉侠:马尼他》之与《英雄の妻(ガリバルヂー夫人)》。编者所谓"求之别书者十之七",以此看来,确实所言不虚。只是这里的"别书",已从原文中的复数向单一品种《世界古今名妇鉴》倾斜。

实际上,由于日文本《世界十二女杰》的出版在《世界古今名妇鉴》之后四年,岩崎徂堂与三上寄风在撰写时,极可能参考了德富芦花编辑的译作。而更值得关注的是,《世界十女杰》编者执意出版己作,原亦出于对《世界十二女杰》人物选择的不满。《例言》第一条即已尖锐指责:"其间又有无谓之人物,乃更删而补增之。"而其删去七人(其中因"《罗兰夫人传》已见于《新民丛报》中,兹特删之"①,属于特例),补增五人,一出一进,调整的数目均高

---

① 编者《例言》,《世界十女杰》,《序》1页。

达一半,可见在择录标准上,《世界十女杰》之近于《世界古今名妇鉴》而远于《世界十二女杰》。

而无论是《世界十女杰》,还是其有意隐藏的最重要底本《世界古今名妇鉴》,二书的编者在各自撰写的《例言》中,却无一例外地对选录原则全未作明确说明。《世界十女杰》另有一序,一则强调本书树立楷模的价值,认为女子教育应"立标本以为众目之趋",并引用"时人"之论,"少年读传记书,为最有益,以其摄古人之影于脑,而能熔化其气质",故决意将此书贡献给"欲于二十世纪历史上留一点遗迹"之"我同胞青年姊妹";一则批评中国史书记载的女子,"有殉夫者,殉姑者,有殉父母者,其下有殉其所欢者","要之牺牲于一人,而非牺牲于全国"。此言如从背面理解,固然也可将"为国牺牲"认作《世界十女杰》的录取准则,但这明显只是其中之一,无法涵盖全体。倒是编者以不容置疑的语气斩钉截铁说出的"纵翻尽列女、闺秀诸传,无以易我言也"①,可以让人明白,其所以弃中取外,乃是因为在他眼中,以二十世纪新时代的要求衡量,中国历史上的女性无一合格者可充当榜样。

至于《世界十女杰》认为合乎标准的外国女杰,以经由《世界古今名妇鉴》补进的五人为例,可略窥究竟。其中的独罗瑟(Dorothy Wordsworth,今译"多萝西",1771—1855),乃是英国著名湖畔诗人华兹华斯(William Wordsworth)的妹妹。与原为《友姊友妹》之一则的《华兹华斯之诗神》相比,原本主要表彰独罗瑟激发其兄灵感、成就其文学辉煌的辅助之功,而《世界十女杰》另拟"诗界革命军"的标题,尽力凸显了独罗瑟自身创作的价值与独立性。络维恪扶夫人(Olga Novikoff,今译"诺维科夫夫人",1840—1925)被德富芦花称为"无官职之俄国全权大使",传记专写其在俄土战争中,以个人魅力与交际手腕,为促成英俄停战而奔走斡旋,《世界十女杰》因此盛赞其以一人之力而"保全其民族"②。被中日编者一致推许为"英国女权论之勇将"的傅萼纱德夫人,其所言所行对于晚清女性的典范意义不言而喻。奈经慨卢即中外闻名的现代护理专业与护士职业的开创者南丁格

---

① 编者《序》,《世界十女杰》,《序》1页。
② 《外交家:络维恪扶夫人》,《世界十女杰》,29页。

尔,《世界十女杰》的编译者以"普救主"置换掉更具文学色彩的"修罗场里之天使"的正题,显然是为了直接明快地倡导仁爱精神,表达"吾将以此仁慈之事业告同胞""吾将以此仁慈之职任责同胞"①的热望。美国女教育家美利·莱恩(Mary Lyon,今译"玛丽·莱昂",1797—1849),一生致力于教育,尤以创立女子大学垂范久远。《世界十女杰》为充分体现对莱恩的崇敬之情,亦径自改动墓碑文字,尊其为"全米(按:即"全美")国民之母"②。

由上举各文可见,《世界十女杰》一如《世界古今名妇鉴》,都努力在为之立传的女杰事迹中,发掘出于今日女性思想、品格的再造有所助益的成分。并且,其示范对象也具有相当的广泛性。在《北米大教育家:美利·莱恩》近结尾处,作者有一段直接面向读者的呼吁:

> 吓!听者:吾草斯传,有革命家,有外交家,有政治家,有文学家,其声则哄哄矣,其事则伟大矣。或凭其位,或凭其家世,或凭其才,皆足以崭然见角于世界。至若一无所凭,而停辛伫苦,独能造伟大无疆之盛业,如莱恩者,呜呼,其亦可以起矣!其亦可以起矣!③

因此,《世界十女杰》之荟萃各类女性杰出人物,也意在为晚清女界提供多种多样的取法典则。

不过,在记述这些足为中国女性表率的西方女杰生平事业时,作者强烈的教诲意识,也常常诱导其离开原文,按照中国的现实情景加以发挥直至创造。上述篡改美利·莱恩的碑文,即为一例。而通过《诗界革命军:独罗瑟女士》的改编,亦可以窥见作者如何将革命思想融贯于全书。

本来,敏感、爱好大自然的多萝西对政治并无兴趣,《华兹华斯之诗神》也未在此用力。传记的命名来自文中的如下描述:"彼(按:指多萝西)自信乃一诗神,亦信其兄应为诗人。彼欲知以其呼吸吹入华兹华斯之笛时,可发

---

① 《普救主:柰经慨卢》,《世界十女杰》,47页。
② 《北米大教育家:美利·莱恩》,《世界十女杰》,57页。
③ 同上。

出何等声音。"①《世界十女杰》的编译者显然觉得这样的直译冲击力不够,因而不只把"革命"二字搬上了题目,而且将原作中以优美的散文见长的女作家径自改造成以诗歌鼓动革命的女诗人。

　　传中写独罗瑟获知法国大革命爆发,"乃呆立若木鸡,移时欷嘘曰:'我英吉利登天竟让人先,虽然,成佛岂肯居人后哉!'"于是毅然撕碎其刚刚获得的大学毕业证书,对其兄言:"妹不愿持此片纸,在不平等世界中为一乞食儿!愿兄扶我纤弱之质,同投身于革命火中。此妹至死不易之目的,舍兹无他希望矣。"如对照原文,可知从大学毕业,受到法国大革命激情感染的乃是其兄威廉·华兹华斯,而非多萝西;即使如此,威廉也并无扯碎文凭的举动。《世界十女杰》的移花接木,更有添加,显然是考虑到其读者对象本设定在"我同胞青年姊妹"。接下来的情节则完全是无中生有:

　　　　独罗瑟被界外之风潮一冲击,而其爱平等、爱自由之血益炽。然无所发泄,遂托于诗以嘲以吹。呜呼!芰衣湘水,而英吉利之现象盖因之一大变。

　　　　独罗瑟复以己之目的,遍[编]为极清浅之俚歌,口授村儿童唱之,复作诗歌和以铁笛,闻者莫不且奋且惭。呜呼!盖天之木,其发生之原子,仅在一纤芥耳。独罗瑟乎,其为国民请命乎,吾知其功不在威灵格儿下也。

为强调独罗瑟的诗歌对于英国历史具有重大影响,竟不惜以在滑铁卢打败拿破仑、改变欧洲历史的威灵顿公爵(Arthur Wellesley, 1st Duke of Wellington,1769—1852)相比拟,如此生花妙笔,实在令人讶异。而对于这样超脱历史的改写,作者似也略感不安,故最终又假借独罗瑟的焚稿,解释其诗作"物以稀为贵"的原因。但即便如此,在拟写焚稿前的自叹时,独罗瑟所言也完全落在了中国语境中:

---

　　① 讚美生《友姊友妹》之二《ヲルヅヲルスの詩神》,《世界古今名婦鑑》,426頁。

第三章 晚清西方女杰传的隐藏底本

今日诸君竟以革命为口头禅矣,据此即我英吉利人死不可变之奴隶性根也。予自啮其舌,从今再不为虚空界上大言阔论。①

这些专门为中国读者量身打造的情节与言语,就作者一面考虑,自然是为了在一种异文化的情境中,拉近传主与读者之间的距离,将编译者的革命情怀直接传达给读者,以期引起强烈的共鸣。于是,一篇文学家的传记就这样被改造成为革命思想的载体。

独罗瑟传记的改编尽管足以体现译者的政治理念,却不能算成功,因为那些虚构的部分距离史实太远。相比而言,《英吉利提倡女权之勇将:傅荛纱德夫人》的编译处理则较为高明。并且,若论及《世界十女杰》对于晚清思想界的独特贡献,此篇应首屈一指。实际上,福西特传在《世界古今名妇鉴》一书中并不显眼,总共484页的正文,该传仅占4页,不过是《欧洲政界三女杰》之一。但其人入选《世界十女杰》后,地位与声望无疑已大为提高。

傅荛纱德夫人传仍保持了编译者夺他人之笔、抒一己之情的"撰著"特色。不过,一些严重的事实错误,也暴露出其人的日文水平实不见佳。《世界古今名妇鉴》明明记福西特夫人结婚之日,丈夫已为盲人,故传文称,夫人是这位经济学教授、英国国会议员"多事一生之光与杖"②。《世界十女杰》述傅荛纱德先生目盲,却是发生在结婚以后、选举之时,因其"有当选之资格,反对党大恐,乃买凶儿于路傍眯其目"③。此处或尚可以"其间所搜,尝有与原书互错处,见闻拿陋,不能得确实考据"④的编者告白含糊过去;但其叙傅荛纱德夫人的结局,乃是陪丈夫"乘快马赴会争选,中途以堕马逝"⑤,则是无论如何不能原谅的误译。实则原文写福西特夫人于竞选中

---

① 《诗界革命军:独罗瑟女士》,《世界十女杰》,18—19页。
② 《歐洲政界の三女傑》之三《英國女權論の勇將(フオセット夫人)》,《世界古今名婦鑑》,359页。
③ 《英吉利提倡女权之勇将:傅荛纱德夫人》,《世界十女杰》,34页。
④ 编者《例言》,《世界十女杰》,《序》1—2页。
⑤ 《英吉利提倡女权之勇将:傅荛纱德夫人》,《世界十女杰》,35页。

"落马绝息"事,句首本冠以"曾て"(曾经)①,故所谓"绝息"也只是一时晕厥,并非逝去,意思还是相当明了。何况,其人直到1929年方才谢世,当《世界十女杰》出版之日原自健在。应该说,此类误读在晚清其实并不罕见。为满足国人迅速、大量输入西方思想文化的渴求,粗率的"豪杰译"作品也应运而生。

尽管在一些基本事实上出现失误,《世界十女杰》却仍有不可取代的价值。尤其是作者对傅萼纱德夫人女权思想的阐发,实为篇中最值得珍视的笔墨。德富芦花虽然也称誉福西特夫人为"英国女权论之勇将",但除传记开篇概括其"以妇人参政之主张者、文笔畅达之论说家、明快简洁之经济书著者知名"②外,对其女权论说并未作任何描述,真正落在女权运动上的文字也十分有限,倒是将主要篇幅留给了其对盲人丈夫的帮助、擅长演说以及广泛的兴趣爱好的叙写上。《世界十女杰》作者于是当仁不让,大力驰骋想象,使傅萼纱德夫人作为"提倡女权之勇将"变得名副其实。她结婚之前已具独立自尊意识:

> 夫人不好修边幅,遇傅粉薰香事,乃大声诋斥之曰:"吾生也有至尊无二与世界平等之权,何持此狐鬼之具,将以媚人乎?抑以自媚乎?媚人者奴隶,自媚,我即为我之奴隶,抑何自居于卑贱乃尔!"

定情之夕,亦告其夫君曰:"妾以仰望于君者,惟君为奴隶界外之人耳。"婚后,傅萼纱德夫人更以绝大精力从事女权运动,不但"绞其汗血,组织一'妇女议政社'",发表演讲,"大声疾呼,以为英吉利女人皆禽兽牛马不若";而且在社团被迫解散后,又"著《女权论》","三年始脱稿"。按照《世界十女杰》的介绍,此书应为英国女权史上的经典之作:"先是英吉利曾未有提及女权问题者,及其书行于世,而全国之气象乃一大变。经八月,其书再版者

---

① 《英國女權論の勇將(フォセット夫人)》,《世界古今名婦鑑》,360頁。
② 同上書,358頁。

百五十余次。"①诸如此类的言行,均不见于德富芦花的原作,却又属于规定情境中的应有之事,故尚属合情合理。

尤其令人记忆深刻、过目难忘的,还是《英吉利提倡女权之勇将:傅萼纱德夫人》仿照梁启超译述《(近世第一女杰)罗兰夫人传》之法,在正传开始前揭出的一段警句:

> 夫人之言曰:"女子者,文明之母也。凡处女子于万重压制之下,养成其奴隶根性既深,则全国民皆奴隶之分子而已。大抵女权不昌之国,其邻于亡也近矣。"②

这一很可能是编译者制造出的格言,日后在晚清女权论述中却被不断征引。与《世界十女杰》同年出版的金天翮著《女界钟》,已在书中称引此言,并以英国女界之进步,激励中国女性奋力挣脱奴隶地位:"然则十八世纪英国女子之奴隶根性,不弱于中国,其有今日,夫人之赐也。"因此夸赞"夫人其女界之明星,奴界之救世主"。金氏不仅表示自己要效法傅萼纱德夫人,"热心锐志,欲救中国女子于奴隶世界,下放奴之令";而且呼唤"善女子""誓为傅萼纱德夫人",明白"汝之身,天赋人权完全高尚神圣不可侵犯之身也;汝之价值,千金之价值也;汝之地位,国民之母之地位也"。可见傅萼纱德夫人已经立竿见影地进入中国"女子之师"③的行列。随后,晚清激进的女权论者柳亚子,也在《黎里不缠足会缘起》与《哀女界》④中一再引述同一段话,使其言作为激发晚清女性争取自由独立与男女平权的警钟与号角,产生了极大的现实效应。

倘若以忠实于原著衡量、要求,《世界十女杰》无疑属于不及格的失败

---

① 《英吉利提倡女权之勇将:傅萼纱德夫人》,《世界十女杰》,33—34 页。
② 同上书,32 页。
③ 爱自由者金一《女界钟》,45、93—94 页。
④ 倪寿芝《黎里不缠足会缘起》、亚卢《哀女界》,《女子世界》3、9 期,1904 年 3、9 月。前文实为柳亚子代笔之作。另亚特《论铸造国民母》(《女子世界》7 期,1904 年 7 月)中亦尝引此言。

之作,单是独罗瑟与傅萼纱德夫人二传,其中脱离原文的"自著"便都在百分之六七十以上;可恰恰是这些添加、编造的成分,在晚清"女界革命"的论述中获得了最多的回声①。就此而言,其在可信度上的缺失,却因提升了思想的高度,切合了当时中国的国情,反而造就了其超乎一般的社会影响力。这些假西方女杰之口道出的革命箴言,假西方女杰之手作出的伟大功业,俨然已成为中国女性解放所汲取的精神源泉与行动榜样②。由此推测《世界十女杰》编者之所以不肯透露该书与《世界古今名妇鉴》之间存在的译介关系,也应该是因为其已移步换形,本意实在"借他人之酒杯,浇自己胸中之块垒"。而在将来自日本的西方女杰传改造成为适合晚清女子的思想启蒙读物这个目的上,可以说,它已经是大获成功。

第四节　女报"传记"栏的隐身作者

自1898年7月24日《女学报》在上海创刊,为中国妇女报刊史揭幕,继之而起的众多女报以其精彩纷呈之势,已然构成晚清女性生活中的亮点。从创办伊始,演述中外女杰事迹、"以作巾帼师范之资"③便成为晚清多数女报的自觉选择,为此设立的"传记"或"史传"栏,集中向中国女界介绍了大批杰出女性的伟业豪言④。而追溯其中西方女性传记的文本来路,《世界古今名妇鉴》仍不容回避。

不过,与《世界十女杰》尚承认有"蓝本"、为"译编"不同,晚清女报中发表的外国女杰传,除极少数篇目外,均已各自标明作者,完全抹去了与原

---

① 柳亚子在《哀女界》中亦曾援引由《世界十女杰》编者创造出的"万物并育而不相害,何事罪孽,而乃组织不平等之世界"(《诗界革命军:独罗瑟女士》,《世界十女杰》,17页)之言。
② 署名"潜诸"的江苏同里明华女学校学生孙济扶,曾在《女子世界》10期(1905年2月)发表《读〈世界十女杰〉》一文,充分表达了仰慕、追步西方女杰的心声:"呜呼!女杰女杰,读君建伟业、立大勋之传,记诵君临危难、当剧敌之遗嘱,使吾心碎神驰,梦游十九世之欧陆,如闻其声,如见其人,可不谓壮哉!……我姊妹所处之境,视彼女杰,同病相怜。夫盍不振袂而起,以步诸女杰之后尘,逐群胡,雪国耻,为我汉族竞胜于二十世纪之大舞台?"(17页)
③ 《本馆告白》,《女学报》1期,1898年7月24日。
④ 关于晚清女报"传记"栏的情况,可参考本书第二章。

作之间的关联。并且，随着来源的增多，一篇用中文写成的传记已可以参考多种文献，早期那种一对一的移译越来越少见。因此，为其时女报"传记"栏出现的西方女杰寻找叙事源文本，也变得相当困难。出于慎重，下文将只讨论以《世界古今名妇鉴》为主要依据的传文，仅有个别段落借用者不在考虑之列。

述及《世界古今名妇鉴》于晚清女报的首次亮相，最先被提到的刊物应是陈撷芬1902年5月在上海续出的《女报》（自第二年起改名《女学报》）①。尽管由于稿源不足，该刊尚未设置固定的"传记"栏目，但从已经出版的十三期杂志看，陈氏有意识地组织此类稿件的编辑意图还是清晰可见的。由其执笔、改作白话体的《世界十女杰演义》已开始连载②，此外，以正规传记体裁介绍的西方女杰则有美国的批荼女士、法国的罗兰夫人、德国的俾士麦克夫人（Johanna von Puttkamer, 1824—1894）与英国的涅几柯儿（即"南丁格尔"）。其中，《批荼女士传》录自《选报》③，《罗兰夫人传》原出《新民丛报》，《俾士麦克夫人传》初刊《大陆报》④，真正属于首发的只有《英国女杰涅几柯儿传》⑤。后二作已明确归于"译件"栏，前二传虽一入"论说"、一入"附件"栏，却均为译文，由此可以看出早期西方女杰传以翻译为主的大趋势。

除去前文已经提及的梁启超著名的《罗兰夫人传》与德富芦花《法国革命之花》的渊源关系，《女报》（《女学报》）所载与《世界古今名妇鉴》相关的尚有《俾士麦克夫人传》。这篇在《大陆报》"史传"栏刊出时即无任何署名的传记，实译自该书《政治家之妻》中的第一则《俾斯麦夫人》。与原本

---

① 陈撷芬所办《女报》初见于1899年冬，发行四期后停刊。参见本书附录《晚清两份〈女学报〉的前世今生》。
② 楚南女子《世界十女杰演义》，《女学报》2年4期，1903年11月。因杂志停刊，此连载仅见一期。
③ 《批荼女士传》，《(续出)女报》3期，1902年7月；后署"友人译寄、观云(按：蒋智由)润稿"，刊1902年6月《选报》18期。
④ 《俾士麦克夫人传》，《女学报》2年3期，1903年5月；初刊《大陆》3期，1903年2月。引文取自《女学报》。
⑤ 乾慧译述，智度笔受《英国女杰涅几柯儿传》，《女学报》2年4期，1903年11月。

对照,晚清译文中常见的删节、移动与添加无一不有,不过,放在当日,此传已可算是尽力贴近原文的译作了。

该篇对俾士麦克夫人的描画,本来也涉及女性独立的话题,如记其致英国某女士书中言:"妾每以不与姊同国为憾。何则?盖吾国无妇人自由运动之余地故也。"①如果换成《世界十女杰》的编者,可以想象,一定会有许多情节就此发生。而尽管接下来原本与译文之间出现分歧,原作清楚地表达出,造成俾斯麦夫人遗憾的主因乃在丈夫:"夫人实有其荣誉心。然正如其时日尔曼帝所称:'日尔曼妇女均需效仿皇后修三事:教会、孩子、料理家政。'以如此之日尔曼,尤以如忌讳蛇蝎般忌讳皇太后参与政治之俾斯麦掌管之家中,夫人显无满足此荣誉心之机会。夫人知命安命。"②译文却在日耳曼帝之言后,改写为:"后皇太后以三者俱有关系于政治,沮止之,夫人闻之殊不介意。"③抱怨的对象已转向皇太后。但无论如何,女权运动显然不是作者与译者关注的重心。因而,传记以最多篇幅叙写的仍是俾士麦克夫人幸福的家庭生活。

不过,所谓"幸福",当然还是落实在妻子对于政治家丈夫的扶助上。从出嫁前的父母"知其无赖状"拒婚,而俾士麦克夫人偏能慧眼识英雄,"独慕其为人,固请于父母",婚姻始谐;一直到晚年,夫人始终陪伴在有"铁血宰相"之称的夫君身旁,"备尝危惧忧疑之苦",实为俾斯麦在政界大展宏图的坚强后盾。传记由此展开的抒写,在作者是完全不惜笔墨,在译者也丝毫不嫌辞费。或称:"公出则登焰腾腾之发言台,而肆其舌战;归则入平和家庭,以享平和幸福。忽而浴身战场,忽而画眉绣阁。其惊天动地之事业,腥风血雨之生涯,每擘画于喁喁私语之时,亦奇矣。"或称:"公于户外之设施,不厌谲诈,独于家庭则温温君子,示人以最佳之模范。夫妇相处者四十七年,相爱如一日。"④甚至为尽力渲染其爱情浓深,原文中"公断无不思日耳

---

① 《俾士麦克夫人传》,《女学报》2 年 3 期,26 页。
② 《政治家の妻》之一《ビスマアク夫人》,《世界古今名婦鑑》,114—115 頁。
③ 《俾士麦克夫人传》,《女学报》2 年 3 期,27 页。
④ 同上书,23、26、27、25、26 页。

曼之日,于夫人亦同"①,亦被改译作:"盖公有不思日耳曼之日,而断无不思其夫人之日也。"私情已不可想象地被俾斯麦置于国家之上。而最具画龙点睛意味的则是如下之言:

> 公爵一生遭际,其间大波澜屡起不一,而有静波澜之一港者,则公爵之家庭是也。然为公挥香汗,竭姣[娇]喘,停辛贮苦,以筑成此港者谁?夫人也。公爵一生之大运动,大策略,大雄图,大演说,其原动力固有在,初非公一人能演此种种离奇光怪之活剧也。原动力者何?夫人也。②

尽管这些抒情性的描写很少史实成分,却构成了全篇的基调,反复咏叹,并经由译者附加的香艳陈词极力渲染,令人记忆尤为深刻。

由此,《俾士麦克夫人传》要告诉读者的是,女性并不一定需要直接从政,只要像俾士麦克夫人那样,"以家为国,以家政为国政,能以其心电,成就公一生事业",便可谓之"政治的夫人"(原文作"政治的妇人"),人生价值也因此可以得到提升与彰显。为了强调这一点,译者甚至改变了原作以俾斯麦夫人与英国首相格莱斯顿(William E. Gladstone)夫人相提并论、许为"双美联璧"的结尾,而径称前者为"近世妇女界之唯一英雄"③,评价之高无以复加。回头来看,被《女学报》编者删去的原译文开篇一段记述俾斯麦夫人享年71岁,去世之时的巨大哀荣,欧洲各国元首的唁电纷驰与报界的一致悼惜④,也是不该省略的前奏。

陈撷芬主编的《(续出)女报》刊行之时,中国社会化的女子教育刚刚兴起。即使开风气之先的上海,到1902年底,国人自办的女学堂也不过先后

---

① 《政治家の妻》之一《ビスマアク夫人》,《世界古今名婦鑑》,113页。
② 《俾士麦克夫人传》,《女学报》2年3期,26、24—25页。
③ 《俾士麦克夫人传》,《女学报》2年3期,27页;《政治家の妻》之一《ビスマアク夫人》,《世界古今名婦鑑》,114、117页。
④ 见《俾士麦克夫人传》,《大陆》3期,"史传"1页,1903年2月。其中提及俾士麦克夫人的卒年,误将原文的"明治廿七年"换算为"一千八百八十六年"。

出现了三所①。因而,《女报》(《女学报》)自觉以倡导女学为主导,赞同培养贤母良妻的教育宗旨,原很顺情合理。其选录、转载《俾士麦克夫人传》即见此意。至1904年1月《女子世界》在沪上发行,"女界革命"思想已风云初现。前一年以《女界钟》行世因而获得女学界敬重的金天翮,在《〈女子世界〉发刊词》中,及时地提出了"振兴女学,提倡女权"②的口号。在此背景下,首先于女报开设"传记"栏的《女子世界》,也有了与《女报》(《女学报》)不同的侧重点。

以主编丁祖荫(号初我)而言,其在"传记"(后改称"史传")栏的三次出场,推出了四位西方女杰。而列于《妇人界之双璧》中的扶兰斯德传,毫无疑问是取材于《世界古今名妇鉴》的改编之作,其原本为《社会改良运动之母》中的《威拉德夫人》。虽说是"改编",如与《世界十女杰》相比,这篇题为《黑夜之明星》③的传记改动的幅度其实不大。减省之外,基本事实的叙述仍然遵依原作,只是文辞确自己出,故少有翻译的痕迹。

省略的办法是撷取精华。关于扶兰斯德20岁以前的经历,《世界古今名妇鉴》用了将近六页的篇幅,《黑夜之明星》却浓缩为11行。原文中诸如威拉德生来美丽、体弱,少年时受到母亲鼓励的好提问,搬家后之亲近自然、任意嬉戏,兄妹五人夭折其二,凡此,到了丁祖荫笔下,仅剩下"扶娘处和乐之家庭,受母君完善自由之教育"两句话。而扶兰斯德早年生涯中被认作"预播他日成功之种子"、能够显示其"生有组织的性质"的两项游戏,办家庭报纸与造成一"庶务毕举"的"缩影之小都市"④,倒无一遗漏,全部保留,且构成此节叙述的主体。如此分配笔墨,扶兰斯德毕生从事的妇女禁酒运动才能够成为传记的中心事件,得到充分张扬。

虽然作为世界基督教妇女禁酒联盟(晚清译为"万国妇人矫风会")的创办人与第一任主席,威拉德的主要业绩在使得戒酒有益经过强力推

---

① 此三所女学堂为中国女学堂(又名中国女学会书塾,1898年起)、务本女学堂与爱国女学校(均为1902年起)。其中中国女学堂至1900年停办。
② 金一《〈女子世界〉发刊词》,《女子世界》1期,2页,1904年1月。
③ 初我《妇人界之双璧·黑夜之明星》,《女子世界》12期,1905年5月。
④ 初我《妇人界之双璧·黑夜之明星》,《女子世界》12期,21、22页。

广,逐渐达成社会共识。不过,其于此之外的贡献也还很多。《世界十二女杰》已概括为:"而其所执之事业,不但组织禁酒会而已;普及监狱改良,小学校之完成,妇人风俗一般之改良,丑业妇之扑灭,万国平和运动等,于社会上有企图百般改良之势。"①许之以"社会改良运动之母",正是名副其实。如此丰功伟业已足够令人惊叹,可丁祖荫仍以为不足,他显然更欣赏德富芦花的别有会心。因此在取材时,丁氏也舍近求远,放弃了更方便利用的译本《世界十二女杰》中的《扶兰志斯娘》,而远取《世界古今名妇鉴》作为蓝本。

比对两个文本,不难发现,其间最大的差别在于,《黑夜之明星》一如德富芦花的原作,在表彰禁酒活动的同时,也特别看重扶兰斯德倡导女权之功。传文追述其投身禁酒运动的初期,对此已有明确意识:

> 扶娘起任书记时,大发展其活动之新手腕,熟思运动禁酒之前途,必以妇人得选举权为结果。一意欲达此目的,出而提议于大会之席上;而会长及全体会员,俱一意反对之。扶娘固确然自信,屹不为动,特不欲以此妨害禁酒之事业,致启其骚动。

为此,受到挫折的扶兰斯德自1878年起,十年间,"奔走风尘","凡联邦诸州中,自一万以上人口之都府,至五千人口之市村,游说殆遍"。甚至某一年中,即"遍访星章旗下四十四州、五处之直辖地"。而所有这些奔走游说,都关乎女权:

> 扶娘之演说也,每以禁酒事业,与妇人选举权并举,盖以主张女权之论,最易为世俗所风靡者。扶娘一生之目的,一经发布,世界之潮流,即随之而暗涨。自扶娘游说归来,而会中全体,已大易其倾向,至今遂为二十世纪之一问题。②

---

① 岩崎徂堂、三上寄凤[风]合著,赵必振译《扶兰志斯娘》,《世界十二女杰》,91页。
② 初我《妇人界之双璧·黑夜之明星》,《女子世界》12期,25—26页。

如此描述虽未必确切,但"女权"确为其时《女子世界》关注的一个中心话题(另一为"女学")。实际上,上述关于女权论最易耸人听闻的言论,除"会中全体,已大易其倾向"一句有文本依据外①,其他均为丁祖荫出以己意的补充理解。而女权"为二十世纪之一问题"的发明,正可与丁氏在同一杂志上称"二十世纪,为女权革命世界"②的说法相呼应。

比较而言,1907年2月创刊于东京的《中国新女界杂志》,从主编燕斌到其他撰稿人,多半为留学日本的女学生,其取用、移译日本的出版物,自然更为便易。不同于《女子世界》之外国女杰与祖国古代女界伟人交相辉映,《中国新女界杂志》的"史传"("传记")栏所选人物,原本与日本明治年间的"世界女杰"或"世界名妇"的概念一致,即均以排除本国的西方为"世界"。只是因为刊物出版到第5期时,燕斌要将其为"最亲最近""友爱之情,有逾骨肉"的闺友罗瑛所作传文放入③,方才打破了西方女杰的一统天下,但这仍然不能冲淡明治女性读物在此栏目中的浓重投影。

按照《社章录要》标举的"本杂志主义五条",《中国新女界杂志》乃首重"发明关于女界最新学说"与"输入各国女界新文明"④。据此,介绍西方女杰事迹实为题中应有之意。而受到其时正在日本流行的国家主义学说影响,燕斌办刊的终极目标实集中于造就"女国民之精神"⑤,这一既定立场使该刊在人物选介上也自成一格。

与《世界古今名妇鉴》相关的篇目,为杂志最后一期所载之《俄国女外交家(无官之全权大使)那俾可甫夫人》与《法国新闻界之女王亚丹夫人》⑥。二文作者均署名"振帼",实则与丁祖荫相比,其人可算是更忠实的

---

① 见《社會改良運動の母》之一《ウイルラード夫人》,《世界古今名婦鑑》,137页。原文意为"大会对妇女选举权之反对亦渐次消失"。
② 初我《女子家庭革命说》,《女子世界》4期,1页,1904年4月。
③ 炼石(燕斌)《罗瑛女士传》,《中国新女界杂志》5期,51页,1907年6月(实际大约11月刊行)。
④ 《社章录要》,《中国新女界杂志》2期,封三,1907年3月。
⑤ 炼石《发刊词》,《中国新女界杂志》1期,《发刊词》2页,1907年2月。
⑥ 振帼《俄国女外交家(无官之全权大使)那俾可甫夫人》《法国新闻界之女王亚丹夫人》,《中国新女界杂志》6期,1907年7月(实际大约12月刊行)。

译者,甚至晚清译作中常见的大段删略,在其笔下也很少出现。两篇传记中,"那俾可甫夫人"即《世界十女杰》所称之"络维恪扶夫人",与亚丹夫人(Juliette Adam,今译"朱丽叶·亚当夫人",1836—1936)一起,同属于德富芦花眼中的"欧洲政界三女杰"行列。所谓"无官之(俄国)全权大使"以及"法国新闻界之女王",正是《世界古今名妇鉴》二传正题的直译。《中国新女界杂志》于《欧洲政界三女杰》中,偏偏舍去为《世界十女杰》看重的福西特夫人,而补入亚当夫人,适可见其别有会心。

无可否认,诺维科夫夫人与亚当夫人确有许多共同处:二人均擅长交际,有文学才华。前者"尝者[著]有《俄罗斯及英国》一篇,公之于英国新闻",大获赞赏,并有"托尔斯泰短篇小说之英译"以及"关于时事问题寄书、论文数十篇",被作者及译者许为"以一纤纤女子,身兼数役,忽而为外交家,忽而为文学家,忽而又为一种之新闻记者",实足令男子愧死①。后者更"善属[著]小说,而大小说家乔治孙(按:即乔治·桑,George Sand)女史之高弟也"。其政论影响尤大,所主持之《近事评论杂志》,被称为"法国新闻杂志中之最有势力者",难怪作者与译者一致赞赏:"彼为新闻记者,固可为后世女子之模范;而彼为政论家,亦大可为世界妇人之表率矣。"②

不过,二人受到译者振帼特别之青睐的缘故,还在其能以个人才干,为国效力。那俾可甫夫人于俄土战争爆发、其弟殉国后,始"发愤誓欲以一身纾国难",而其生涯亦"自优闲之时代,乃一转而入于爱国者多忙之时代":"自兹以往,自始迄终,凡历十八星霜,那俾可甫夫人,由俄往英,由英反俄,不知其几何次。英俄间每一问题起,夫人必亲诣伦敦,吮笔张舌,所陈述、所发挥,无往而非尽力于祖国也。"以致"有评之者曰:'当英俄之争,夫人一身

---

① 引文用振帼《俄国女外交家(无官之全权大使)那俾可甫夫人》,《中国新女界杂志》6期,44页。原文见《無官の露國全權大使(ノヴイコフ夫人)》,《世界古今名婦鑑》,351页。译文直译应为:"观夫人十八年之事业,以一身兼外交家、文人、小册子作者以及一种之新闻记者,实令男子亦愧死。"

② 引文用振帼《法国新闻界之女王亚丹夫人》,《中国新女界杂志》6期,47、48页。原文见《佛國新聞開の女王(アダム夫人)》,《世界古今名婦鑑》,355—356页。译文直译应为:"彼女实为法国模范的女性新闻记者,以及妇人政论家之最雄强者也。"

之力,殆优于精兵十万'"。作者亦推崇"其于国家有长城之功"①。而亚丹夫人对法国之重要性一如那俾可甫夫人:

> ……彼以一枝之笔纵谈时事,议论风生,而卒翻甘必大(按:即 Léon Gambetta)之余波,鼓舞民心,激扬报复之情,主张强硬之外交政策,而常刺戟当时之政府。俄法同盟之成,彼与有力焉。

在作者看来,亚当夫人"立于欧洲舆论之旋涡里,而俨若为法国辨护士之一人"②,其功亦伟。虽然在现实政治中,二人一主英俄联盟、以助俄国,一主俄法同盟、对付德国,政见不免歧异,但其出发点均在卫护国家利益,却是毫无二致。

应该承认,抛开正义、道德,只讲国家至上,在国际关系中实带有极大危害性,乃是强权国家为动员国民、对外扩张一再祭起的法宝。而国家主义在晚清的盛行,其心理基因则主要出自国人对老大帝国起衰为强、抵抗外侮的殷切期盼。在此意义上,德富芦花一段总结性的话语,才会被译者稍加改动,用作结穴:

> 呜呼!时至近代,欧美几千万③妇人中,能间关出入于堂堂之政治(家)之间,而真有裨于社会、有益于国家者,二人而已:其一俄之那俾可甫夫人,其二法之亚丹夫人。④

值得注意的是其改易处,即以"有裨于社会、有益于国家",取代了强调个人才能的"不落人后之左议右论、前辩后说"⑤,可见译者念兹在兹的中心大

---

① 振幗《俄国女外交家(无官之全权大使)那俾可甫夫人》,《中国新女界杂志》6期,42—44页。
② 振幗《法国新闻界之女王亚丹夫人》,《中国新女界杂志》6期,48页。
③ 此下原有一"家"字,应自后文"政治"后逸出。
④ 振幗《法国新闻界之女王亚丹夫人》,《中国新女界杂志》6期,48页。
⑤ 《佛國新聞開の女王(アダム夫人)》,《世界古今名婦鑑》,357頁。

意,实在此,不在彼。而福西特夫人之所以被召唤"女国民"的《中国新女界杂志》译者除外,自然也是因其仅为提倡"女权论之勇将",与有益国家尚有一段间隔。

假如不考虑文本关系,单从人物选择考量,上述三种女报刊载的西方女杰传,以《女报》(《女学报》)与《世界古今名妇鉴》的重合度最高,所录四人全在彀中。其次则属最贴近日语环境的《中国新女界杂志》,六期刊物发表的九篇传记中,有奈挺格尔(即"南丁格尔")、梨痕(即"玛丽·莱昂")、若安、那俾可甫夫人与亚丹夫人五人在其内①。而以重新发现与阐释中国古代女杰事迹为主的《女子世界》,总共出刊18期,只有七篇传主为泰西女性,其中的南的辞尔(即"南丁格尔")、海丽爱德·斐曲士(即"斯托夫人")与扶兰斯德三位,却也为《名妇鉴》中人②。再加上《世界十女杰》的十中有八,《世界古今名妇鉴》所录西方女杰为晚清国人所介绍者,至少已达14人。这些人物包括:政治家罗兰夫人,革命家路易·美世儿,政治家之妻俾士麦克夫人,救国女杰、军事家若安,社会改良运动领袖扶兰斯德,英雄之妻马尼他,护士南丁格尔,教育家美利·莱恩(梨痕),文学家批茶(海丽爱德·斐曲士)女士与独罗瑟,政治活动家苏泰流夫人,外交家络维恪扶(那俾可甫)夫人,舆论家亚丹夫人,女权运动领袖傅蓴纱德夫人。与原书目录对照,还可以发现,诸如贤母、艺术家、科学家、皇后,则很少进入中国译者的视野,这当然不会是无意的疏漏。而在此取舍之间,也正映现出晚清女界典范的需求指向。

---

① 《中国新女界杂志》所刊西方女杰传篇次如下:《创设万国红十字看护妇队者奈挺格尔夫人传》(巾侠,1—2期),《美国大新闻家阿索里女士传》(灵希,1期),《美国大教育家梨痕女士传》(灵希,2期),《法国救亡女杰若安传》(梅铸,3期),《大演说家黎佛玛女史传》(灼华,4期),《英国小说家爱里阿脱女士传》(荣旐,4期),《博爱主义实行家墨德女士传》(5期),《俄国女外交家(无官之全权大使)那俾可甫夫人》与《法国新闻界之女王亚丹夫人》(振帼,6期)。

② 《女子世界》所刊西方女杰传篇次如下:《军阵看护妇南的辞尔传》(瓠庵,5期),《英国大慈善家美利·加阿宾他传》(觉我,6、8期),《记俄女恰勒吞事》(初我,10期),《妇人界之双璧》(含《刑场之白堇》[记英国孟加列·罗巴]与《黑夜之明星》,初我,12期),《女文豪海丽爱德·斐曲士传》(初我,13期),《女刺客沙鲁土·格儿垤传》(大侠,14期),《革命妇人》(大我,15期)。

如上所述,出版于 1898 年的《世界古今名妇鉴》进入近代中国的方式确乎不同寻常,起码自 1902 年至 1907 年,此书的中文翻译一直在陆续进行;然而,所有的译文都不约而同地隐瞒了脱胎于原作的事实,使之真正成为一个在场的隐身者。而该书之所以会被晚清译者看中,很大程度上与其使用了中国人易于阅读的日本"汉文调"文言体①有关。充盈书中的浪漫的文学气息亦极富感染力,恰好能够激发与应和其时先进知识者的心律与脉动。而其汇录西方女杰人数之多,在日本同类传记作品中也是一时无双,为移译与取用提供了最大便利。尤为重要的是,德富芦花选录人物的眼光,与晚清女界的现实需求具有相当大的一致性。这样,在不出名的情况下,来自日本的《世界古今名妇鉴》,反而以其"百变身"融入中国语境,直接参与了晚清女性寻求独立解放的思想历程。

---

① 周作人曾将德富苏峰等明治初期一些作者所用的文体称为"汉文调"(《和文汉读法》,《苦竹杂记》,180 页,长沙:岳麓书社,1987 年)。

第四章

明治"妇人立志"读物的中国之旅
—— 晚清女报中的西方女杰探源

　　作为输入西方典范的一条重要通道,明治日本在晚清中国的女性传记中留下了深刻印记。特别是当时在日本大量销行的"妇人立志"读物,不仅有单行本的及时译印①,亦为中国的女报"传记"栏提供了丰沛资源。本文拟选择三种时间上前后承接、影响较大的晚清女报,即《女报》(《女学报》)、《女子世界》与《中国新女界杂志》,将其中所刊载的西方女杰传还原到中日两国特定的情境中阅读,以探究这些借助杂志传播的译述文本之思想内涵,并观照其与各家女报宗旨及现实思考间的关联。

---

① 如岩崎徂堂、三上寄風合著之《世界十二女傑》于1902年(明治三十五年)7月出版,次年2月同名中译本即在上海刊行。

第一节　明治时期的"妇人立志"传

明治维新以后,日本社会加速了对西洋文明的引进。在思想界的启蒙浪潮中,明治四年(1871)7月,由中村正直(1832—1891)翻译的英国斯迈尔斯所著《自助论》(Self Help)出版,取名《西国立志编》。该书内容及所取形式切合了明治初年的读者期待,刊行后畅销不衰,意外地成为引领风气之作。

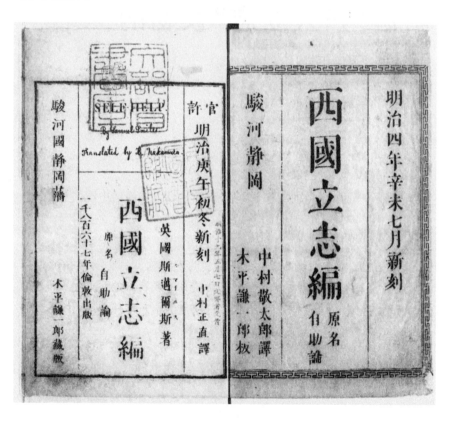

《西国立志编》(1876)内封

作为留英学生监督的中村正直,于明治元年(1868)归国前夕,偶然得到了英国朋友赠送的《自助论》,在东行的船上即爱不释手地反复阅读①。当时中村最为看重、并促使其着手翻译的乃是书中彰显的国民自主精神,《〈西国立志编〉总论》开宗明义便指出:"国所以有自主之权者,由于人民有自主之权;人民所以有自主之权者,由于其有自主之志行。"而这部意在塑造日本国民"自主自立"②品格的译作,借助原著故事加格言的励志读物写作方式,更易于为青年读者接受。由此使得该书与中村正直同年出版的另一部译著《自由论》(*On Liberty*,日译书名为《自由之理》),一并成为"明治前期中传播最广的启蒙书"③。其对日本民众深入而持久的影响,也由中译本修订者林万里指认为:

> 日本译印是书在明治初年,少年学生,殆无人不读,叠版至数十百次,遂以养成国民勤俭忍耐之特性,战胜攻取,定霸东亚,不得谓非此书之功也。④

正是凭借如此非凡的启蒙功绩,《西国立志编》才获得了"明治思想界大宝典""明治圣书"⑤的时誉。

而随着《西国立志编》的风行,名目繁多的仿作亦纷纷出现。此时不仅编印了与之笼统对应的《日本立志编》,针对各种特定人群量身定做的"立

---

① 参见石井民司《(自助的人物典型)中村正直傳》,61—62、165 页,東京:成功雜誌社,1907 年。
② 中村正直《總論》,英国斯邁尔斯著,中村正直譯《西國立志編》(原名《自助論》),29、32 页,東京:七書屋,1876 年。原文为汉文。
③ [日]近代日本思想史研究会著,马采译《近代日本思想史》第一卷,41 页,北京:商务印书馆,1983 年。
④ 林万里《〈自助论〉序文》,《序文》3 页,上海通社原译,林万里校订《自助论》,上海:商务印书馆,1910 年。梁启超在《饮冰室自由书·自助论》中也表达了相近的意思:"其振起国民之志气,使日本青年人人有自立自重之志气,功不在吉田、西乡(按:分指"日本维新二大杰"中的吉田松荫与西乡隆盛)下矣。"(《清议报》28 册,5 页,1899 年 9 月)
⑤ 石井民司《(自助的人物典型)中村正直傳》,61、62 页。

志"诸书也不一而足①。其中专为女性编写的同类读物,题名容有不同,思路或有差异,却均以"奋兴妇人女子之志气"②、树立楷模为一致取向。故其编撰的形式,也由亦步亦趋的模仿而逐渐减少了格言成分,转为单一的传记③。各书中和洋混编者固不乏其例,更多的则是分而治之。

明治九年(1876)刊刻的《泰西列女传》堪称第一部介绍西方女杰事迹的著作。不过,若论影响力,则明治二十年(1887)由宫内省印行的《妇女鉴》还当首屈一指。这部应华族女学校教学之需,"就国史及汉洋诸书,采妇德、妇言、妇容、妇工之可法者"④编辑而成的传记,虽然记述的西方女性故事有限,且被纳入传统道德的框架中,但因凭借皇室之力,西方女子的进入典范行列因此显得意义非凡。

在以皇后名义编印的《妇女鉴》的示范、带领下,明治二十年后,妇女传记的出版一度形成热潮。在数以百计的"妇人立志"读物中,关涉西方女杰且相对重要的是下列数种:

明治二十五年(1892)　竹越竹代编纂《妇人立志篇》
明治二十五年(1892)　涩江保纂译《泰西妇女龟鉴》
明治三十一年(1898)　德富芦花编《世界古今名妇鉴》
明治三十四年(1901)　永山盛良编《泰西名妇传》
明治三十五年(1902)　岩崎徂堂、三上寄风合著《世界十二女杰》
明治三十六年(1903)　加藤米司著《女子立志编》
明治三十九年(1906)　根本正译述《欧米女子立身传》

---

① 日本学界将《西國立志編》为代表的明治年间出现的此一社会心态称为"立身出世主义",见前田爱《明治立身出世主義の系譜 —『西国立志編』から『帰省』まで》,氏著《近代読者の成立》,東京:有精堂,1973年。此文由平田由美教授见告,特此致谢。
② 白势和一郎《〈泰西列女傳〉緒言》,白势和一郎抄譯《泰西列女傳》,《緒言》1頁,新發田:绿樹館,1876年。
③ 由竹越竹代编纂之《婦人立志篇》(1892年)与加藤米司之《女子立志编》(1903年)的区别可见。
④ 杉孫七郎《〈婦女鑑〉序》,西村茂樹編《婦女鑑》,《序》2頁,東京:宫内省,1887年。原文为汉文。

第四章 明治"妇人立志"读物的中国之旅

应该说明的是,此处所列仅为合传,单篇传记已排除在外。而所谓"重要",大抵是基于晚清情境的考量。对于大多数靠"和文汉读法"①速成的译者而言,在日本,越是通俗的"和文体"与"俗语俚言体"越是难译,因此,"汉文体"或汉字较多的"欧文直译体"②著作便特别受到青睐。并且,与日本"立志编"的照顾到各种职业与年龄层不同,晚清译本无此分别。以女性读本而言,均以受过初等教育的女学生或更为年长者为预期读者,故而在日本颇为流行的华族女学校学监下田歌子所著《少女文库》③亦未列入。

由上可知,明治时期的西方妇女传记,在书名上大体经历了一个从"列女"到"名妇"再到"女杰"的变迁过程。这种称谓的转换,实际上蕴含着逐渐挣脱自中国传入的刘向《列女传》传统、重建女性典范的历程。与之相应,在内文的分类上,也呈现出由德行到职业的移动。明治十二年(1879)刊行的《西洋列女传》,尚依照"孝行""友爱""贞操""慈母"④分为四部;明治二十五年(1892)出版的《泰西妇女龟鉴》与《妇人立志篇》则处于中间形态,前者的类别"有贞女,有孝女,有文人,有诗人,又有爱国家、慈善家、勇妇

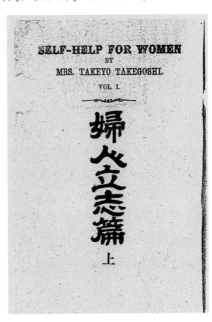

《妇人立志篇》内封

---

① 梁启超编有《和文汉读法》一书,其要义为"颠倒读之"(梁启超《论学日本文之益》)。
② 参见矢野文雄《文體論》,矢野文雄纂譯補述《(齊武名士)經國美談》後篇,《自序》4頁,東京:報知社,1887年;笔者《觉世与传世——梁启超的文学道路》,247页,上海:上海人民出版社,1991年。
③ 下田歌子《少女文庫》六編,東京:博文館,1901—1902年。
④ 宮崎嘉國譯《西洋列女傳》,東京:錦森堂,1879年。

等"①,后者在人物的姓名前开始冠以"政治家""教育家""贞妇""殉教者""理学者""慈善家""文学者""大神学家""旅行者"②一类名目;而到明治三十四年(1901)编印的《泰西名妇传》,带有道德意味的指称已完全消除,只剩下"法国画家""克里米亚战争的女杰""英国慈善家""法国小说兼政论家""美国女教育家""美国女科学家""美国杂志记者""英国慈善家"③的身份介绍。对西方女杰的认定,也由明治十年(1877)的《古今万国英妇列传》之专收"女王""女帝""皇妃""大统领(即总统)母",渐渐扩及兼取"法国女杰"圣女贞德、"法国革命家"罗兰夫人、"慈善家"南丁格尔等,至明治三十五年(1902)的《世界十二女杰》一书,"女帝""女王""王后"的分量已大幅缩减,只保留了四人④。显然,西方女杰所属阶层的下调,对日本女性无疑可以产生更普遍的激励效应。

众多"妇人立志"书的竞相出版,不排除其间有盈利的刺激,故粗制滥造在所难免。不过,值得重视的是由此反映出的明治时期社会心态,即对于新典范的认知渴求。新式学校也理所当然地成为最主要的实践场域。时"充女子师范校教员"的松本荻江率先为《泰西列女传》作序⑤,已显示出二者之间的必然关联。而《妇女鉴》明确传达的来自明治皇室的倡导,"命宫内文学""著《妇女鉴》六卷,充校生读本,所以助治化也",也使其立意很快超出华族女校的囿限,在社会上引起广泛回声。该书序言所阐述的编纂宗旨,实可视为同类著述的共同追求:

> 尝征之古今,考之内外,各国传记所载,耳目所触,帝王之为善政,

---

① 幸福(澁江保)《例言》,澁江保纂譯《泰西婦女龜鑑》,東京:博文館,1892年。文中所引日文资料,多由陈爱阳、陆胤翻译,特此致谢。
② 竹越竹代編纂《婦人立志篇》,東京:警醒社書店,1892年。
③ 永山盛良編《泰西名婦傳》,東京:勢陽堂書房,1901年。
④ 分见關信三纂譯《古今萬國英婦列傳》,東京:集賢閣,1877年;瀬川さわ子編纂《名女傳》之"泰西女傑",東京:東陽堂,1898年;岩崎徂堂、三上寄風合著《世界十二女傑》,東京:廣文堂書店,1902年。
⑤ 荻江女史松本氏《〈泰西列女傳〉序》,《泰西列女傳》,《序》2頁。

英雄之树伟勋,学士之务业,官吏之奉公,农工商贾之殖生产,往往有资乎慈训与内助。然则一妇贤否,家道兴衰之所关;一家兴衰,即天下治化隆替之所基,妇女之任不亦重乎?①

这一将天下即国家的兴衰强弱与女性联系起来的新思路,正是中村正直编译《西国立志编》目的的自然延展②。

担负着重塑日本妇女品格之使命的"妇人立志"诸作在明治时期的大行其道,也很快传染到一水之隔的中国。其中的西方妇女传尤其引起晚清译者的注目。而从原本的易得考虑,取自成书总比采自报章更为便利。因此,晚清女报"传记"栏中选译的西方女杰传,便基本省略掉从明治报刊爬梳的过程,直接由源源不断刊行的新作中引进。由此使得晚清西方女性典范的移植,也具有了与明治时期相似的经验。

第二节 《女报》(《女学报》)中的"西方美人"

近代中国的第一份女报,为1898年7月24日在上海发刊的《女学报》,隶属于创建不久的中国女学会与中国女学堂。不过,因很快遭遇9月21日的"戊戌政变",这份维新派色彩相当明显的报纸在艰难维持到1899年3月6日出刊后,似乎便就此了结,目前存世的实物有号数并不连贯的总共13期③。

---

① 杉孙七郎《〈婦女鑑〉序》,《婦女鑑》,《序》2—3、1—2 页。
② 中村正直本人对于"女英雄"一说颇有保留,所撰《〈今古[古今]萬國英婦列傳〉序》称:"夫男子任国事,妇人任家事,天然有别,莫容或紊。历观古今传记,善人君子,神学者,理学家,政学者,工艺家,或因其夫之助,或因其母之教训感化,以成就其志业者,指不胜屈,斯知邦国之福利,无一不原于家、于妇人者。……是故妇人虽有功于世,而不有赫赫之名。且与其为女英雄,宁为善妇良母乎?"并将此书之编译归于"盖作者所望于妇人,在善妇良母一边,而不在女英雄也"(關信三纂譯《古今萬國英婦列傳》,《序》3—4 页)。原文为汉文。
③ 参见杜继琨《再谈〈女学报〉》,《图书馆》1963 年 4 期;徐楚影、焦立芝《中国近代妇女期刊简介·女学报》,丁守和主编《辛亥革命时期期刊介绍》第四集,681—682 页,北京:人民出版社,1986 年。

继之而起者为《苏报》主人陈范之女陈撷芬所办《女报》(《女学报》)。该报的历史分前、后两段：1899 年冬初次行世的《女报》原刊四期至今尚未发现①，故无从讨论；1902 年 5 月 8 日复刊后，封面虽署"续出女报"，期号已另行计数，至 1903 年 10 月，共出版杂志 13 期。其间，"续出"的刊名只用到 1902 年 12 月的第 9 期，转年 3 月出版的第 2 年第 1 期，已改称《女学报》。该报起初随《苏报》赠送，至 1902 年 10 月第 7 期起改为销售。因 1903 年 6 月底"苏报案"发生，陈范受到牵连，陈撷芬随父逃亡日本，《女学报》也随之迁移东京，编印了最后一期。

与前一份《女学报》的编辑与主笔多为中国女学堂董事或教习不同，陈撷芬初期是以女学生的身份课余办报，直到改名《女学报》后才成为专业报人。尤其值得称道的是，该刊在她手中，也开启了近代女性以一人之力办报的新局面②。由于《(续出)女报》初时为赠刊，阅读《苏报》的男子成为当然读者。但其预设对象显然在女界，尤其看重女学生。尽管其时西方传教士所办的女校寥寥无几，国人自办的女子教育亦刚刚在上海起步，不过，这些陆续兴办的女学堂师生确实对这份唯一的女报相当关爱③。

《女报》(《女学报》)始终把提倡女学放在首位，同时也致力于"伸女权之公理"④，故陈撷芬倡言的"兴女学、复女权"⑤实可用以概括其办刊宗旨。杂志的各个栏目不但着意于此一主旨的宣扬，陈氏也以诸如《论劝止缠足之关系》《快些做事》《要有爱国的心》《不要过于装饰》《独立篇》《论女子宜讲体育》⑥等论说丰富了其思想内涵，甚至劳纺以白话解说一向被视为传统

---

① 见《续办〈女报〉事例》，《时事采新汇选》3 卷，10 页，1902 年 4 月 21 日。此文转载自《苏报》。
② 陈撷芬办报之时，正就读于美国传教士创办的中西女塾(McTyeire's School for Girls)。参见本书附录《晚清两份〈女学报〉的前世今生》。
③ 如 1902 年 10 月、11 月，《(续出)女报》第 7、8 期即在《务本女学堂课艺》的总题下，发表了 7 篇女学生关于《女报》的论说。
④ (黄)守葉《务本女学堂课艺·读〈女报〉书后》，《(续出)女报》7 期，《务本女学堂课艺》1 页，1902 年 10 月。本文所用《(续出)女报》《女学报》复印件由钱南秀教授提供，特此致谢。
⑤ 陈撷芬《独立篇》，《女学报》2 年 1 期，3 页，1903 年 3 月。
⑥ 分见《(续出)女报》1、3、7 期，《女学报》2 年 1 期、2 年 2 期。

女德读本的《女诫》,也被陈撷芬转录①,从而显示出新旧过渡时期刊物的多元面向。

倡导女学、女权之外,陈撷芬对表彰女界先进也颇为上心。因1898年的《女学报》本有刊载绘图《中外古今列女传》、"以作巾帼师范之资"的设想②,虽未必落实,但此议对后出的《女报》(《女学报》)不无启示。续出第1期中,编者即预告:"我只个报内,还要出一种画图,把那些古往今来,中国外国,好女人的事迹,画将出来。"③尽管如同早先的《女学报》一样,此说亦不见下文,古今中外"好女人的事迹"却并未完全埋没,而是借助另一种方式——文字传写出来。

应该说,陈撷芬对征集妇女传记相当努力,其《续办〈女报〉事例》第二则即专言此意:

> 各省各国妇女,无论现在、已故,如有奇才绩学、苦志异行者,凡其亲族知友,均可代为阐扬,或作为传赞,或付之歌咏,或仅叙事实,由本报润色,均无不可。但使足资观感,本报自当酌登。

尽管此项征稿的对象尚局限于"亲族知友",并包括了诗歌,与后来发表的情形不完全相合,而所谓"奇才绩学、苦志异行"也嫌笼统,但其作为晚清女报中首次明确的女性事迹主题征文,仍然意义重大。只是当年这一急需稿件的登报征求,结果并不令人满意。符合编者标准的中国女性传记既少有新作,西方女杰事迹更多了一层翻译的障碍,也不易得,以致"传记"在《女报》(《女学报》)中尚无法构成独立的栏目。与之相关的记述"人物故事"的"炜管证闻录"栏④,也仅以辑录中外女子的片段事迹与琐闻轶事为主,在作者固不无示范意义,却毕竟和传记的完整性有差别。

---

① 劳纺原作名《〈女诫〉浅释》,陈撷芬摘录其白话衍说,改题《〈女诫〉演说》,刊《(续出)女报》2—4期。参见本书第一章第一、二节。
② 见《本馆告白》,《女学报》1期,1898年7月24日。
③ 《白话演说的缘故》,《(续出)女报》1期,"女报演说"1页,1902年5月。
④ 《最新眉语》,《(续出)女报》5期,"最新眉语"1页,1902年9月。

由于《女报》(《女学报》)发表的传记除最后一期外,全部属于来稿或转载,因而主编的意向只能透过选刊来体现。其中国内女性的传记,如《女士张竹君传》《罗迦陵女士传》均标为"来稿";另一同样未注作者姓名与原刊的《记江西康女士》,实为梁启超1897年的旧作①。三文分别进入不同的栏目:"论说""专件"与"炜管证闻录"。西方女杰传的处理方式也近似,总共四篇译文,《批茶女士传》入"论说",《罗兰夫人传》列"附件",《俾士麦克夫人传》与《英国女杰涅几柯儿传》载"译件"。初步的改观出现在迁址东京后,直到此时,陈撷芬在译稿的采编上才表现出更多的自主性。《英国女杰涅几柯儿传》之为首次署名的原发稿,以及陈本人用白话改写的《世界十女杰演义》之连载,都在这最后一期刊物上出现。可惜杂志也从此夭折。

既然《女报》(《女学报》)刊登的翻译传记多出于转录,陈撷芬所习外文又是英语而非日文,因此,对于日文原本的采择,陈氏其实并无自觉。不过,即便如此,该刊刊载的西方女杰传仍不脱明治"妇人立志"读物提供的典范。倘若追寻原本,则更集中于《世界古今名妇鉴》。

与《世界古今名妇鉴》直接相关的译文为《罗兰夫人传》与《俾士麦克夫人传》。前者由梁启超以"中国之新民"的笔名、《(近世第一女杰)罗兰夫人传》的题名,1902年10月刊于其在日本横滨主编的《新民丛报》17、18号,同年11、12月的《(续出)女报》8、9两期转载,未完;后文1903年2月在上海印行的《大陆报》3期发表,为同年5月出版的《女学报》2年3期转录。其日文本分别是《佛國革命の花(ローラン夫人の傳)》以及《政治家の妻》中的《ビスマアク夫人》。

罗兰夫人属于最早介绍到日本的西方女杰之一,明治九年(1876)印行的《泰西列女传》已有其名,她也成为后来多种"妇人立志"书的在编人物。

---

① 《女士张竹君传》载1902年7月5日《(续出)女报》3期,同年5月《新民丛报》7号亦曾刊载,署马贵公即马君武作;《罗迦陵女士传》载1902年10月2日《(续出)女报》6期,1903年2月《新民丛报》25号转载;《记江西康女士》,初刊1897年3月《时务报》21册,1902年10月31日《(续出)女报》7期转载。

而其得以进入梁启超视野,并接力影响到《女报》(《女学报》),则与梁启超对德富苏峰文章的爱重,进而偏好由其创办的民友社出版物有关①。《世界古今名妇鉴》正是民友社的出品,编者德富芦花又是德富苏峰的弟弟,其充满激情的文章风格也易于打动读者。这些都足以引起梁启超对该书的注意。而从《女士张竹君传》与《罗迦陵女士传》先后出入于《新民丛报》与《(续出)女报》的情形,也不难窥见两刊在稿件上的互通互助。

德富芦花的《罗兰夫人传》以"法国革命之花"命名,突出表现了传主与法国大革命的关联。这正是罗兰夫人一生事业的高潮。依据日本学者松尾洋二的研究,他经过细致的文本对勘,认为梁启超的《罗兰夫人传》除了开头与结尾的议论,主体部分基本为德富文章的译文。而翻译中的一些删改,则意在淡化原文对罗兰夫人初期激进思想和行动的描写与肯定,恰好对应了梁氏其时从革命退回到改良的思想变迁②。很显然,不但罗兰夫人是一位政治家,梁启超翻译此传也意在传达其政治理念。

不能说梁启超译文中的思想倾向对晚清女性不重要,但陈撷芬的转载将其置于女报语境中,则文本的意义自会发生微妙的变化。"近世第一女杰"的称誉多半落实在罗兰夫人的爱国救国热忱上,特别是梁氏以激情四溢的笔墨在《罗兰夫人传》开篇写的一段文字,也成为一时经典:

> 罗兰夫人何人也?彼拿破仑之母也,彼梅特涅之母也,彼玛志尼、噶苏士、俾士麦、加富尔之母也。质而言之,则十九世纪欧洲大陆一切之人物,不可不母罗兰夫人;十九世纪欧洲大陆一切之文明,不可不母罗兰夫人。何以故?法国大革命,为欧洲十九世纪之母故;罗兰夫人,

---

① 梁启超倡导"文界革命"以及其所创立的"新文体"均受到了德富苏峰文章的影响。相关论述参见笔者《觉世与传世——梁启超的文学道路》第九章"'欧西文思'与'欧文直译体'——梁启超与日本明治散文",特别是其中三、四节。

② 松尾洋二《梁启超と史伝——東アジアにおける近代精神史の奔流》,狭間直樹編《梁啓超:西洋近代思想受容と明治日本》,273—277頁,東京:みすず書房,1999年;亦见中译本《梁启超・明治日本・西方》,265—272页,北京:社会科学文献出版社,2001年。

为法国大革命之母故。①

此言以罗兰夫人的性别为喻,将其女性身份扩展到伟人之母、文明之母,从而促进了对女子赞誉之词"国民之母"在晚清的流行②,更是超脱了梁传所有的政治意涵。《(续出)女报》的转载恰好在罗兰夫人刚刚现身法国大革命舞台时戛然而止,也使得梁启超添加的这个部分更为醒目。

同样是政治家夫人,《俾士麦克夫人传》无疑与《罗兰夫人传》之重在政治家不同,凸显的是其夫人身份。此传只是专意讲述俾士麦克夫人即俾斯麦夫人与德国著名的"铁血宰相"俾斯麦的夫妻情深与家庭幸福。为此,《女学报》转载时,甚至删去了《大陆报》本开篇原有的叙说夫人去世后各国的哀悼以及丈夫的悲痛一节文字,译者另外添出的"夫人一生之历史,即俾公一生之历史;俾公一生之历史,即最近日耳曼之历史也"③等意在提升其人重要性的言说也一并消失。于是,从俾氏求婚时的慧眼识英雄,到暮年的"婆娑相对,白发盈颠",俾斯麦夫人的生活始终是以丈夫为中心的。而在外面世界强悍易怒的俾斯麦,其实也非常依赖夫人构筑的家庭这个平静的港湾。因此,传记极力称说:"公爵一生之大运动,大策略,大雄图,大演说,其原动力固有在,初非公一人能演此种种离奇光怪之活剧也。原动力者何? 夫人也。"④

本来俾斯麦夫人在政治上未尝没有抱负,日文原作即谓之"夫人实有其荣誉心"。在给一位英国女士的信中,她也以"吾国无妇人自由运动之余地"为憾事。不过追溯缘由,德富芦花将其主要归结为俾斯麦忌惮皇太后参与政治,因而使"夫人显无满足此荣誉心之机会"⑤,译文却变成了皇太后

---

① 中国之新民(梁启超)《(近世第一女杰)罗兰夫人传》,《新民丛报》17 号,35 页,1902年10 月。
② 参见本书第三章第二节。
③ 《俾士麦克夫人传》,《大陆》3 期,"史传"1 页,1903 年 2 月。
④ 《俾士麦克夫人传》,《女学报》2 年 3 期,24—25 页,1903 年 5 月。
⑤ 《政治家の妻》之一《ビスマアク夫人》,蘆花生编《世界古今名婦鑑》,114—115 頁,東京:民友社,1898 年。

对政治活动的"沮止"。但无论如何,俾斯麦夫人总是接受了这一限制。所以,中译者挪动日文本前后的文字,拼合、添加而成的结论是:

> 盖夫人以家为国,以家政为国政,能以其心电,成就公一生事业,感动当时几多之政治家,实动政机之技师,而所谓"政治的夫人"也。①

将原作"政治的妇人"改成"政治的夫人",不管是否笔误,"夫人"而不是"女政治家"实为《俾士麦克夫人传》的中心词已无疑问。由此昭示出的是,女人不一定要直接从政,辅助丈夫照样可以成就一生名誉。

而陈撷芬东走日本后,以"楚南女子"笔名演述的《世界十女杰演义》虽只昙花一现,其所依据的文本却仍与《世界古今名妇鉴》关合。大致于1903年3月印行的《世界十女杰》,在《世界十二女杰》之外,又依据《世界古今名妇鉴》作了增删,其中起码一半的传记源出于此。不署名的"编者"又在翻译中添加了大量关于"革命"与"女权"的话语,从而使得《世界十女杰》确如其所自诩,"虽曰译编,实近于撰著"②。

《世界十女杰》在国内发售时,曾在《苏报》刊登过广告③,此书因而与陈撷芬多了一段缘分。她在正文开始前写的一则题记即由此说起:

> 我今年看见一部书,是译他们西国的,名字叫《世界十女杰》,是说的各国女豪杰的事迹。有的姊妹想也看见过,但是不看见的人多得狠,并且有年纪小的,不能看那深奥的文法,所以我将这十个女杰的事,编做白话,既可以与诸位姊妹消消闷,又可以晓得我们女子中的人物。倘然看得合式,就可以学他也做一个女豪杰出来,岂不是件有益的事么?姊妹们以为是否?④

---

① 《俾士麦克夫人传》,《女学报》2年3期,27页。
② 编者《例言》,《世界十女杰》,《序》1—2页,1903年。
③ 见1903年5月31日《苏报》广告《〈世界十女杰〉出板》。
④ 楚南女子《世界十女杰演义》,《女学报》2年4期,55页,1903年10月。

由题目所使用的"演义"可知，陈撷芬原本打算用说书笔调讲述人物故事。而消遣之外，她最看重的其实是对西方女杰的了解（"晓得"）与效法（"学"）。紧接在标题后面，以花边框起的"西方美人"四字，不仅进一步划定了"世界女杰"的范围，也显然取自梁启超关于二十世纪为东西"两文明结婚之时代"，"彼西方美人，必能为我家育宁馨儿以亢我宗也"①的思路，对引进西方女杰以改造国民品格抱有很高的期待。

具体到此期终刊号所演义的"美世儿"，《世界十女杰》中的传记乃是以《世界十二女杰》的《路易·美世儿女史》（《路易·美世兒女史》）为主，又糅合进《世界古今名妇鉴》的《夜叉面の菩薩（ルイ、ミセール）》，并增添了不少议论与情节，成为一篇十足的革命文字。日文二传原先置于文内的"无政府党之女将军"②的称号，至《世界十女杰》也跃登标题，明确揭示出编译者的用意所在。

陈撷芬改编《无政府党女将军：路易·美世儿》时，显然已考虑到其所设定的读者对象包括了少女，加以要兼顾"与诸位姊妹消消闷"的需求，故将原编译者写在前面的整整两页对于"不自由毋宁死"以及无政府党暴力革命的宣说一概删除，直接从传主的出生开始讲起。尽管这篇白话演义只述及路易·美世儿14岁以前的少年生活，政治生涯尚未展开，但其人的革命家气质已然有所表露。

相比于《世界十女杰》，陈撷芬的改写确实收敛了许多，不但题目简化为《美世儿》，传主幼年时所说"吾为正义，虽用暴力不敢辞也"，在陈氏笔下也更易为："我为公共的事，正义的事，就得罪人也只好得罪的了。"③不过，《世界十女杰》从《世界古今名妇鉴》中移借的关于美世儿女权与革命思想萌发的情节："闲则倩从兄齐欧卢唱女权歌，绝竹为笛以和之；复借荒田以

---

① 中国之新民《论中国学术思想变迁之大势》第一章"总论"，《新民丛报》3号，46页，1902年3月。

② 见《夜叉面の菩薩（ルイ、ミセール）》，《世界古今名婦鑑》，239页；《路易·美世兒女史》，《世界十二女傑》，41页。

③ 《无政府党女将军：路易·美世儿》，《世界十女杰》，3页；楚南女子《世界十女杰演义》，《女学报》2年4期，56页。

为舞台,指挥群儿演佛国革命剧,尝执短刀,精神勃勃,以扣乐沁(按:日文作"ギロチン",乃指断头台)自拟,日呼'自由万岁!!!万岁'数声以为例。"①陈撷芬不仅未遗漏,而且大书特书。只是因为不明白"扣乐沁"的音译所指,故演述为"破大狱"。甚至为了显扬其演出效果,又虚构出观看的人"禁不住一齐拍手的喝彩道:好革命军,好革命军!我们也要起革命军了"的情节。于叙述中,陈撷芬还承担着随时将话题引向当下中国情境的责任。如在"自由万岁"后加入对"自由"的解说:

> 这"自由"两字有许多好处在里面,说起来一时也不能说尽。大略的意思,是一个人有一个人的自由权,做的事体只要是不错,富的不能管贫的,大的不能管小的。但是倘然做错了事,就是我们中国所说的那顶大的皇帝,也要受小百姓的管。②

这也使得该文对于西方女杰事迹的演义,同时具有了传播新思想、新知识与培育新道德的功能,从而贯彻了《女报》(《女学报》)提倡女学的本意。

有趣的是,无论在哪一种日文传记中,路易斯·米歇尔的容貌都被描述为"丑陋",《世界十二女杰》叙其"姿容既陋,望之如一夜叉"③,《世界古今名妇鉴》更是将"夜叉面"放进了标题。而《世界十女杰》出于尊敬女杰的缘故,有意回避了此类描写,不知情的陈撷芬因此误记美世儿为"美貌女孩子"④。并且,应该也是受了"西方美人"主题的暗示,美世儿之名在刊物目录页中居然变身为"美人儿",犯了一个美丽却颇有意味的错误。由此也生动地显示出,作为取法楷模的西方女性在《女报》(《女学报》)中形象的美好。

---

① 《无政府党女将军:路易·美世儿》,《世界十女杰》,4页。此情节见《世界古今名妇鑑》,241—242页。
② 楚南女子《世界十女杰演义》,《女学报》2年4期,57、58页。
③ 岩崎徂堂、三上寄凤[风]著,赵必振译《路易·美世儿女史》,《世界十二女杰》,28页,上海:广智书局,1903年。
④ 楚南女子《世界十女杰演义》,《女学报》2年4期,57页。

尽管来源不同，《女报》(《女学报》)对于西方女性的介绍显然已超越"列女传"，而同明治"妇人立志"读物中的"名妇"到"女杰"阶段合拍。起码一半的传记原本出自《世界古今名妇鉴》，最末一期杂志所刊《世界十女杰演义》与《英国女杰涅几柯儿传》，标题上又都赫然出现了"女杰"。这些"西方美人"指示的进路颇为纷杂，西学自不待言，尚有爱国、贤妻、革命、女权等内涵，以及《批茶女士传》与《英国女杰涅几柯儿传》所肯定的救世情怀，既与刊物倡导女学、女权的主旨相关，也呼应了散见于各篇的对于女子的诸般期盼。其间最值得关注的是陈撷芬引进"西方美人"以改造中国女性品格、诞育健全新国民的深心。而处于过渡期的《女报》(《女学报》)"传记"栏，也以其辗转自日本输入的多姿多彩的西方女杰形象，为晚清女性提供了足够新鲜的取法典范。

第三节 《女子世界》中的西国"爱种"

《女学报》停刊之后，1904 年 1 月 17 日，由丁祖荫(号初我)主编的《女子世界》在上海出现。此刊为江苏常昭师范研究讲习会同人合办①，也吸纳了各地诸多作者。至 1906 年 7 月第 2 年第 4、5 期合刊出版后②，主编易人，故 1907 年 7 月发行的《(续办)女子世界》(又称《新女子世界》)，实已与丁氏所编无关。而该刊面世时，女子教育已在各地逐渐推展，丁祖荫、徐念慈(号觉我)等讲习会成员亦趁势于 1904 年 10 月在常熟创办了竞化女学校。从杂志专门设立的"女学文丛"，以及自第 5 期"大改良"后添加的"实业""科学""卫生"等栏目之兼具教科书功用，可见其预设的读者群主要为女校师生③。

《女子世界》既为教育团体所办，主编丁祖荫及主要作者亦均热心女子

---

① 参见栾伟平《清末小说林社的杂志出版》，《汉语言文学研究》2011 年 2 期，32 页。
② 原刊未署出版日期，此据栾伟平《清末小说林社的杂志出版》(《汉语言文学研究》2011 年 2 期，32—33 页)所引《时报》广告。以下凡标记第 10 期以后之《女子世界》，出刊日期均据此。
③ 参见笔者《晚清女报的性别观照——〈女子世界〉研究》第一节"刊物的编辑、出版与发行"，《晚清女性与近代中国》，北京：北京大学出版社，2004 年。

教育,因此其创刊宗旨亦确定为"振兴女学,提倡女权"①。不过,在二者的先后次第上,杂志内部有过一场"女学"优先还是"女权"优先的争论。虽然作为结论而发表的《论复女权必以教育为预备》②可视为代表了编辑部立场,但这场争议还是造成了杂志本身的"多声部",并为日后《(续办)女子世界》的彻底改组埋下了伏笔。而该刊也经历了办刊方针的转向,即由前期的注重"提倡女权",演化为后期的偏向"振兴女学"③。

在中国女报史上,将"传记"(史传)设置为固定栏目,乃自《女子世界》发端。鉴于此前一年,已有《世界十二女杰》《世界十女杰》以及丁祖荫自译的《(近世欧美)豪杰之细君》④集中刊行,西方女杰的译介一时称盛,1904年初创办的《女子世界》于是有意另辟蹊径。创刊号中,主事者已一再倡言"吾勿表欧风,吾且扬国粹",大力表彰中国古代杰出女子的"勇武""游侠"与"文学美术",而期待"吾最亲爱最密切之二万万女同胞"继承、发扬传统之荣光,"共养成女军人、女游侠、女文学士,以一息争存于二十纪中"⑤。显然,中国"女界伟人"⑥的重新发现,已成为《女子世界》寻求女性典范、陶铸女性品格的崭新举措。

不过,若观察实际刊出情况,则与杂志主导倾向的转变一致,"传记"栏也同时出现了从中到西的演化。《女子世界》前四期刊出的各篇传记,确实忠诚贯彻了编者表扬国粹的初意,无论是沈同午传写明末女将军沈云英与秦良玉的功绩,还是柳亚子演述花木兰、红线、聂隐娘的故事⑦,均为急欲养

---

① 金一《〈女子世界〉发刊词》,《女子世界》1期,2页,1904年1月。
② 丹忱《论复女权必以教育为预备》,《女子世界》2年3期(15期),1906年1月。
③ 参见笔者《晚清女报的性别观照——〈女子世界〉研究》之第四节"'女权'优先还是'女学'优先",《晚清女性与近代中国》。
④ 村松乐水著,丁初我译《(近世欧美)豪杰之细君》,常熟:海虞图书馆,1903年。
⑤ 初我《女子世界颂词》,《女子世界》1期,6、8页,1904年1月。参阅同期之金一《〈女子世界〉发刊词》。
⑥ 此提法初见于亚卢(柳亚子)《中国第一女豪杰女军人家花木兰传》(《女子世界》3期,1904年3月);1906年,日本横滨新民社又出版了许定一编述之《祖国女界伟人传》。
⑦ 职公《女军人传》载《女子世界》1—3期,1904年1—3月;亚卢《中国第一女豪杰女军人家花木兰传》载《女子世界》3期,1904年3月;松陵女子潘小璜《中国女剑侠红线聂隐娘传》载《女子世界》4—5期,1904年4、5月。

成之"女军人""女游侠"提供了楷模。而第 5 期杂志不但在卷首发表了丁祖荫之同学兼好友蒋维乔(字竹庄)的《女权说》,批评"妄谈女权""妄谈自由"之弊,揭开了"女权"与"女学"之争的序幕,"传记"栏中也首次出现了西方女杰的事迹。此后,"西风"逐渐压倒"东风",尽管总体仍可谓中、外各半。

除去两篇有关俄国当代人物①,《女子世界》刊发的其他五篇西方女性传记明显带有明治"妇人立志"读物的胎痕。各文所署作者实为译者,现将已查知之诸传原本表揭如下:

《军阵看护妇南的辨尔传》采自《女子立志編》之《看護婦フロレンス・ナイチンゲール》;

《妇人界之双璧》中《刑场之白堇》采自《泰西婦女龜鑑》之《ローバー夫人》,《黑夜之明星》采自《世界古今名婦鑑》之《ウイルラード夫人》(《社會改良運動の母》之一);

《女文豪海丽爱德・斐曲士传》采自《婦人立志篇》之《文學者ビーチヤア、ストウ夫人》;

《女刺客沙鲁土・格儿垤传》采自《世界十二女傑》之《沙魯土挌兒垤孃》。

惟《英国大慈善家美利・加阿宾他传》尚未探知原出处。所据之书,最早为明治二十五年(1892)出版的《妇人立志篇》与《泰西妇女龟鉴》,最晚则是明治三十六年(1903)刊行的《女子立志編》。就采择而言,各篇几无一本复出,故堪称繁多。

而原本所提供的西方女杰典范也同样五花八门:以战场救护及创建红十字会闻名的南丁格尔,通常被赞赏的是其"慈善"悲悯情怀;《乌托邦》作者托马斯・莫尔的长女玛格丽特・罗珀(Margaret Roper,1505—1544),在

---

① 即初我《记俄女恰勒吞事》、大我《革命妇人》,《女子世界》10 期、2 年 3 期(15 期),1905 年 2 月、1906 年 1 月。

《泰西妇女龟鉴》中被置于"孝女"编;世界基督教妇女禁酒联盟(明治时期的日文译为"萬國婦人矯風會")创始人及第一任会长威拉德夫人,则恰切地获得了"社会改良运动之母"的称誉;《汤姆叔叔的小屋》作者斯托夫人一向位于文学家行列,德富苏峰在为《妇人立志篇》所撰题词中,又特别表扬其"以一卷《黑奴小家》而令几百万奴隶仰见自由之天日"①;留名于法国大革命史的夏洛特·科黛,在《世界十二女杰》里,突出表现的是其"纤手挥白刃,毙暴魁马拉于一击之下,从容就死"②的坚毅果敢。

尽管有此差别,这些被标记为护士、孝女、社会活动家、文学家、刺客身份的西方女杰,如果放回"妇人立志"书系列,仍有其共通性。此即中村正直在《西国立志编》中所强调的"专心一意,死生不移"③;置于卷首的古贺增题词尤见精髓,其对于"自助"的解说为:

> 历观古今来立一事业之人,皆抱百折不回之概,把持牢,立志确,勇往直前,一切不问世间毁誉褒贬,亦且不以一败挫其锐气,然后所期望之事始成。④

将此精神移注于女性读物,则以《世界十二女杰》所称扬的"坚忍不拔之精神,惨憺苦心之结构"⑤最为得体。上述诸人之行事,无论小至玛格丽特之从伦敦桥上黑夜夺回被斩父亲之首级,大至威拉德夫人创建万国妇人矫风会,无不经历艰苦危难,而完全凭借自身百折不回、坚忍不拔的毅力,方能达致目标。

---

① 蘇峰生《婦人立志篇に題す》(《题妇人立志篇》),竹越竹代編纂《婦人立志篇》,卷首2页。《黑奴小家》即《汤姆叔叔的小屋》。
② 《沙鲁土挌兒垤孃》,《世界十二女傑》,1页。此处用赵必振译本,见《沙鲁土·格尔垤娘》,《世界十二女杰》,1页。
③ 中村正直《〈西國立志編〉第十一編序》,《西國立志編》,545页。原文为汉文。
④ 古贺增《〈西國立志編〉序》,《西國立志編》,卷首1页。原文为汉文。
⑤ 岩崎徂堂、三上寄凤[风]著,赵必振译《〈世界十二女杰〉序》,《序》2页,《世界十二女杰》。

日本原作这一出自明治情境的特别会心,在编译《泰西妇女龟鉴》的涩江保那里有精确的阐释:"西洋妇人忍耐力强,日本妇人忍耐力弱。我辈以忍耐力弱之故,面临艰难,有以一死逃脱苦痛之倾向;彼辈以忍耐力强之故,故身历百难而不受挫折,竭尽心力以扶助、抚慰其父、夫。"虽然仅限于家庭一隅谈论人我之别,未免小视了西洋典范的意义,但引出此言的东西比较思路,以及涩江保由此展开的爱心广狭之辨,无疑给予了丁祖荫更多启示:

> 今姑为议论,强举日本妇人之短处、西洋妇人之长处时,则日本妇人心胸狭窄,西洋妇人心地宽广是也。我辈以心胸狭窄故,不免有偏爱一人,为感情左右,而视多数人之痛苦于度外之弊;彼等因心地宽广故,爱一人之同时,亦博爱众人,造次颠沛之间,亦不忘应为多数人尽其深切之义务。①

由此,《泰西妇女龟鉴》之进入丁祖荫视野,与西方女杰在《女子世界》的集体现身和意义归整之间,也发生了耐人寻味的关联。

1904年6月,《女子世界》第6期"社说"栏发表了丁祖荫的《哀女种》。此文接续第2期《说女魔》之批判女界种种劣根性的话题,进一步抉发中国女子衰弱的病因。丁氏指认"其遗传不良者有三",即"非爱种""非侠种""非军人种",后二者明显与前述期望造就"女游侠"与"女军人"之论相呼应。而放置第一位的"非爱种"之所谓"爱",乃是排除了"男女之私"的"肉欲之爱",具有更广大的精神性:"爱根者,磅礴蟠护于个人、国家上,而为吸群之利器、铸国之胶质者也。"若与其《说女魔》中的"苟得是情而善用之,则天下善感人者莫如女子;一切国家观念,社会思想,民族主义,胥于是萌芽,胥于是胎育焉"合观,可知丁祖荫要求于女子的,实为将一己之私情,扩展到爱群、爱国、爱种。而这一认识也来自中西对比。《说女魔》还只是感慨,"奈何西国之爱情,融合而交注;吾国之爱情,单独而孤行"?到《哀女

---

① 涩江保《〈泰西妇女龟鉴〉绪言》,《泰西妇女龟鉴》,2页。

种》,便已径直将所有中国女性遗传之病因全部归结为西国的对立面:

> 观此三者遗传之良女种,皆西国所有,而我国所无,皆西国所日日培养,而我国所日日摧残,国安得而不亡?种安得而不灭?①

结论也不难得出,欲革除我国女界之病根,非引进西方"良女种"不可。西方女杰传因而在《女子世界》适时登场。

根据主编丁祖荫的特定关怀与编辑处理,出现在《女子世界》的西方女性事迹也有了大体相近的旨归。出自徐念慈之手的《军阵看护妇南的痢尔传》与《英国大慈善家美利·加阿宾他传》,前者将南丁格尔之救死扶伤,放在当时日俄战争中,"两国之女子,发大愿,投身赤十字会,随往战地,看护负伤军人,尽国民母之责任者,不知凡几"的现实背景下,期盼其传记能够起到"取镜之资""观感之助"②的激励效应;后者则叙述创建贫儿免费学校与少年教养所的玛丽·卡彭特(Mary Carpenter, 1807—1877)一生的慈善事业,着重称道:"女子之富于爱情,甚于男子。此特别之美德,固合古今中西而同然者也。"因此其推介玛丽之"疚心社会,忍耐刻苦","排斥圈笠主义,表见其慈善心肠"③,也是针对中国古代女子即便青史留名,也只关注家庭而非服务社会之弊。后一传记与丁祖荫的《哀女种》同期发表,两个栏目之间也自然地构成了共鸣。

与徐念慈译介南丁格尔之大抵忠于原作不同,丁祖荫本人的译述更多改写的成分,尤以《妇人界之双璧》为最。叙写孟加列·罗巴(今译"玛格丽特·罗珀")的《刑场之白堇》,删去了原作前半篇摘自《英国文学史》中关于其父的介绍,而将笔墨集中到多马士·摩亚(今译"托马斯·莫尔",《乌托邦》作者)的被害,以及女儿甘冒风险,探视、营救与安葬父亲的动人情

---

① 初我《哀女种》,《女子世界》6 期,1—3、4 页,1904 年 6 月;初我《说女魔》,《女子世界》2 期,2 页,1904 年 2 月。

② 觚庵《军阵看护南的痢尔传》,《女子世界》5 期,19 页,1904 年 5 月。觚庵为徐念慈,参见栾伟平博士论文《小说林社研究》附录一《〈觚庵漫笔〉作者考》(北京大学,2009 年)。

③ 觉我《英国大慈善家美利·加阿宾他传》,《女子世界》6 期,17、18 页,1904 年 6 月。

节;记述扶兰斯德(威拉德夫人)生平的《黑夜之明星》,对于其20岁以前的生活史同样有大段的删节,由此而凸显了其为改良社会各种陋习艰苦卓绝、奋斗一生的伟绩。篇末的"记者曰"提要钩玄地以情爱概括二传:"呜呼!世界多爱种,中于女子者居多。牺牲于家庭,牺牲于全国,所殉者不同,而终无以易吾爱之理。"①为了赞颂女子的爱心,即使所殉者仅为家人,丁祖荫也一律肯定。这种对爱的推崇,在《女文豪海丽爱德·斐曲士传》中达到了高潮。从开篇的斥责"其最无伟大爱力于世界中者,孰如我不文学、不名誉之女子哉",一转而为对"南北美战争时代"的"文界之奇女子"海丽爱德·斐曲士(即斯托夫人)的全力称颂:"求其令闻不没于人世,爱力深入于人心,奄有古英雄豪杰感化人之能力者,孰有如世界之文豪?孰有如移人情性、可歌可泣世界之女文豪?"《汤姆叔叔的小屋》的作者因此获得了"世界之爱花""自由之女神""文坛革命军之先驱队"②等一连串的荣衔。于此,我们也可以了悟,在丁祖荫心目中,"女文学士"实应为"情种",以"爱"为根底,以扩充其"爱力"于世界为最高境界。

即使是以鼓吹民族革命、暴力暗杀为旨趣的《女刺客沙鲁土·格儿垤传》,译者也有意指出其以暴制暴乃是出于"不忍"之心,故沙鲁土在刺杀马拉后自白:"吾不忍见暴徒之凭城窟社,使神圣同胞,肝脑涂地,誓牺牲此生命,而为平和幸福之媒介,成败一身当之,无与他人。吾事毕矣,鼎镬其何敢辞?"③而其所取资之《世界十二女杰》原传中并无此言,相近的说法只是:"吾之所欲为者已为之,今日一任汝等之所为也。"④而此"不忍"之心,其实仍是一种对世人的大爱。

如果对《女子世界》中源自明治"妇人立志"书的诸篇主旨作一概括,第7期"论说"栏刊载的《论铸造国民母》的一段议论相当贴切:

---

① 初我《妇人界之双璧》,《女子世界》12期,27页,1905年5月。
② 初我《女文豪海丽爱德·斐曲士传》,《女子世界》2年1期(13期),53页,1905年6月。
③ 大侠《女刺客沙鲁土·格儿垤传》,《女子世界》2年2期(14期),57页,1905年9月。
④ 岩崎徂堂、三上寄凤[风]合著,赵必振译《沙鲁土·格尔垤娘》,《世界十二女杰》,6页。

> 夫慈悲善良，为女子固有之特性也。试考察世界文明国中，无论王党、政党、温和党、进步党、革命党、虚无党、无政府党、一切社会人物，无不有惊天动地之女杰，以扶助于其间。至其所设之事业，则有施食所、施医所，有贫苦投泊所，有罪人保护所，有万国矫风会，有普救赤十字会。……可知牺牲现在，牺牲一己，以普渡众生一切事，凡女子无不欣然乐从之。①

以"慈悲善良"作为超越一切政治党派之上的女性固有品格，也是丁祖荫代表的杂志编辑部所认定的最高道德准则，却同时也被指为中国女子的缺项。立意铸造"国民之母"的《女子世界》②，于是才会将诸多西方女杰传记的译介归纳、引导到慈爱，尤其是博爱一途。

而这一经过整合的西方女杰典范解读法，仍然关系到《女子世界》的内部论争。恰恰是在改编自《泰西妇女龟鉴》与《世界古今名妇鉴》的《妇人界之双璧》的"记者曰"中，丁祖荫一面赞颂"地球虽灭，爱之花尚开；世界一切有情种，皆恃此以生以存以养"，一面又以其爱之哲学批评："世之大运动家，顾假自由平等之美名，实行其破坏家庭、灭裂群德之举动者，其亦对此女丈夫而有愧欤？"③所对话的语境，正是该刊自第 5 期以来越来越加强的对于没有"自治之学识、之道德之女子"④倡言自由与女权的不满。由此也可以让人理会，《女子世界》对于西方女杰传的特别观照点，也是由晚清当下情境而发生，并与之相契合。

---

① 亚特《论铸造国民母》，《女子世界》7 期，3 页，1904 年 7 月。
② 金一《〈女子世界〉发刊词》称："女子者，国民之母也。欲新中国，必新女子；欲强中国，必强女子；欲文明中国，必先文明我女子；欲普救中国，必先普救我女子，无可疑也。"(《女子世界》1 期，1 页)
③ 初我《妇人界之双璧》，《女子世界》12 期，27—28 页。
④ 竹庄《女权说》，《女子世界》5 期，5 页，1904 年 5 月。

第四节 《中国新女界杂志》中的欧美"女国民"

1907年2月5日在东京创刊的《中国新女界杂志》,是晚清第一份在海外创办的女报。其所依托的背景,乃是大批留日女生以及留学生女眷的集聚东京。按照1906年的调查统计,当时在东京各校读书的中国女生已将近百人,还有许多尚未入学者①。主编燕斌(别署"炼石")其时正在早稻田同仁医院学习②,自1906年11月20日起,又担任了两个月前刚刚成立的中国留日女学生会对外书记③。可想而知,杂志的撰稿者多为留学生,更含有不少女生,其对日文的熟习、理解的准确以及对明治出版物的了解与及时阅读,都应在丁祖荫等人之上。而由于经费的问题,刊物自第4期开始脱期,出至第6期终止,时间大约在1907年11、12月间④。

与前述两种女报之办刊意图尚需读者抽绎、领悟不同,由留日女学生编辑的《中国新女界杂志》可谓宗旨鲜明。其《社章录要》第一条即揭示出"本杂志主义五条":

> (1)发明关于女界最新学说;(2)输入各国女界新文明;(3)提倡道德,鼓吹教育;(4)破旧沉迷,开新社会;(5)结合感情,表彰幽遗。⑤

主编燕斌更作了明确概括:"本社最崇拜的就是'女子国民'四个大字。本社创办杂志的宗旨,虽有五条,其实也只是这四个大字。"⑥因此,在所撰《发

---

① 参见炼石(燕斌)《留日女学界近事记》,《中国新女界杂志》1期,73页,1907年2月。
② 参见篠槃《论女界医学之关系》之炼石志,《中国新女界杂志》1期,19页,1907年2月。
③ 参见炼石《留日女学界近事记》及燕斌《中国留日女学生会成立通告书》,《中国新女界杂志》1、2期,74、75—76页,1907年2、3月。
④ 第5期所刊《本社特别广告》称,该志"于西历八月起,即倡议筹办印刷部,嗣以基金不充,改与同志数人,出资合办中国新女界社合资印刷所,经营七十余日,始克告成";并表示,今年余下各期,"预计西历十一月、十二月两月以内,必可赶出"。
⑤ 《社章录要》,《中国新女界杂志》2期,封三,1907年3月。
⑥ 炼石《本报对于女子国民捐之演说》,《中国新女界杂志》1期,42页,1907年2月。

刊词》中,燕斌也将关注点集中到"女国民"的精神教育:从反面立论,即指称"中国虽有多数女国民之形质,而无多数女国民之精神,则有民等于无民";自正面阐发,则是"必发挥其新道德,而活泼其新思想,斯教育一女子,即国家真得一女国民"①。不难看出,身处日本的燕斌等女学生,本身即具有吸纳"最新学说"的敏感,故对当时正在日本盛行的国家主义思潮深有契合,并由此催生出该刊以造就合格的"女国民"为职志的特色。

而作为承载"女界新文明"、堪当中国"女国民"精神导师的人选,在燕斌等人看来,实非欧美女杰莫属。此一认识在"传记"栏②中得到了完整体现。《中国新女界杂志》自创刊号起,即连续登载中西女士传。不过,所发表的11篇传记中,中、日女子仅各占一篇③,其他传主均出身欧美。

值得注意的是,与《女报》(《女学报》)及《女子世界》未加区分地统称"泰西""西方""西国"或竟至"世界"不同(显然也受到明治语汇的影响),《中国新女界杂志》已经更多地使用"欧美"这一说法。燕斌在《发刊词》中即称道:

> 欧美诸强国……对于女界,实行开明主义,与男子受同等之教育。其爱国之理想,国民之义务,久令灌注于脑筋。故其女国民,惟日孜孜以国事为己责;至于个人私利,虽牺牲亦不之惜。斯其国始得为有民,宜其国势发达,日益强盛,而莫之能侮。

并断言,随着中国女国民精神教育的普及,"十年以后,如谓中国女界,不足与欧美争衡者,吾不信也"④。而在"欧美"之中,燕斌更看好的其实是美国。除了译述《美国女界之势力》《纪美国妇人战时之伟业》,燕斌也一再宣说,"近世女权之最发达者,当以北美合众诸州为最","现今世界上各国的女

---

① 炼石《发刊词》,《中国新女界杂志》1期,《发刊词》2页,1907年2月。
② 《中国新女界杂志》"传记"栏的设置屡有变迁:最初放在"译述"栏,第2期起,分设"史传"栏,到第4期,"译述""记载"两个栏目又与"史传"合并,改称"传记"。
③ 即第5期所载炼石《罗瑛女士传》与第6期所刊灼华《后藤清子小传》。
④ 炼石《发刊词》,《中国新女界杂志》1期,《发刊词》1、3页。

《欧米女子立身传》内封

子,最有势力的,以美国为第一"①。其言说中的凸显"欧美",固然是受日本用语风气的濡染;而对欧美直至美国女性典范的强调,则明显有《欧米女子立身传》的影响在。

由众议院议员根本正(1851—1933)译述的《欧米女子立身传》出版于明治三十九年(1906)4月,出于译者青年时代留学美国的经历,该书也与此前的"妇人立志"读物之偏向欧洲不同,加重了美国女杰在传记中的分量。而此编与同时印行的根本正另一译作《欧米青年立身传》(《歐米青年立身傳》)②,原本也有姊妹篇的构想。

排比一下《中国新女界杂志》各篇传记,检讨其原本,《欧米女子立身传》无疑遥遥领先。除了《英国小说家爱里阿脱女士传》末后"译史氏曰"所提供的"吾读《欧美女子立身传》"③之线索可以确认其出处外,在所有9篇西方女性传中,与之同出一源的竟有6篇。现将题目对照如下:

《创设万国红十字看护妇队者奈挺　　《ナイチンゲール・看護婦》
格尔夫人传》
《美国大新闻家阿索里女士传》　　　《オソリー・新聞記者》

---

① 炼石《女权平议》《美国女界之势力》,《中国新女界杂志》1期,1、79页。
② 二书均由东京吉川弘文馆于明治三十九年(1906)4月印行。
③ 榮旃《英国小说家爱里阿脱女士传》,《中国新女界杂志》4期,54页,1907年5月(实际大约7月刊行)。

第四章 明治"妇人立志"读物的中国之旅

《美国大教育家梨痕女士传》　　《リオン・教育家》①
《大演说家黎佛玛女史传》　　　《リバモーア・演説家》
《英国小说家爱里阿脱女士传》　《エリオット・小説家》
《博爱主义实行家墨德女士传》　《モット・講演者》

其中英国女士2人,美国女士4人,欧、美之间,重心已在向后者转移。这与原书收入15篇传记,出生美国者高达10人,情形正相仿佛。实际上,根据《中国新女界杂志》的出版广告可知,《欧美女子立身传》"全稿皆成",已准备出版②。由此显示出该书对于杂志同人的重要性。

在同一广告中预约出版的尚有《(法国救亡女杰)如安传》,此篇应该即是《中国新女界杂志》3期刊出的《法国救亡女杰若安传》,原本为文学士中内义一所著《若安达克》(《惹安達克》)③。此外,6期所载《俄国女外交家(无官之全权大使)那俾可甫夫人》与《法国新闻界之女王亚丹夫人》,均出自《世界古今名妇鉴》,为《歐洲政界の三女傑》中的《無官の露國全權大使(ノヴイコフ夫人)》与《佛國新聞開の女王(アダム夫人)》④。《中国新女界杂志》在刊发这些译稿时,虽有署名,却均未注明其身份只是译者,可谓沿用了《女子世界》的做法。

由于译本的原出处相对统一,加之刊物的宗旨明确,这些经过日、中双方译者挑选才得以进入《中国新女界杂志》的欧美女杰形象,也有了大致统一的意义指向。借用根本正的表述:

---

① Joan Judge 在"Expanding the Feminine / National Imaginary: Social and Martial Heroines in Late Qing Women's Journals"(《扩充女性/国族的想象:晚清妇女期刊中的社会女英雄及女战士》)中评论《美国大教育家梨痕女士传》时已指出,"译者灵希从日文材料里忠实翻译了该篇传记——即根本正的《欧米女子立身传》"(原刊《近代中国妇女史研究》15期,2007年12月;曹南屏译中文本收入复旦大学历史学系等编《新文化史与中国近代史研究》,64页,上海:上海古籍出版社,2009年)。
② 《本社出版书籍预告》,《中国新女界杂志》5期,封底,1907年6月(实际大约11月刊行)。
③ 中内義一《惹安達克》(世界歷史譚第三十二編),東京:博文館,1901年。
④ 参见本书第三章第四节。

> 忍耐刻苦之于立身成功,实为最大要素。……而依余之所观,妇人女子之立身成功,在忍耐刻苦之外,别又有一要素。何者?即仁惠慈善之德行是也。抑且身为女子,即令如何富于才智,如何精于学问,若无仁慈之心,则其学问才智不仅不能成为为人为己博取利益之助力,或反而伤己,抑且必至于害人。

故《欧米女子立身传》所收均为"有忍耐刻苦之气力兼具仁慈之德性,以此立其身,奏伟勋,芳名辉于天下"①者。可见,根本正之作虽然转换了取法对象的国别,却仍然是在《西国立志编》的延长线上。

只是根本正表彰的"仁惠慈善",在燕斌那里,原属于杂志所亟欲提倡的"世界通行的女子新道德":"新道德的作用,是以慈惠博爱,为第一要旨。"以之与"女国民"身份相联系,便自然显现为"爱国思想";所行之事,也总以"可以福国利民,弥补世界的缺陷"为目的。而其说之征引取法,仍不脱"欧美女界"②。因此,《中国新女界杂志》各传的主角,便承担了具体示范"新道德"的作用。奈挺格尔(南丁格尔)不必说,即使以美国报刊评论家及新闻记者闻名的阿索里(今译"玛格丽特·富勒",Margaret Fuller Ossol,1810—1850),在意大利居住期间,也因热心济困与支持意大利统一运动,被赞为"富慈悲心,且实行基督博爱教"③。

尤为明显的是,为了激励中国女界"在社会上作事业"的"责任心"④,燕斌等人更突出了欧美女杰的行动能力。作为"反对奴隶制度妇人同盟会的会长",墨德(今译"露克莱霞·莫特",Lucretia Mott,1793—1880)"唱自由平等主义,不但空讲,而且实行",故博得了传记译者"博爱主义实行家"

---

① 根本正《緒言》,《歐米女子立身傳》,《緒言》1—2頁,東京:吉川弘文館,1906年。
② 炼石《本报五大主义演说》,《中国新女界杂志》4期,21、24、27页,1907年5月(实际大约7月刊行)。
③ 灵希《美国大新闻家阿索里女士传》,《中国新女界杂志》1期,70页,1907年2月。同期杂志卷首所载《本社义务赞成员题名》中有湖北"王灵希",为男性,译者应即其人。
④ 炼石《名誉心与责任心之关系》,《中国新女界杂志》5期,21页,1907年6月(实际大约11月出版)。

的称誉,甚至直接以之替换掉原文标题中的"讲演者"头衔。而且,在该传开篇,译者也横空出世,倾力将墨德的功绩提升为废除美国奴隶制的原动力:"亚美利加解放奴隶,人人只说是大统领林肯之力,殊不知这个功劳并不在大统领,是在平民;这个奴隶制度废去的原动的[力]并不在男子,是在女子。"①这一称许也让人想起 1902 年《(续出)女报》转载的《批茶女士传》,译述者同样是用"以一枝纤弱之笔力,拔无数沉沦苦海之黑奴,使复返于人类"的赞美,颂扬批茶即斯托夫人,因此对晚清女性产生了巨大的感召力②。而对于另一位在南北战争中作出卓越贡献的黎佛玛(今译"玛丽·艾什顿·赖斯·利弗莫尔",Mary Ashton Rice Livermore,1820—1905),《中国新女界杂志》不只刊登传记,叙说其人以"大演说家,又为有名的记者,又为卫生队的队长"的实际作为,成为北军的有力后援;而且,在同一期杂志发表的《纪美国妇人战时之伟业》中,长篇引录其演说词,该文开宗明义所称许的"美国妇人多富有活泼有为之性质,而爱国之心,至为殷挚,迥非他国女子所能及"③,也由于与传文所叙前后辉映,给读者留下了深刻印象。

《中国新女界杂志》对于女子实行力的推重,亦适应晚清情境,在尊崇救国女杰上得到了充分体现。梅铸译述的若安传,不但题目中醒目地标记出"法国救亡女杰"的称号,主编也在一期杂志内,给予该传最长的篇幅④。甚至参与了国内战争的黎佛玛,也被译者灼华笼统地称为"出来为国家牺牲"。篇末发明翻译用心,灼华也不禁"回想我祖国危急的形状,比之一千八百六十一年的美国何如",而要求"列位姊妹""勿等闲此时势,就不辜负我译述此篇传记的本意了"⑤。

---

① 《博爱主义实行家墨德女士传》,《中国新女界杂志》5 期,44、49、41 页。
② 《批茶女士传》(录《选报》),《(续出)女报》3 期,"女报论说"5 页,1902 年 7 月。参见笔者《晚清女性与近代中国》第六章"误译误读与正解正果——批茶女士与斯托夫人"。
③ 灼华《大演说家黎佛玛女史传》、炼石《纪美国妇人战时之伟业》,《中国新女界杂志》4 期,41、65—67、61 页,1907 年 5 月(实际大约 7 月刊行)。后者记其名为"梨巴茂"。
④ 梅铸《法国救亡女杰若安传》,《中国新女界杂志》3 期,1907 年 4 月。该传一期刊完,占 30 页;而总共只有 10 页的《创设万国红十字看护妇队者奈挺格尔夫人传》,却分在 1、2 期连载。
⑤ 灼华《大演说家黎佛玛女史传》,《中国新女界杂志》4 期,49 页。

这种对于女子爱国、救国的激切呼唤,也影响到女学目标的设定。灵希在译介梨痕致力于美国女子高等教育的事迹时,一再删除原文以"贤母良妻"为"社会进化之原动力"与"真正文明的最大基础"①诸说,显然并不看好这一明治时期倡行的女子教育宗旨。梨痕的教育理念也被还原为:"国家文明之原素,视女子教育之发达如何。"其人因此获得了"牺牲一己之生涯,为国民谋幸福"②的崇高赞誉。国家终究被置于家庭之上,而《中国新女界杂志》所谓"鼓吹教育"的意涵也可据此探知。

至于在《欧米女子立身传》之外,特意从《世界古今名妇鉴》中增补的俄国那俾可甫夫人(Olga Novikoff,今译"诺维科夫夫人",1840—1925)与法国亚丹夫人二传,同样别具深意。那俾可甫夫人在1877—1878年的俄土战争中,为调停英俄矛盾往来奔走游说,以外交手腕帮助俄国取胜;曾任法国内阁大臣甘必大(Leon Gambetta,1838—1882)秘书的报刊政论家亚丹夫人,则将自普法战争中激发出的"爱国之情,复仇之念"保持终身,促成了俄法同盟以对抗德国。因此,这两位欧洲政坛女杰,一被称为"俄皇女密使",一被视为"法国辩护士"。而译者看中之处,正在其人为"欧美几千万妇人中,能间关出入于堂堂之政治家之间,而真有裨于社会、有益于国家者"③仅有的两人。特别是前述文字乃是经由改动原文之称美二人辩才无碍而来,更明白显示出杂志同人的特殊关怀。

比之前述两种女报,可以明显看出,《中国新女界杂志》译介的欧美女子已去除了贤妻、孝女一类家庭楷模,甚至更有意识地排斥明治日本流行的"贤母良妻"主义,而将目标集注于爱国女杰,直至女政治家。这自然是出于该刊力图培植"女国民"精神的特定追求,同时也意味着,在女性普遍应该具有的"慈爱"之上,"爱国思想"作为"女国民"必备的品格,得到了杂志同人格外强烈的关注与推崇。因此,从思想演化的连续性考量,也不妨认

---

① 根本正譯述《リオン・教育家》,《歐米女子立身傳》,75、82頁。
② 灵希《美国大教育家梨痕女士传》,《中国新女界杂志》2期,68、70页,1907年3月。
③ 振帼《俄国女外交家(无官之全权大使)那俾可甫夫人》《法国新闻界之女王亚丹夫人》,《中国新女界杂志》6期,46、43、48页,1907年7月(实际大约12月刊行)。末段引文排印时有错版,"政治家"之"家"字误植于"几千万"后,已径改。

为,燕斌等人已在《女子世界》原有的基础上又推进了一步。

上述对于《女报》(《女学报》)、《女子世界》与《中国新女界杂志》的讨论,可以清晰地看到明治"妇人立志"读物在晚清女报中的巨大身影。其持续不断提供各种类型的西方女杰,丰富了中国女性取法的典范,并直接介入到改造旧道德、培植新品格的近代中国女界精神重塑的历程中,影响深远。而在翻译、移植之际,中国译述者利用篇首、文末、中间插入甚或改写原文的方式,对这些经过日本原作者阐发的传记,又进行了契合晚清情境的再度阐释与修正,由此使得出现在晚清女报上的西方女杰传,具有了植根中国女界土壤的意义与可能。服务于各女报主旨的"传记"栏,也以栏目之间相互的呼应、配合,合力构造了晚清女报不同的风貌。

第五章

女性生活中的音乐启蒙
—— 晚清女报中的乐歌

翻阅晚清女性杂志,会有一个突出的印象,即对于"唱歌"栏目的重视。虽不能说是无期无之,但起码自 1904 年《女子世界》创刊后,"唱歌"栏的普遍设立与绵延不绝,使之俨然成为女报标志性的特色。而以往对于近代音乐的研究数量既少,且基本局限于学堂乐歌,因而所依据的文本大抵为课程教材①。有鉴于此,钩稽"唱歌"栏在晚清女报中展开的历史,探讨其在杂志中的功能,并结合新闻、论说、文苑等栏目中的相关文字,将乐歌在女性生活中的实际运用与多面影响呈现出来,便成为本章关注的重心。

---

① 如在中国近代音乐教育研究上用力最多的张静蔚,其所编《学堂乐歌曲目索引》(收入氏编《搜索历史——中国近现代音乐文论选编》,上海:上海音乐出版社,2004 年),引用书目便为 27 种唱歌集与 9 种期刊;而后者中,只有丁祖荫主编的《女子世界》与秋瑾主编的《中国女报》为女性杂志。

第五章　女性生活中的音乐启蒙

《女子世界》第 2 年第 1 号封面

第一节　女校音乐课与女报"唱歌"栏

晚清女报乃是伴随着女子社会化教育的兴起而出现的。其所承担的功能,因而有别于新闻报刊,更多负有启蒙的使命。弥补学校教育之不足,兼具女学教科书与课外读物之功能,便成为晚清诸多女报的共同选择①。正是在这样的预设目标下,学堂乐歌得以进入杂志编者的视野。

与近代中国的女学堂最初是由西方传教士开办的事实相辅而行,音乐课程也发端于教会女校。目前所知,美国基督教长老会 1861 年在上海创办的清心女塾(Farnham Girls School),最早在女校中"设音乐一科,且甚为重视"②。随后,由美国传教士林乐知(Young John Allen,1836—1907)筹划、海淑德(Laura Askew Haygood,1845—1900)出任校长的中西女塾(McTyeire's School for Girls)于 1891 年开校,"学琴"在该校章程中被列为正式科目外需要另行付费的选修课,此规定也为效仿其办学模式的上海中国女学堂(又名"中国女学会书塾")所承袭③。而创立于 1898 年 5 月的后者,被公认为国人自办的第一所女学堂,其在近代中国女子教育史上的示范意义,亦已得到学界的认定。

尽管在 1900 年秋季便过早夭折的中国女学堂课程设置中,音乐尚未列入必修课,但其在学校生活中,显然仍占有相当重要的位置。这从经过修订后公布的《中国女学会书塾章程》可明显看出:总共 14 项条款,涉及琴歌者便有两则。一曰:"每逢星期,休沐一天,或绘事,或鼓琴,藉以活泼天机,发舒神智。"另有完整的一条专说学琴:

> 《诗·关雎》为房中之乐。琴瑟钟鼓,陶淑性情,自古圣后贤妃所不废。今本塾所延华洋文教习亦有明于琴学者,如诸生欲习者多,俟堂宇落成后,亦当置备古琴、洋琴各一具,即可由教习指授。每月亦仿西学塾,另加琴修银一元。不愿学者听便。④

---

① 参见笔者《晚清文人妇女观》(北京:作家出版社,1995 年),38 页。
② 孙继南编著《中国近现代(1840—2000)音乐教育史纪年》(增订本),5 页,济南:山东教育出版社,2004 年;《清心女中》,熊月之主编《老上海名人名事名物大观》,503 页,上海:上海人民出版社,1997 年。
③ 参见笔者《晚清女性与近代中国》(北京:北京大学出版社,2004 年)对于《耶稣教监理会上海中西女塾章程》与《中国女学会书塾章程》的比较(20 页)。
④ 沈和卿、赖妈懿《中国女学会书塾章程》,《湘报》64 号,1898 年 5 月 19 日。

所言虽不脱传统"乐教"思路,却是在中乐以外,西方乐器也已引进课堂。而从日后学生们曾经为西方女士的到访合唱《耶稣爱我》的圣歌①,更证明西乐已从章程中的构想落实为教学中的实践。何况,在正式的功课表尚未排定之时②,对于琴学已有如此详细周到的安排,足见音乐教育在女校创办者心目中的优先地位。

而将"唱歌"作为正课纳入国人自办的女校教学体系,则以上海务本女学堂首开风气。1902年秋季,该校创办人吴馨(号怀玖)聘请日本女教师河原操子来沪,正式开设了唱歌课。但河原所教"歌词多日文,不适于用";并且,其人不久"又应蒙古喀喇沁王之聘,务本于此科亦阙"。直到1903年2月,留学东京学习音乐的沈心工(名庆鸿,字叔逵,1870—1947)归国,"唱歌"一科才在上海的小学中推广开来。女学堂亦不例外,除在南洋公学小学创建唱歌课外,沈氏也在务本义务教授音乐③。

沈心工的留学经历,已昭示日本音乐教育对晚清学堂乐歌的流行有先导的作用。这在爱国女学校唱歌课程的建设上表现得尤为显著。1902年冬,爱国女校首任经理(即校长)蒋智由赴日。到东京月余,蒋氏即分别写信给继任校长蔡元培与《女报》(《女学报》)主编陈撷芬,二函均以兴奋的笔调,描述了日本女学生的新风貌:

> 其街衢之间,每日出游,自时计(日本名钟表为时计,极雅切。——原注)早八时,及晚四时,联翩结队,皆身着学校之服(注略),手执书包,入学出学之女学生也。以视沪上夕阳乍下,灯火荧然,一片皆出局之倌人,跟轿之娘姨,翱翔踯躅之野鸡,杂沓往还于酒楼茶馆间,其文野之度相去为何如乎?

---

① 参见《晚清女性与近代中国》,25页。
② 《中国女学会书塾章程》言及:"功课另有专表,俟开塾后,华洋教习妥商订定再刊。"
③ 陈懋治《〈小学唱歌教授法〉序》(1906年),张静蔚编《中国近代音乐史料汇编》(1840—1919年),124页,北京:人民音乐出版社,1998年。参见《中国近现代(1840—2000)音乐教育史纪年》(增订本),15、17页。

针对蔡元培寄来的爱国女学校改订章程,蒋智由提出的修正意见是增加体操与音乐(唱歌)二课:"来岁科程,亟应添设。大抵体操(合队体操,非个人体操)、音乐,均为必须。"在他看来:

> 大抵女学之精美处,在体操、唱歌,其实用者在烹饪、裁缝。(注略)体操以强体格,唱歌以和性情。

不必说,这一课程添设的理由也直接得自参观日本女校的印象:"一学校中,必有生徒数百人(注略)。每至合队肄习体操,则整齐条贯,唱歌则沨沨移人,此真文明之现象也。"①以日本女校风尚为"文明"表率,于是结论也很现成,尚处在"野蛮"状态中的上海自应急起直追。而1903年5月,采纳了蒋氏意见的新版《爱国女学堂章程》见报,"体操"与"唱歌"已一同被列为必修科目②。但实际上,比照1902年9月公布的《爱国女学校开办简章》,"体操"本为原有科目③,因此,真正新增的课程唯有"唱歌"。

由此可知,最迟到1903年,"务本"与"爱国"这两所上海最有名的民办女校都已正式开设了"唱歌"课。而此一新生的教学科目不只迅速为其他女学堂所效仿、移植,也得到了女报编者的及时关注。1904年1月,由蔡元培担任会长的中国教育会会员丁祖荫(号初我)在上海创刊《女子世界》。引人注目的是,首期"文苑"栏便完全成为"学校唱歌"的园地。论及设立此专栏的初衷,编者也正是以务本女学堂与爱国女学校两校为楷模:

> 声音之道,足以和洽性情,宣解郁抑,故东西国女学校中,皆列音乐一科。吾国校课,此风阒如。亟录务本、爱国二女学校课本,以谂海内

---

① 《蒋性遂君与本馆记者陈撷芬书》《蒋性遂君与爱国女学校经理蔡民友君书》,《女学报》2年1期,43、44、46页,1903年2月。
② 见《记上海爱国女学校》中之《爱国女学校章程》,《女学报》2年4期,29页,1903年10月。此章程初刊《选报》50期,1903年5月。
③ 《爱国女学校开办简章》,《选报》27期,1902年9月;参见高平叔《蔡元培年谱长编》上册,244—245页,北京:人民教育出版社,1996年。

任教育者。①

此后该志虽陆续添加了"因花集"与"攻玉集"两个诗词专栏,"学校唱歌"在改名"唱歌集"后,仍一直与之并列,共同构成了"文苑"栏的三分天下,足见编者对其用心之深。

由《女子世界》肇端,后出的女性杂志,无论出版地在上海抑或日本东京,已大多备有"唱歌"一栏。除1907年2月燕斌创办的《中国新女界杂志》因在东京编印,并非完全针对内地女校读者,故其栏目题名"琴歌之部",稍有差异;其他,诸如秋瑾于1907年1月所办《中国女报》、陈以益(志群)分别于1907年12月、1909年1月所办《神州女报》与《女报》,则无一例外,均题为"唱歌",以与其时女学堂的课程名称相一致。此外,广东出版的两种女报,即1904年5月创刊于广州的《妇孺报》设有"妇孺唱歌集",1905年4月在佛山创办的《女界灯学报》则列出了"歌谣"栏,而1905年8月20日在京城发刊的日报《北京女报》也辟有"唱歌"一目。但或许限于技术与财力,三报的同类栏目均只录歌词而不刊曲谱。倒是作为杭州惠兴女学校校刊的《惠兴女学报》,于1908年5月开办后,虽不设专栏,却也登载过词、谱俱全的歌曲。故不妨这样说,从"唱歌"栏一隅,亦可窥见晚清女报与女子教育的互动。

唱歌课在女学堂的推广既为大势所趋,师资的培养一时也成为当务之急。1904年4月,沈心工主持的"速成乐歌讲习会"应运而生。这个以务本女学堂为会所的讲习班,首期招收了50多名学员。《警钟日报》记述了4月17日的开课情形:

> 上午九点钟开会,由讲员沈叔逵君宣讲风琴音韵,并列中东西三种音韵于各门之下。至十点暂息五分钟。复由讲员指授歌唱之法,各人随声附和者约历半小时;又讲歌中段落停顿各法。至十一点钟毕。②

---

① 《学校唱歌》,《女子世界》1期,51页,1904年1月。
② 《记乐歌会开会事》,《警钟日报》,1904年4月19日。

而从此讲习会结业的学员,便成为各校唱歌课的骨干教师①,诸人也自觉地以普及音乐为职志。

如经过讲习会四个月的培训,自称"于入门之初步,略有所窥"的蒋维乔,虽然拒绝了金天翮(字松岑)"至同里教乐歌"的邀约,却又在7月回到家乡常州后,立刻开办了"音乐研究会"。其"草拟简章,一遵沪上乐歌讲习会宗旨"。作为其时唱歌必不可少的教具风琴,也由蒋氏从上海购归②。

7月22日下午四时,蒋维乔更举行特别演说会,"遍邀同志,并揭广告通衢",结果听讲者有一百数十人。其开会程序也采用新法:先合唱《开会歌》;继由蒋之乐歌讲习会同学严练如演说开会缘起,并宣读《音乐会简章》;次由屠寄(字敬山)演说"日俄战争之原因结果";再由蒋本人发表"音乐之关系"的讲演,间以风琴演奏;最后散会时同唱《合群歌》。此次演说会的成功,令蒋维乔兴奋异常,其记事文末后盛称:

> 吾常风气否塞,学堂之有风琴,自今日始;而吾乡人之得闻风琴,亦自今日始。虽以余之初学浅陋,而闻者咸以为奇。且有下等社会及妇人孺子,亦于于而来。其视演说,则以为说书也;其视风琴,则犹说书者之弦索也。故虽盛暑,皆眉开眼笑,闻声低徊勿去。盖声音之感人深矣。③

这也使蒋氏更坚信音乐为启蒙利器。

蒋维乔这篇夹以风琴伴奏、被视为"弦索""说书"的演说,便是后来刊

---

① 初我《记常熟公立校发起音乐科事》云:"海上今春有音乐会之组织,常熟公立校亦派人随诸君子之后。今学成归矣,暑假后于校中建设此科(引者按:指音乐)。"(《女子世界》8期,8页,1904年8月)

② (竹庄)《甲辰年暑假记事》,《女子世界》8期,6页,1904年8月;原文未署名。又,蒋维乔《鹪居日记》甲辰年五月廿四日(1904年7月7日):"得金君松岑书,要余至同里教乐歌。然余殊未能往也,作书覆之。"(见《蒋维乔日记中的小说林社资料》,日本《清末小说》29号,138页,2006年12月)

③ (竹庄)《甲辰年暑假记事》,《女子世界》8期,6—7页。开演说会日期则据蒋维乔甲辰年六月初十日日记。当日,蒋尚有"晨七下钟至音乐会教歌"之记录(见栾伟平《蒋维乔日记中的小说林社资料》,日本《清末小说》29号,138页)。

登在《女子世界》第 8 期上的《论音乐之关系》一文。不同于中国女学堂的以乐歌"陶淑性情"、单纯用于自我修养，蒋氏"音乐既关乎德育，则于风俗、人心影响尤大"之说实已兼顾内外两面。其言"凡养成社会、个人种种之道德心，类皆源本于音乐、诗歌以鼓舞之"，实为得之于"近今东西各国"的印象，因而，在学堂普设唱歌课也作为最合理的要求被论者郑重提出：

> 欲改良今日中国之人心、风俗，舍乐歌末由。学校为风俗、人心起原之地，则改良之着手，舍学堂速设唱歌科末由。

蒋维乔既抱定将"沪滨各学堂""洋洋盈耳"的"乐歌之声"在内地"推广而传布之"①的决心，无独有偶，丁祖荫也在同期杂志上为常熟公立学校音乐科与音乐讲习会的即将开张大声喝彩。二人均渴望改变内地"弦歌阒如"的现状，欲大量"编撰祖国歌以授之"。而身为《女子世界》主编的丁氏也没有忘记其女性读者，特意表达了"他日影响兼及于女界"②的心愿。这应该也是从第 10 期起，《女子世界》一改前此只刊歌词的做法，凡见于"唱歌集"的作品已全部配有曲谱的原因。

其实，丁祖荫的愿望起码在金天翮 1904 年创办于江苏同里的明华女学校已成事实。《女子世界》2 期登载的《明华女学章程》即明文规定，"唱歌"为该校必修的九门学科之一，且从周一至周六，每日下午两点至两点半，固定为此课时③。日后，《女子世界》报道该校教育情况，也曾提及"图画、琴歌，尤为发达"④，显见为其突出特色。据此，以金天翮为精神领袖的《女子世界》⑤在晚清女报中首开"唱歌"栏，亦非全因上海风气感染，金氏在其间

---

① （竹庄）《论音乐之关系》，《女子世界》8 期，1、4、5 页，1904 年 8 月。
② 初我《记常熟公立校发起音乐科事》，《女子世界》8 期，8 页，1904 年 8 月。
③ 《明华女学章程》，《女子世界》2 期，69 页，1904 年 2 月。
④ 《女学消息》，《女子世界》2 年 3 期（15 期），90 页，1906 年 1 月。按：以下《女子世界》10 期以后的发行日期，均根据栾伟平《清末小说林社的杂志出版》（《汉语言文学研究》2011 年 2 期，32—33 页）一文考证。
⑤ 金天翮与《女子世界》的关系，详见笔者《晚清女性与近代中国》71—72 页。

的推动之功实不可忽视。

第二节 "唱歌"栏与晚清女性生活

虽然依据上文的讨论，晚清女报"唱歌"栏的设置确实得益于女学堂音乐教育的展开，但报刊与学校面向的人群毕竟有广狭之分。女报不仅以女校师生为期待读者，从其发行渠道多为书报局考量①，该刊的阅读群体实际设定在新学界，即包括未入学而向往新知的女性以及关注女子问题的男性。因而，乐歌也不限于课堂教学，而已然融入晚清女性的生活细节中。

应该说，从《女子世界》开始，这一基于读者群考虑的学校教育与社会教育并重的办刊方向，已使得晚清女报的编者自觉将改变旧俗、推广新风确定为"唱歌"栏的目标，并对此有很高的期待。丁祖荫即由妇女之"没有一个不喜欢唱时调"，而"想出个好法子"：

> 先把近来妇女受的苦处，分风俗习惯的，父母遗传的，社会感化的，一五一十的说出；教人家如何可以自谋生活，如何可以脱离恶俗，如何可以晓得世界竞争自立的道理，编成各种时调歌头。

这种旧曲新词的乐歌，由于采用了女性喜爱和熟悉的娱乐方式，在丁氏想来，必然易于推广："一传十，十传百，不多数月，就能够流布各地，大家多要唱起这种新唱歌来，大家多容易感化了。"而以"教育普及"②为期待视野，女报"唱歌"栏所刊乐歌自然也与学校课本相区别，减少了抒情性，而专注

---

① 以在上海编辑、印刷的《女子世界》为例，除上海大同印书局之总发行所外，极盛期又有48家分售处（见1904年5月《女子世界》5期卷末分售处广告）。其中明确标明为女校者只有上海的务本女学堂与广州的广东女学堂，其他纯粹以私人身份出现的有5人，男学堂有5家（其中2人署个人姓名），余外均为书报社、书局、报馆及教育会社（其中2人同时出具个人姓名）。

② 初我《女子社会教育的方法》，《女子世界》5期，26、27页，1904年5月。

于实用性。

　　为此,本章除阐释歌词所包孕的思想内涵,更以课堂内外的女性音乐生活为观照重心,考察晚清女报"唱歌"栏发表的歌曲在女性社会实践中的使用状况及其辐射影响。于是,女报"记事"(新闻、记载)栏中的相关报道势必成为最应珍视的历史记录。其他如代表编者立场的"论说"(社说、论著),以女性作者为主体的"女学文丛"(文丛、女界文坛),登载白话文字的"演坛"(白话、演说),树立取法典范的"传记"(史传),发表诗词作品的"文苑"("文艺"、"词藻"),甚至主要用于刊载章程的"专件",基本上可以说,女报所有栏目都可以作为佐证论题的材料。

　　"唱歌"栏之外,女报中记录歌词最多处便属"记事",其描述音乐活动亦频繁而翔实。仅以1905年4月发行的《女子世界》11期为例,其"记事"栏"内国"部分的九则消息中,关涉音乐者起码有四条,涉及放足、开会与学校放假①。而最能见出唱歌感染人心之效应的,当属《女子世界》第9期上《常州女界》一则报道:常州教育改良会会员余君"热心教育,极力研究儿童心理法",用之于教学——

　　　　近日于馆课之暇,赁屋城北,教授女生十数人,不收学费。每日自晨六时至八时授课,余时待其自修。每讲课本,必演以至近之浅说,以适合女子之程度为准。体操后临时以俗语编为唱歌,邻右闻之,虽年长者莫不洗除脂粉,欢迎鼓舞,乐为从游。近复拟纠合同志,募捐经费,扩充规模,为女校之起点云。②

据此,唱歌不但在社会教育方面发生了移风易俗的及时功效,而且也成为开办女学堂的直接动力,其影响岂不伟哉!

　　根据女报乐歌在晚清现实应用中的功能以及题材的分别,下文将其大

---

① 见《放足纪念》《放足大会》《女校开会》与《女学消息》,《女子世界》11期,73—76页,1905年4月。
② 《常州女界》,《女子世界》9期,76页,1904年9月。

致区划为仪式歌、励志歌、助学歌、易俗歌与时事歌五类,并逐一加以讨论。当然,各类之间容有交叉,如此切分,只是为了论说的方便。

一、仪式歌

中国号称"礼仪之邦"。由"三礼"(《周礼》《仪礼》《礼记》)所开启的传统礼节仪式,到晚清已面临部分革除与替换的命运。西方及以泰西为蓝本的日本礼制,此时正源源不断传入中国,与国人原有的强烈的仪式感相融合,一时之间,中西合璧,蔚为大观。而在女性生活中,"唱歌"也被赋予调和新旧礼式的特殊功能,获得了大展身手的难得机缘。

应该说,晚清女性应用仪式歌的场合非常之多。假如按照今天的标准来衡量,甚至可谓为过度使用。凡是群体活动,仪式歌均能适时出现,无处不在。例如,1904年7月24日,江苏嘉定县南翔镇的新学界,特意邀请刚刚从上海务本女学堂师范科毕业的黄守渊与黄守蘗姊妹二人从嘉定前来演讲,在南翔学会举行欢迎会。会议发起人王琪龄与徐月华两位女士为此做了充分准备:"先期于南翔学会中整理之,会堂悬有楹联云:'人间世,活观音,愿一一化身,普度十方苦厄;女界中,大教育,凭双双纤手,改良四亿国民。'"欢迎会召开,又"先由纠仪员宣告会堂公礼,次唱《合群歌》,女士合唱者十二人"。继而由王氏"申明开会之本旨",同时也不忘插入"劝女宾放足"的时尚话题,并"各赠鞋样一双"。而在两位黄女士登台之前,则有"唱《欢迎歌》"一道礼仪;而且,此歌乃是专门为这一对姊妹花量身定做的。《女子世界》"记事"栏全文抄录了其歌词,正可供欣赏:

好女子,好女子,国民第一良教师。师范科,二年多,自由花两朵。嘉定离翔廿四里,从今女学开风气。学问高,声名噪,模样做我曹。

歌曲呼应了前文关于开会缘起的记述:因二人入学两载,"各项学业,皆占优等,得毕业凭而归,芳声所播,女界倾心";同时也表现出对普及女子教育的期盼。而这一崇敬师范毕业生、决心以之为楷模的现场氛围,自然让黄守蘗论女子教育重要性的演说拥有了现身说法的超强力量,博得"听者大鼓掌"。再经发起人与南翔学会代表致颂辞、黄守渊致答辞一番礼仪,最后合唱《勉学歌》,欢迎会方才结束①。

虽然有各种各样的需求,但在晚清女性生活中,仪式歌最常使用的场合仍为开学、放假、毕业、运动会等学校内常规的集体活动。由此,最重要的仪式歌大体可归为校歌、开学歌、放假歌、毕业歌、运动会歌以及不可缺少的谢来宾歌。

仍以黄家姐妹就读的上海务本女学堂为例。1904 年 7 月 17 日,务本女校为首期师范科学生举行毕业典礼,"以午后四时始,以六时止,参观者五百余人"。《女子世界》详细报道了这一盛大的"毕业式"全过程:一、全校学生合唱《乐群歌》;二、经理人报告该校创办以来之历史及此次毕业生之学业;三、来宾演说;四、给凭,得凭之师范生共十人;五、同学致颂词,代表者为本科生某;六、同学祝歌;七、毕业生致答词,代表者为楼文耀;八、合唱《毕业歌》。而毕业生中便有黄守渊与黄守萒二人。很明显,在沈心工的参与下,务本女学堂夏季的毕业典礼中,唱歌已成为引导仪式进行的关键节目,无论开会还是散会,都以合唱来节制。而众学生所唱的《乐群歌》与《毕业歌》,《女子世界》的记者也一一注明其"歌见本志"②,即为 1 期"学校唱歌"所刊载之歌词。

《乐群歌》其时又称《合群歌》,在当年的集会中经常采用。前述蒋维乔为开办音乐研究会而举行的特别演说会,以及南翔学界为欢迎黄氏姊妹聚会时,都曾合唱过此曲。其所表达的"合群"思想,自梁启超批评国人如"一盘散沙",而特别揭橥:"以物竞天择之公理衡之,则其合群之力愈坚而大

---

① 《欢迎师范》,《女子世界》9 期,75 页,1904 年 9 月。按:该则记事乃是节自 1904 年 7 月 30 日《警钟日报》之《记南翔欢迎会》,内记《勉学歌》有"时乎时乎不再来"一句,即为《女子世界》创刊号所录第一首歌曲《醒世歌》。词曰:"黑奴红种相继尽,惟我黄人酣未醒。亚东大陆将沉没,一曲歌成君且听。人生为学须及时,艳李浓桃百日姿。蹉跎莫遣韶光老,老大年华徒自悲。近追日本远欧美,世界文明次第开。少年努力宜自爱,时乎时乎不再来。"(51 页)此歌为钟宪鬯作词,收入沈心工编《学校唱歌集》初集时,题为《勉学》(见张静蔚编《学堂乐歌曲目索引》,《搜索历史——中国近现代音乐文论选编》,416 页)。

② 《务本毕业》,《女子世界》8 期,79—80 页,1904 年 8 月。

者,愈能占优胜权于世界上。"①此时已成为晚清知识者的共识。将其谱写成歌曲,于群体活动时演唱,自然合情合景,易于感发人心。沈心工撰写的歌词分为两段:

> 合群之乐乐如何,听我乐群歌。吾侪若非素相识,交臂易错过。相识不相见,河山风雨相思苦。今日天缘凑合居,群相握手团团坐。
> 姊乎妹乎谁家姊妹能比塾中多? 吾侪同学同游同息同声歌且舞[舞且歌]。进取原不让,终如金玉相琢磨。姊乎妹乎试想合群之乐乐如何!

对照沈氏1904年编辑出版的《学校唱歌集》初集,可知其本为男女学校通用的乐歌,差别只在将第二段的"姊妹"全部更换为"兄弟"②。

同样依据沈心工编《学校唱歌集》初集,可知《毕业歌》即为《女子世界》第1期上刊出的《放假时之歌》,歌集中题为《毕业式》,正符合"记事"中所述应用的场合。其词如下:

> 佳气兮葱葱,春风广座中。吾曹到此地,学业修普通。学界本无限,毕生研究未易穷。譬如登高山,须到喜马第一峰;又如赴远道,须游地球遍西东。吾同学有志,少年一得毋自封。今日桃李花,他年翠柏与苍松。③

一目了然,此歌亦可男女生通用。不过,若比勘沈氏编入集中的《毕业式》,

---

① 任公《十种德性相反相成义》,《清议报》82册,"本馆论说"2页,1901年6月。梁启超关于"合群"之说最早见诸《说群自序》《说群一:群理一》(《知新报》18册,1897年5月)。

② 《乐群歌》,《女子世界》1期,54页,1904年1月。沈心工编《学校唱歌集》初集(1904年初版)题为《乐群》,其中"吾侪同学同游同息同声歌且舞"一句,末三字作"歌相和"。据钱仁康考证,此歌曲谱乃是借自苏格兰诗人彭斯(Robert Burns,1759—1796)的歌曲《走过麦田来》(钱仁康《学堂乐歌考源》,184—186页,上海:上海音乐出版社,2001年)。

③ 《放假时之歌》,《女子世界》1期,52—53页。

第五章 女性生活中的音乐启蒙

"学业修普通"下还有"慨流年似水,转瞬三年忽已终"二句。删去的原因,或者因为前时所配曲谱与后来不同(《毕业式》为套用日本歌曲《金刚石》的填词之作)①,或者只是为了兼顾放寒、暑假时行礼挪用之便。而此作显然并非单纯的仪式歌,其中反复讲说的"学海无涯"之义,更近于励志励学的境界。

至于同学们所唱的《祝歌》,应该是沈心工一首未入集的佚作,词为:

> 风气兮潜移,教育须及时。女学方萌芽,速成培教师。自此间开校,远近先后负笈至。磨励几寒暑,师范卒业今及期。既为我矜式,欢欣鼓舞喜可知;又为人师表,热心保育抚幼稚。愿诸君勉旃,振起女权此其始。前途正无限,吾侪努力着鞭驰。②

虽然未见曲谱,但因与沈氏填写的《毕业式》歌词字数、节拍相同,可推知其同样选用了日本乐人奥好义(1857—1933)所谱《金刚石》的旋律。歌曲不仅有对毕业同学的祝福,也包含了崇高的自我期许。务本女学堂本"以改良家庭习惯,研究普通知识,养成女子教育儿童之资格为宗旨"③,故学校的命名即取义于"女学乃教育之基本"④。刚刚留学归来的沈氏,又将这一思路与当时正在热议中的以女学为女权之根基的论说⑤链接起来,因而能够及时地传达出尽快培养女子教育人才、进而振兴女权的师生共同心愿。

除了毕业式,其他与学期开始、结束相关的例行仪式上,都有唱歌穿

---

① 此据钱仁康的考证,见《学堂乐歌考源》94—96页。
② 《务本毕业》,《女子世界》8期,80页。
③ 《务本女学堂第二次改良规则》,《教育杂志》(《直隶教育杂志》)1年17期,1905年11月;录自朱有瓛主编《中国近代学制史料》第二辑,下册590页,上海:华东师范大学出版社,1989年。
④ 吴馨《务本女学史略》,录自《中国近代学制史料》第二辑,下册589页。
⑤ 如留日女生方君笄有《兴女学以复女权说》(《江苏》3期,1903年6月)一文,主张"欲倡女权,必先兴女学"。《女子世界》中关于"女权"优先还是"女学"优先的争论,可参看笔者《晚清女性与近代中国》(北京:北京大学出版社,2004年)第三章第四节。

插其间。如侯鸿鉴(字保三)于1905年2月创办的无锡竞志女学校,放暑假时举行休业式,学生要合唱《休业歌》;秋季开学时举行始业式,末后也以《始业歌》的演唱结束。《女子世界》的"记事"中亦逐一抄录了这两首侯氏的词作:

休业歌

忽忽韶华,眼底云霞,一曲和琴奏。此间修业,学期已周,自问进步否?暂时休假暂时离,岁月不可留。愿同学姊妹,来月开校毋落后。

始业歌

凉风拂袖,暑气渐消,已是新秋到。几多同学,联袂偕来,握手殷勤道。姊乎妹乎,振刷精神,莫使光阴草草。欲令[今]吾进步胜故吾,还是读书好。①

这些歌词既切合情境,也都有强烈的劝学意味。

侯鸿鉴的《休业歌》与《始业歌》尚采用了不同乐谱,常熟竞化女学校的《开学歌》与《放假歌》则只有歌词的变易。该校是由《女子世界》主编丁祖荫等人筹办,组织者与教员均为中国教育会常熟支部会员。1904年10月开校时,由于缺少音乐教员,课程设置中并无唱歌科目。但此状况半年后即有改善,次年2月新学期开始,校中已"添设英文、唱歌两科"②。随后,《常熟竞化女校开学歌》与《常熟竞化女校放假歌》③也在《女子世界》同时刊出:

---

① 《自治设会》《女学消息》,《女子世界》2年2、3期(14、15期),97、90页,1905年9月、1906年1月。二歌均收入侯鸿鉴编《单音第一唱歌集》(1906年),题为《暑假休业歌》与《暑假始业歌》(见张静蔚编《学堂乐歌曲目索引》,《搜索历史——中国近现代音乐文论选编》,400页)。另,竞志女学校的开校时间据《学校近闻》与《记竞志女学校要事》(《女子世界》12期、2年1期[13期],83、90页,1905年5、6月)。

② 分见《竞化女学校章程》《女学消息》,《女子世界》9、11期,63、76页,1904年9月、1905年4月。该校开校时间据《常熟女学》(《女子世界》9期,73页)。

③ 《女子世界》2年2期(14期),65、66页,1905年9月。

常熟竞化女校开学歌

C调　　　　　　　　2/4

1 13 | 2 2̂1 | 2233 | 5·0 |
辛　峰兮郁　葱，文明秀气　钟。

6 6̂5 | 1̂ 1 66 | 5533 | 2·0 |
我辈　姊姊妹妹，入校勤课　功。

1 11 | 2255 | 3355 | 6·0 |
愿　及时　发愤，先将　普通科学　攻。

1̂ 1 2̂ 2 | 6 5̂5 | 6662 | 1̂·0 |
男女原平　等，自由　之神像铸　铜。

1̂ 1 1̂ 1 | 2 16 | 5531 | 2·0 |
组织新社　会，女权　恢复是英　雄。

3321 | 3 55 | 6661 | 5·0 |
改革旧社　会，解脱　奴隶有几　重。

1̂ 11 | 6655 | 3323 | 5·0 |
辛　今朝　研究学问，团坐一堂　中。

2̂ 2 2 1̂ | 6̂ 6 53 | 2232 | 1·0 ‖
万岁万万　岁，竞化　女校祝声　同。

常熟竞化女校放假歌

C调　　　　　　　　2/4

1 13 | 2 2̂1 | 2233 | 5·0 |
琴　水兮清　涟，槐风荷雨　天。

6 6̂5 | 1̂ 1 66 | 5533 | 2·0 |
我辈　精心学术，转瞬已半　年。

1 11 | 2255 | 3355 | 6·0 |
问　谁家　姊妹，怎能　亲爱似此　间。

1̂ 1 2̂ 2 | 6 5̂5 | 6662 | 1̂·0 |
劳燕分飞　暂，莫恨　云山隔万　千。

1̂ 1 1̂ 1 | 2 16 | 5531 | 2·0 |
去日不可　留，读书　最贵立志　坚。

3321 | 3 55 | 6661̂ | 5·0 |
来日又大　难，天下　兴亡吾仔　肩。

```
i  i i | 6 6 5 5 | 3 3 5 5 | 6 · 0 |
愿   秋来  开校相期, 齐到无后  先。
2 2 2 i | 6 6 5 3 | 2 2 3 2 | 1 · 0 ‖
进取不应让, 试向 前途猛着 鞭。
```

两首歌曲实际共用了同一曲谱(仅在"幸今朝"与"愿秋来"二句小有差别),从音乐的形式上体现出学期周而复始的特点。

一般说来,晚清时期为女校初建而创作的开校歌,日后往往成为各自学校的校歌。为加强学生对学校的荣誉感与凝聚力,校歌的使用也日益规范与频繁。起初,校歌只在开校日唱诵,最终逐渐扩及全校性的各种活动场合。据1907年出版的最后一期《女子世界》"内国记事"的报道,上海务本女学堂与爱国女学校的运动会、务本女学堂与城东女学社的毕业式,已都有唱校歌一项节目。区别只在,毕业礼唱歌在先,继以校长报告;运动会则是校歌唱罢,即宣布闭会。其所记均为1906年秋至1907年春之间事①,而此前的同类记述中并没有类似情况,可知作为礼仪的合唱校歌应为形成不久的新风尚。

晚清女报中最先出现配有曲谱且正式题名为"校歌"者,应为嘉定普通女学社所有。该校由黄守恒于1903年创办②,校歌刊载在1905年6月出版的《女子世界》第13期。因其具有文献价值,特录如下:

嘉定普通女学校歌

```
        C调                    2/4
1 1 2 4 | 5 6 4  | 5 5 4 5 | 6 · 0 |
野云漠漠 练川长,  风动浪尘 扬。
i i 2 2 | i 6 5  | 1 1 5 6 | 4 · 0 |
滋兰树蕙 有芬芳,  吐气答春 阳。
4 4 2 2 | i i 6 6 | 5 5 6 5 | 4 · 0 ‖
万古阴霾,一朝开朗,女界荣   光。
```

---

① 分见《秋季运动》《记毕业式》《爱国女学校春季运动顺序单》,《(续办)女子世界》2年6期,90—91、94、98—99页,1907年7月。

② 见《女学调查·嘉定》,《女子世界》10期,76页,1905年2月。

第五章 女性生活中的音乐启蒙

```
4 5 6 6 | 4 5 6  | 5 6 6 6 | i · 0 |
文明柔顺  人宗仰，  才德须兼  仗。
4̇ 2 2 | i i 6 6 | 5 5 6 6 | i · 0 |
尽  收拾  脂粉排场，还我天然  样。
4 4 5 5 | 6 6 i i | 5 5 6 5 | 4 · 0 |
天赋人权，一般智慧，一般思    想。
4 4 2 2 | i i 6 6 | 5 5 4 5 | 6 · 0 |
思想神州  莽莽，黄人老大白人  强。
4  4 6 | 5 5 6 6 | i i 2 2 | i · 0 |
有 一半  担承干系，在吾身    上。
4̇ 4 2 2 | i i 6 6 | 5 5 6 5 | 4 · 0 ‖
秀得江山  珠辉玉丽，视我同    裳。
```

与沈心工、侯鸿鉴的作品相比，此歌词略嫌拗口、古雅。其所抒写的理想也可谓新旧杂糅，既以"天赋人权"为女子上学立志、承担救国责任的理据，又不忘将传统女德所要求的"柔顺"加入其中。不过，应该肯定的是，此歌在短短的篇幅中，仍尽力收纳了其时流传的多种新思想，并透露出女学生身为"女界荣光"的自豪感。

诸多校歌中，别具特色者当推《女子蚕业学校校歌》①。经历了1905—1906年的拒借外款、集股修建铁路的争路权风潮后②，保护利权、不使外溢的意识已日渐深入人心。此时开办的上海女子蚕业学校也因应时局，及时将"扩充女子职业，挽回我国利权"列为立学宗旨③，在原有的女子实业教育乃是"为同胞女子谋自立之基础"④的目的之外，国家利权的挽回也成为办学最强固的理由。校歌中对此也作了突出渲染：

---

① 女子蚕业学校《女子蚕业学校校歌》，《(续办)女子世界》2年6期，1907年7月。
② 参见石门女塾教员吴剑华《敬告全浙女同胞售珠饰购铁路股票公函》，《女子世界》2年4、5期(16、17期)合刊，121页，1906年7月。
③ 《女子蚕业学校章程》，《(续办)女子世界》2年6期，69页，1907年7月。据《上海县续志》卷十一，女子蚕业学校为光绪三十一年(1905)二月开办(见《中国近代学制史料》第二辑，下册633页)。
④ 《女子手工传习所章程》，《警钟日报》，1904年5月27日。

女子蚕业学校校歌

F调 4/4　　　　　　　　女子蚕业学校

```
3 3 5 6 5 3 | 2 1 2 3 - | 5 3 5 6 5 3 | 2 - 0 |
五千余年分    进化人群,   育蚕始祖溯西    陵。

3 3 2 3 5 | 6 6 5 3 - | 5 3 1 2 3 2 | 1 - ·5 |
女子  蚕业 学校 成,    振兴实业之先    声。

1 1 2 3 2 | 5 3 2 - | 3 2 1 2 1 2 | 3 - 0 |
利权外溢兮 国 民 困,  优胜劣败在竞    争。

5 5 3 2 2 | 3 5 3 2 - | 3 2 1 2 3 2 | 1 - ·0 |
衣被苍生,   组织交明,   我曹责任非    轻。
```

而无论是普通女校还是职业学校,激于时事,晚清的校歌中普遍充盈着一种"天下兴亡,匹妇有责"的担当精神,令人感动。

以传统社会对于女性的"四德"(妇德、妇言、妇容、妇功)教育而言,德居首,才智也有一定地位,唯独体育完全不在考虑之列。因此,近代女子教育中对于体育的重视以及体操课的普遍开设,实为亘古未有的最大改变。1904年《女子世界》创刊时,曾发起"悬赏征文",广东女学堂学生张肩任以一篇倡言"体育"为"急救目前女子之方法"的论文获奖,由此引出丁祖荫"今日女子之教育,断以体育为第一义"的高论①。而蒋智由首次赴日,也对日本女子教育中的体操、唱歌两科印象深刻,亟求采补。无独有偶,湖南留日女生郑家佩亦与之感受相同,其参观日本华族女学校运动会,"见其于竞走、唱歌、舞蹈、风琴、自转车等,无不矫健娴习,运掉自如",而"欣羡不置"②。在此,体育已天然地与音乐联系在一起。因而,运动会上间以唱歌,在当时实被认作题中应有之义。

仍以务本女学堂为例。1905年11月11日,务本女校举行运动大会。学生屈蕴辉事后写了一篇《务本运动会记事》,对现场有生动的记录:

---

① 张肩任《急救甲辰年女子之方法》、初我《女学生亦能军操欤》,《女子世界》6期、2年1期(13期),85、76页,1904年6月、1905年6月。参见笔者《晚清女性与近代中国》第三章第五节。

② 郑家佩《致湖南第一民立女学堂监督教习书》,《女子世界》12期,88页,1905年5月。

第五章 女性生活中的音乐启蒙

(午)膳毕,钟声又起,全校同学乃皆集于小学课堂,列队入场,齐唱《运动会歌》。歌毕,肃然退至原所。既而每班依次运动:先缘绳,次射的,次为各种之竞走,次跳舞,次演矫正术,更继以通信竞争、连球操、扎花竞争、木环操、进行竞算,运动种类,共计二十。……是日男女来宾,约千有余人,分坐四周。诸同学运动时,鼓掌之声,不绝于耳。幼稚生亦入场夺标,或跳舞,或演小兵队,或演运粮竞争,进退有序,整然可观。鼓掌如雷,洵可乐也。下午四时,全校学生合唱《校歌》,即行闭会。①

而其所唱的《运动会歌》,即为刊于《女子世界》创刊号上的《运动歌》:

来来来来,快快快快,快来运动会。草地一色旗五采,日暖微风吹。军乐洋洋歌慷慨,精神添百倍。请合大众同一赛,快来快来快快来!②

歌词所用急促的语调,与紧张的竞赛氛围正相切合。并且,唱歌不只是为了激发竞争心理,以进入比赛状态,也有统一行动的实际功效。爱国女学校1907年春季运动会的程序单中,便注有《运动会》与《整队》歌、《校歌》与《归队》歌同唱的动作提示③,其作为仪式歌的意识更加明确。

若以对于女学堂运动会的描写而言,王宝荷作词的《运动歌》实为笔者所见女报中最能形神兼备者:

来来来来,快来活泼运动场。喇叭音高唱,姊妹分两行。哑铃舞罢

---

① 屈蕴辉《务本运动会记事》,《(续办)女子世界》2年6期,124页,1907年7月。
② 《运动歌》,《女子世界》1期,55页,1904年1期。在沈心工编《学校唱歌集》初集中,此作名为《运动会》。据钱仁康考证,其曲调采自日本的《妇女从军歌》,而稍加变化(《学堂乐歌考源》,90—91页)。
③ 《爱国女学校春季运动顺序单》,《(续办)女子世界》2年6期,98—99页,1907年7月。另据谢俊美《神州女报》介绍,该刊1908年1月发行的第2期,载有爱国女学校的《整队歌》与《收队歌》(丁守和主编《辛亥革命时期期刊介绍》第三集,406页,北京:人民出版社,1983年)。

放风枪,打罢秋千球网张。得得履声响,姊妹竞争球击扬。体魄以壮,精神以强,问谁家姊妹游乐能比我女学堂?①

其歌词虽然受到了沈心工《运动会》歌的影响,但在短短的篇幅中,能够同时容纳下对于运动项目与体育精神的双重展示,且语言生动活泼,作者确可说是词林高手。

而在运动会的体育竞技中,再加入以智力竞争为主的学艺会内容,便构成了晚清流行一时的游艺活动。丁祖荫所作《常熟竞化女校游艺会歌》②即为其传神写照:

常熟竞化女校游艺会歌

C调 4/4　　　　　　　　初我

1 1 3 3 | 2 1 2 3 | 5 5 5 6 | 5 - · 0 |
三吴女校 名相望, 争开游艺 　场。
我侪进步 无多让, 一曲歌再 　唱。

3 3 3 3 | 5 5 3 2 | 1 2 3 2 | 1 - · 0 |
美术东西尚, 手工 图画斗精良。
同学同志向, 今朝 比赛在一堂。

1 1 1 3 | 2 1 6 6 | 5 5 6 6 | 5 - · 0 |
英文朗诵 清且长, 体育精神 　壮。
相争相竞 也无妨, 万人齐鼓 　掌。

3 3 5 5 | 3 2 1 1 | 2 2 3 2 | 1 - · 0 |
彩旗飘荡, 雅乐悠扬, 日暖百花 香。
袖舞花飞, 球高草长, 无限好斜 阳。

2 2 1 2 | 3 3 5 5 | 6 6 1 6 | 5 - · 0 |
万千新气 象, 而今 学业贵自 　强。
女权日膨 胀, 自今 学界发荣 　光。

6 6 6 6 | 5 5 6 5 | 1 2 3 2 | 1 - · 0 |
一般育教, 一般思想, 进步莫彷 徨。
虞山锦绣, 琴水芬芳, 还吾好故 乡。

---

① 王宝荷《运动歌》,《女界灯学报》1期,12页,1905年4月。
② 初我《常熟竞化女校游艺会歌》,《女子世界》2年4、5期(16、17期)合刊,73页,1906年7月。

歌曲中提及的比赛项目虽只有手工、图画、英文朗诵与体育,若参照上海城东女学社1905年6月4日举办的游艺会节目单,"分演说、理化、音乐、手工、图画、运动六部"①,则可以添加的内容正是所在多有。

女子出而竞技,在晚清尚属新鲜事物。尤其是其间还有能"跳高三尺五寸""举十八磅铁杆八十次"者,更足以令"观者咋舌叹羡"②。其引人神往,乃至如务本女学堂所办运动大会,观众竟达千人以上,确可称极一时之盛。因此,江震女学联合游艺会举办时,主事者便特意谱写了《答谢来宾歌》,以"感谢诸君赐祝歌,意绵长"③。而《女报》同期刊载的另一首《谢宾歌》④,显然更具有普适性:

谢 宾 歌

C调   2/4

5 3 4 5 i | 6 i 5 | 4 5 4 3 4 3 | 2 5 5 |
如茶 如锦 仪容盛,连镳接軫 集佳宾。

5 3 4 5 i | 6 i 5 | 6 4 3 2 | i i i |
花团 锦簇 气象新,今朝难得 宠光临。

2 7 i 2 5 | 3 i | 6 i 6 i | 5 5 5 |
跄跄 济济 皆欢喜,翕然合志 今同心。

2 7 i 2 5 | 3   i | 6 2 i 7 | i i i ‖
惠然 肯来 顾我今,我曹握手 今欢迎。

此歌旋律优美,唱词顺畅,将新式礼节"握手欢迎"与时新思想"合志同心"(合群)融为一体,堪称晚清乐歌中的佳作。

仪式歌在女性社会生活中本来还有更广泛的使用范围,不过,由于填词作歌者均出自新学堂,其编写的目的多半也在配合学校的常规活动,故总体上以强调女子教育的重要性、表彰各自学校的办学精神为主,而合群与救亡

---

① 《运动两志》,《女子世界》2年2期(14期),98页,1905年9月。
② 同上。
③ 《江震女学联合游艺会答谢来宾歌》,《女报》2号,64页,1909年2月。
④ 《谢宾歌》,《女报》2号,66页。

亦成为贯穿其间的要素。其他种类的歌曲尽管也有作为仪式歌使用的情况，但或者未能在女报中现身，或者采用与否没有一定之规，加以其本有各自独立的意涵，故此节不加讨论。

二、励志歌

"励志"在传统社会中只与男子相关，女性以"三从"（未嫁从父，既嫁从夫，夫死从子）为戒律，故所有的志愿大抵不脱服务家庭中男性成员之窠臼。晚清以来，解放妇女的呼声日亟，从一家一户的门槛走出的新女性，知识、思想、眼光都已大为开阔。因而，志向远大，心气极高，也成为此一时代先进女性群体的精神风貌。其所励之志也从关切个人而推及国家，后者的分量之重，竟可谓之空前绝后。

发刊于日本东京的《中国新女界杂志》，曾经登载过一首《女子春季励志》歌①：

女子春季励志

C调 2/4　　　　　　　　佛群

1 1 3 | 2　2 1 | 2 2 3 3 | 5 0 |
春气兮空濛，　春光感觉浓。

6　6 5 | 1̇ 1̇ 6 6 | 5 5 5 3 | 2 0 |
女　儿　励志气，　足以振颓风。

1 1 1 | 2 2 5 5 | 3 3 5 5 | 6 0 |
愿我女　同胞,努力自爱毋自封。

1̇ 1̇ 2̇ 2̇ | 6　5 5 | 6 6 6 2̇ | 1̇ 0 |
前途渺无限，踽处深闺有何用?

1̇ 1̇ 1̇ 1̇ | 2　1 6 | 5 5　3 1 | 2 0 |
谁非神明胄，男 女 何必分轻重?

3 3 2 1 | 3　5 5 | 6 6 6 1̇ | 5 0 |
谁无国民责，权 利 义务一样同。

---

① 佛群《女子春季励志》，《中国新女界杂志》3期，139页，1907年4月。

第五章　女性生活中的音乐启蒙

```
1 1 1 | 6 6 5 5 | 3 3 2 3 | 5 0 |
要当与 沙鲁土、伽陀利一比荣。
2 2 2 1 | 6 6 5 3 | 2 2 3 2 | 1 0 |
将来女界尽开通，咸扬巾帼中。
```

歌曲的主旨在鼓舞女性"励志气""振颓风"，破除家庭囿限，承担起与男子同样的国民责任。所言虽不免浮泛，但"权利义务一样同"的思想已足够新鲜。而将权利落实在义务上，女性作为国民一分子，其救亡图存的使命亦不容推卸。

比较而言，高燮（号吹万）的《女子唱歌》所述励志则具体得多。其歌词分为十段，几乎囊括了当时所有关于女性解放的话题：开篇先从男女平等的角度，强调女子"同是国民一分子"；然后从"齐家"说起，结论是"大家须自立"；由此转入女子教育，以之为争女权之始基；教育中被作者首先提及的又是"体育发达"，因其关涉"种既强壮身又健，后生个个皆好汉"的国族命运；智育与体育的重要性，在教育与照顾子女上亦有充分显现；作者心艳"欧美女学"，而近取"东瀛先进"，以为日本的家政学"惠我来学尤可敬，一切当取镜"；以女子受教育为当然之理，女子"无才为德"的古训自然被斥为"瞽说"；留学美国的康爱德、石美玉两位晚清著名的女性，既能在国外拿到优等毕业文凭，也让作者看到了女子自身巨大的潜力，"巾帼扶国步"以流芳千古亦不在话下；而在西方文明潮流的冲击下，"裹足蛮风"与"脂粉习"，不消说，应在扫除之列；最后，作者仍不忘提醒全体女性修女德、"宜自爱"，"毋坚忌者喙"①，是已经预见女性解放必然面对强大的阻力。而其所关注的所有问题，在发表高燮作品的《女子世界》中，均有大量的讨论②。

在各种激发女子志气的乐歌中，励学无疑是大宗。本章将在助学歌部分再行论述。其他励志歌大抵以爱国救亡为基调，这也是上述两首歌曲均从"国民责"与"国民一分子"说起的道理。

---

① 吹万《女子唱歌》，《女子世界》3期，59—60页，1904年3月。
② 可参看笔者《晚清女性与近代中国》第三章"晚清女报的性别观照——《女子世界》研究"。

晚清国民意识的发生,是建立在国家观念出现的基础上。戊戌变法失败后流亡东渡的梁启超,受明治维新以来声浪日高的日本国家主义思潮的濡染,在其主持的《清议报》与《新民丛报》上,对此也力加宣说。梁之翻译德国国家学说代表人物伯伦知理(今译"布伦奇利",Johann Kaspar Bluntschli,1808—1881)的《国家论》,在其影响深远的《新民说》中专设《论国家思想》一节,即使批评旧史学时,亦不忘将"知有朝廷而不知有国家"列为首罪①,凡此均体现出其作为国家思想启蒙者的强势姿态。

在国家观念的流播中,音乐也发挥了大效用。晚清论者多半仍信奉传统"乐教"所谓"乐也者","可以善民心,其感人深"(《礼记·乐记》)的训诲,因而,音乐之为启蒙利器便成为知识界的共识。其最当致力处,也一如蒋维乔所宣言:"凡所谓爱国心、爱群心、尚武之精神,无不以乐歌陶冶之。"②而诸般思想,实在都是围绕国家意识而展开。

其时对于爱国心的表彰本是融贯在各类歌曲中。当然,也有特别于标题显其义者,如梁启超作词的《爱国歌》四章,以"泱泱哉我中华"开篇,以"可爱哉我国民"结尾③,曾经广泛流传。此类乐歌以包括女子在内的全体国人为呼告对象,故一般没有性别区分。如《女子世界》1期"学校唱歌"中录入的《醒世歌》其二④:

> 吾民的中华国,因何半灭亡?都为四百兆人种放弃国民权,眼看环球强。国民气象何辉荣,世界中天演竞争优胜乃公例,思量吾身亲爱的那如吾家邦,惟愿我同胞人种为国自争强。

---

① 伯伦知理著《国家论》连载于1899年4—10月《清议报》第11、15—19、23、25—31册,未完稿,发表时亦未署译者名;上海广智书局1902年出版单行本《国家学纲领》(实即《国家论》卷一部分),方注明译者为"饮冰室主人",即梁启超。梁之《新民说》第六节"论国家思想"与《新史学》第一章"中国之旧史学",分刊1902年3、2月《新民丛报》4、1号。引文见《新民丛报》1号,41页。
② (竹庄)《论音乐之关系》,《女子世界》8期,4页。
③ 少年中国之少年《爱国歌四章》,《新小说》1号,183页,1902年11月;配曲之作见1904年11月《新民丛报》57号所刊《饮冰室诗话》中(90—91页)。
④ 《醒世歌》其二,《女子世界》1期,51—52页,1904年1月。

以社会进化论的"天演竞争,优胜劣败"为公理,亡国的焦虑使得此时的爱国歌中充满了对国家强盛的殷切祝祷。既然"国也者积民而成"①,每个国民的能否自强因此成为决定国家兴亡的根本因素。

而晚清时期的国家观念往往又与人种或种族意识纠结在一起。浙江埭溪镇发蒙学堂女学生蔡爱花写过一首《菊花歌》,即专门发明此义:

秋风凉,菊花香;秋风狂,菊花黄。菊花香又香,菊花黄又黄。不怕秋风不怕霜,黄种强,黄种强。我亦黄花爱花黄。

此歌被《女子世界》编者许为"民族精神溢于词表,足觇女士立志矣"②。而同期刊出的专为女性谱写的《黄菊花》③正与之同声相应:

黄 菊 花

G调　　　　　　　　　　　　　　　　4/4

1 1 2 3 3 | 5 5 3 2 - | 5 5 5 5 4 3 2 | 3 3 2 0 |
秋风　篱落　菊花　黄，　堆个盆儿好像　屏山样。
庄严　花国　女儿　乡，　摆着甲儿也似　黄金样。

1 1 3 5 5 | 1 1 2 1 2 3 | 3 3 2 1 3 | 2 - · 0 |
好花枝摘来　插在衣襟　上,风吹　阵阵香。
好花枝从今　插在军冠　上,西风　战一场。

3 2 1 2 | 5 3 2 1 | 3 3 2 1 2 3 | 5·3 1 - ‖
花也香,色　也黄,我是　黄人得不爱尔　黄花黄。
海也黄,河　也黄,我祖　黄帝留得我辈　殿群芳。

一歌一曲都以菊花起兴,因其颜色而与黄种黄人发生联想,爱花的行动于是直接关涉人种、种族之间的生存竞争。很显然,此乃晚清时期强烈的民族忧患意识催生出的独特思路。而这一个案亦可以作为"唱歌"栏的创作受女

---

① 中国之新民(梁启超)《新民说》第一节"叙论",《新民丛报》1号,1页,1902年2月。
② 蔡爱花《菊花歌》并篇末编者识语,《女子世界》10期,52页,1905年2月。
③ 《黄菊花》,《女子世界》10期,54页。原刊未署名,据金一《新中国唱歌集(初编)》(上海:小说林社,1906年),知为金一作词、恒川镱之助作曲。

性日常情感体验摩荡激发的好例。

不难看出,以《黄菊花》为代表的作品也符合蒋维乔有关乐歌应陶冶"爱群心"的诉求。由黄种人到黄帝之子孙,无论"群"之大小,作者与歌者的关注点其实只在中华民族,更狭隘者则限于汉族。前述沈心工作《乐群歌》从字面看,尚没有明显的政治色彩,虽然其谱唱的"合群"思想本身有国族竞争的背景。而作为学堂乐歌来撰写的歌词,也应与一般用于政治动员的歌曲不同,首先须"引起儿童兴趣",方能达到"陶淑生徒情性"①的教育目的。故此,沈心工作词的《雁字》在诸多激扬合群意识的歌曲中,便因适合儿童程度、趣味盎然而值得肯定:

青天高,远树稀,西风紧,雁群飞。排个人字两行齐,飞来飞去不分离。好像我妹妹姊姊相敬相爱手提携。②

以国家思想为根底,晚清女性的国民意识也迅速滋长发达。留日学医的女生燕斌(别署"炼石")1907年在东京创刊《中国新女界杂志》,甚至自陈:

本社最崇拜的就是"女子国民"四个大字……本社《新女界杂志》从第一期以后,无论出多少期,办多少年,做多少文字,也只是翻覆解说这四个大字。③

如此,在其主编的杂志上出现《女国民》歌,也可说是当行本色。歌词共八段,串联首字,便成"风流英奇、沉潜高明",可见作者心目中的女国民理想形象。录其第一阕:

---

① 保三(侯鸿鉴)《乐歌一斑》,《江苏》11、12期合刊,121页,1904年5月。
② 《雁字》,《女子世界》1期,55页,1904年1月。原刊未署名,据张静蔚编《学堂乐歌曲目索引》(《搜索历史——中国近现代音乐文论选编》,420页),知为沈心工作。
③ 炼石《本报对于女子国民捐之演说》,《中国新女界杂志》1期,42页,1907年2月。

女国民

G调 2/4

```
5  5  5̂ 6 | 7 7 7̂ 6 | 5 5  5 3 | 2 0 |
凤 凤 凤!    大 地 文 明, 气 运 渡 亚 东。

3  3  2 3 | 5 6 7̂ 7̂ | 6 6 5 6 | 7 0 |
独 立 精 神 旭 日 红,   自 由 潮 流 涌。

2̇ 2̇ 2̇ 2̇ | 2̇  2̇ 2̇ | 7 5 6̇ 7̇ | 6 0 |
女 权 世 界   重, 公 理  平 等 天 下 雄。

5  6  7 7 | 6 6 2̇ 2̇ | 7 7 6 6 | 5 0 |
那 堪 回 首, 金 粉 胭 脂, 一 般 可 怜 虫。
```

全首歌词气势宏大,不是高唱"少年志气,蓬勃吞五洲",就是歌吟"优美思想,发达辟古今"。在纵横古今中外的巨大时空中,中国女国民也发现了属于自己的位置与舞台。既然"祖国前途担我肩",其对于女国民精神品格的培植因此多有期待:"独立精神""自由""女权""平权思想""爱国心""尚武""文豪""欧美新思潮",诸如此类的新学语,无不汇聚在此歌中。最后一段,"女国民"应声而出:

明明明!二十世纪,神圣女国民。激昂慷慨赴前程,觥觥自由魂。铁血作精神,侠骨柔肠和爱情。氤氲磅礴,弥漫膨胀,烟士披里纯。①

末句之"烟士披里纯"乃是英语"inspiration"的音译,原为梁启超译述日本政论家德富苏峰同名作时所拟,后亦在梁之《新民说·论进取冒险》中移用。二人将此外文词定义为一种"莫之为而为,莫之致而至"的热诚亢奋状态:"'烟士披里纯'者,发于思想感情最高潮之一刹那顷,而千古英雄豪杰、孝子烈妇、忠臣义士以至热心之宗教家、美术家、探险家,所以能为惊天地、泣鬼神之事业,皆起于此一刹那顷,为此'烟士披里纯'之所鼓动。"其神奇之

---

① 《女国民》,《中国新女界杂志》5期,121—124页,1907年6月(实际大约11月刊行)。

效力更在于,此"一刹那间不识不知之所成就,有远过于数十年矜心作意以为之者"①。作者将其放在歌曲结尾处,用来形容女性激情勃发的精神风采,倒是非常恰切。

实际上,《中国新女界杂志》登载的这首未署名之作并非该刊原创,而是转录自《复报》第5期,此歌后又在《女子世界》终刊号上再度现身。三志合勘,其间不断的修改颇耐人寻味。《复报》初刊的《女国民》本有明显的民族意识,但在《中国新女界杂志》转载时,则已经过字句的调换,将其不留痕迹地完全抹去。如以"平权思想""亚东城阙"顶替了"民族思想"与"汉家城阙",以"神圣女国民"置换掉"大汉女国民"。最大的改动出现在第6段,原作为:"潜潜潜!江表王气,终于三百年。南国衣冠染腥膻,神州碎一拳。暮气弥大千,祖国前途担我肩。志吞河岳,还我江山,只手誓擎天。"②《中国新女界杂志》改"南国"句为"天南无地靖烽烟",改"志吞"两句为"志吞河岳,整理河山",种族革命的思想于是全然消弭。难怪秋瑾给主持最后一期《女子世界》的陈志群(名以益)写信时,会以极其鄙视的口吻讲到:"□□(引者按:指燕斌)之杂志,直可谓之无意识之出版,在东尚不敢放言耶!文明之界中乃出此奴隶卑劣之报,不足以进化中国女界,实足以闭塞中国女界耳,可胜叹息哉!"③此处的更改歌词,亦为秋瑾的批评提供了一个有力的注脚。

或许正是因为不满于燕斌的擅改而造成的旨意歪曲,陈志群在最后一期《女子世界》重刊《女国民》歌时,便不仅以《复报》所载为底本,更额外添补上两段新词,即在"风流英奇"前多出"恨"字歌,"沉潜高明"前多出"壮"字歌。两节歌词的加入显然破坏了原先由八字诀构成的和谐语义,而其全

---

① (任公)《饮冰室自由书·烟士披里纯 INSPIRATION》,《清议报》99册,"本馆论说"1页,1901年12月;中国之新民《新民说》第七节"论进取冒险",《新民丛报》5号,7页,1902年4月。梁启超《烟士披里纯》乃译述德富苏峰《インスピレーション》而成,见笔者《觉世与传世——梁启超的文学道路》(上海:上海人民出版社,1991年)第九章第四节。

② 佛哉《女国民》,《复报》5期,22页,1906年10月。

③ 秋瑾《致〈女子世界〉记者书》其二(1907年4月3日),《秋瑾集》,48页,上海:上海古籍出版社,1979年。

然不顾,正表明作者(很可能与编者为同一人)的别具怀抱:

> 恨恨恨!中国民族含垢永沉沦。世上无如男子好,北面事虏廷。胡乱讲维新,看他髡发也骄人。惟吾女子,正大光明,不生倚赖心。
>
> 壮壮壮!同胞姊妹气概都显昂。光复旧物如反掌,莫笑吾辈狂。胡尘必扫荡,大唱"男降女不降"。杨子江流,昆仑山色,特别显荣光。

经此一番添改,得到强化的民族主义俨然已成为贯穿歌曲首尾的主旋律,"二十世纪大汉女国民"①亦得以取代"神圣女国民",恢复本来面目,显示其实非人尽可称的尊贵名号。

至于新增的歌词中,"世上无如男子好""看他髡发也骄人",原出自同期《女子世界》"史传"栏所记赵雪华笔下。按照篇末"记者"大我(应为陈志群)的说明,这一组《女魂》乃是专为"俾世人知民族主义"而作,故明末不愿受辱于清兵、绝食而死的赵氏得到了作者的高度评价。其绝命诗中本有嘲讽男子多汉奸之句,作者借机发挥,更以守志不屈的女性为男性之镜鉴,厉斥"士之冥顽无血气者,遂不惮裂天维,倾地纪,以干富贵,上书膻幕,稽颡胡庭,踵相接,肩相摩也"②。而这一对明末女性的集体表彰,在《女子世界》中早已形成。从柳亚子的《女雄谈屑》《为民族流血无名之女杰传》诸文,到高增(大雄)的《明季寇乱,妇女不辱而自杀者无算,为纪诗以嘉之》的诗作,均以"男降女不降"③概称其事。这便是新歌词中"大唱'男降女不降'"一句的由来。

《女国民》歌词的屡次改动,清晰地昭示出晚清关于国民论述中两种不同的思路。虽然对于民族主义是否为女国民必备的品格,意见不一,但在提

---

① 佛哉《女国民》,《(续办)女子世界》2年6期,61—62页,1907年7月。
② 《女魂·赵雪华》及大我识语,《(续办)女子世界》2年6期,55、57页,1907年7月。
③ 亚卢《女雄谈屑》、松陵女子潘小璜《为民族流血无名之女杰传》、大雄《明季寇乱,妇女不辱而自杀者无算,为纪诗以嘉之》,分刊《女子世界》9—10、11期,2年4、5期(16、17期)合刊,1904年9月、1905年2、4月、1906年7月。另可参看笔者《晚清女性与近代中国》第四章"历史记忆的重构——晚清'男降女不降'释义"。

倡尚武精神上，则可说是众口一词。《娘子军》①一歌在晚清现实的情境中，嫁接上唐代平阳公主所率能征善战的娘子军故事，故易于普遍接受：

娘子军

F调　　　　　　　　　　2/4

3 3 2 1 | 3 2 1 2 | 5 - | 3 5 6 | 5 3 5 | 2 0 |
女娲炼石一补天 亏，娘子军从天上 来。

6 5 3 5 | 6 5 3 5 | 6 - | 6 5 3 2 | 6 3 5 2 | 3 0 |
世界上 军人社 会，战场上 女儿花 开。

6 1̇ 6 | 2̇ 1̇ 6 5 | 6 - | 1̇ 2̇ 1̇ | 2̇ 1̇ 6 3 | 2 0 |
我 不 愿厕身红十会，愿奋身杀贼心 快。

1 2 3 5 | 6 5 3 5 | 6 - | 5 3 5 6 | 2 3 5 5 | 1 0 |
桃花马上 请得长缨在，坐听着 凯 歌 回。

即使在民族主义情绪激昂的《女子世界》终刊号上，《女军人》②歌唱的军人气概仍然是"蛮靴绣甲桃花马，龙旗耀日明"，"同仇敌忾，流血丧元，为国之干城"，而并没有将"龙旗"所代表的清朝政府刻意从"国家"概念中剔除出去。

不过，对典范的选择其实仍有讲究。最后一期的《女子世界》，曾为前册刊发与太平天国为敌的女性传记作自我检讨，称当时赞扬其人"激于爱国思想，不暇辨种族"是"宽论古人"，却留"有遗憾"③，因此，特再截取赵雪华等人事迹，以为补救。该志"传记"栏所载系列女军人传，如花木兰、梁红玉、秦良玉④等，也多为与异族作战、得胜疆场的女将。此三人之功业亦经谱写成歌曲，与传记之文交相辉映。三首赞颂女杰的乐歌原非同时刊出，

---

① 《娘子军》，《女子世界》11期，62页，1905年4月。原未署名，据金一《新中国唱歌集（二编）》（上海：小说林社，1906年），知为金一作词、山田源一郎作曲。

② 《女军人》，《（续办）女子世界》2年6期，66页，1907年7月。

③ 《女魂·赵雪华》及大我识语，《（续办）女子世界》2年6期，57页。

④ 职公（沈同午）《女军人传》（包括《沈云英》与《秦良玉》二传）、亚卢（柳亚子）《中国第一女豪杰女军人家花木兰传》、松陵女子潘小璜（柳亚子）《中国民族主义女军人梁红玉传》，分刊《女子世界》1—3、7期，1904年1—3、7月。

却共用了一个曲调,只在第二、三行唱词处略有改变(《女杰花木兰歌》的"3 3 6 5 ｜ 3 — ·0"后易为"1 3 6 5 ｜ 3 — ·0","1 2 3 6 ｜ 6 5 3 —"后易为"1 1 4 5 ｜ 3 — ·0")。录《女杰梁红玉歌》与《女杰秦良玉歌》①如下:

(甲)女杰梁红玉歌
(乙)女杰秦良玉歌

C调　　　　　　　　　　　　4/4

6 6 5 5 ｜ 6 5 3 — ｜ 1 1 6 5 ｜ 3 — ·0 ｜
(甲)古 有 女 杰 梁 红 玉，　尚 武 冠 巾 帼。
(乙)古 有 女 杰 秦 良 玉，　尚 武 冠 巾 帼。

6 6 5 5 ｜ 6 5 3 — ｜ 1 3 6 5 ｜ 3 — ·0 ｜
从 夫 拒 金 黄 天 荡，气 节 吞 河 岳。
帅 师 勤 王 终 殉 国，气 节 吞 河 岳。

3 3 5 6 ｜ 3 3 5 6 ｜ 1 1 4 5 ｜ 3 — ·0 ｜
亲 击 桴 鼓，胡 奴 胆 落，胡 兵 乃 败 北。
亲 补 军 衣，兼 看 护 役，当 时 全 军 服。

4 5 6 6 ｜ 5 4 2 4 ｜ 1 1 1 2 ｜ 3 — ·0 ‖
四 万 万 人，齐 声 同 歌，歌 我 梁 红 玉。
四 万 万 人，齐 声 同 歌，歌 我 秦 良 玉。

尚武精神与民族主义在此歌中融合无间,而其归结处仍在"殉国"。

　　女性尚武的楷模尽管多指向古代中国,但若从晚清女子励志歌的总体状况看,西方女杰的名字出现频率更高。佛群《女子春季励志》中表扬的沙鲁士与伽陀利(即叶卡捷琳娜二世,Catherine Ⅱ,1729—1796),王宝荷《励学歌》中标举的批茶与玛利(即罗兰夫人),金一(即金天翮)《女学生入学歌》中歌咏的罗兰、若安与批茶,除批茶另有所本外,其他都出自佛群《兴女学》歌所提到的《世界十二女杰》一书②。此书1903年由上海广智书局出版

---

①　《女杰花木兰歌》,《女子世界》2年2期(14期),67页,1905年9月;《女杰梁红玉歌》《女杰秦良玉歌》,《(续办)女子世界》2年6期,65页,1907年7月。

②　王宝荷《励学歌》,《女界灯学报》1期,12页,1905年4月;金一《女学生入学歌》,《女子世界》1、10期,56、53页,1904年1月、1905年2月;佛群《兴女学》,《中国新女界杂志》3期,138页,1907年4月,其中有句"世界十有二女杰,鼎鼎英名传万世"。

后,立即成为女学界的新经典,《女子世界》上亦刊登过竞厂(疑为江天铎)逐一题写的《咏世界十二女杰》[1]组诗。由诗入歌,不过是将其典范作用普世化而已。

对于晚清女性而言,女权也是女国民品格不可或缺的成分。《女国民》中"女权世界重"一句已道出此意。应该说,倡导女权之作实为当时女子励志歌中最具新意的部分。在由男女平等到争取女权的女性独立历程中,女权歌的传唱无疑是思想普及极为有效的手段。在革命家秋瑾那里,女权又与种族革命相关联。《勉女权》[2]所追求的自由,因此也兼及个人与民族:

勉 女 权

C调 4/4　　　　　　　鉴湖女侠

$6\ 6\ 6\ 5\ |\ 3\ -\ 5\ 5\ |\ 3\ 3\ 5\ 5\ |\ 6\ -\ \cdot\ 0\ |$

我辈爱自由,勉励 自由一杯 酒。
旧习最堪羞,女子 竟同牛马 偶。

$\dot{1}\ \dot{1}\ 2\ 2\ |\ 6\ 6\ 5\ -\ |\ 3\ 3\ 5\ 3\ |\ 2\ -\ \cdot\ 0\ |$

男女平权 天赋就, 岂甘居牛 后?
曙光新放 文明候, 独立占头 筹。

$1\ -\ 2\ 2\ |\ 3\ 3\ 5\ 5\ |\ 6\ 6\ 5\ 3\ |\ 6\ -\ \cdot\ 0\ |$

愿　奋然 自拔,一洗 从前羞耻 垢。
愿　奴隶 根除,智识 学问历练 就。

$2\ 2\ 7\ 7\ |\ 6\ -\ 5\ 3\ |\ 2\ 2\ 2\ 1\ |\ 2\ -\ \cdot\ 0\ |$

若安作同俦, 恢复 江山劳素 手。
责任上肩 头, 国民 女杰期无 负。

---

[1] 竞厂《咏世界十二女杰》,《女子世界》3 期,62—64 页,1904 年 3 月。
[2] 鉴湖女侠秋瑾《勉女权》,《中国女报》2 号,48 页,1907 年 3 月。据钱仁康考证,其曲谱借用了夏颂莱作词的《休业式》("岁月去如流"),与日本歌曲《风车》近似(《学堂乐歌考源》,78—79 页)。

```
C 調    勉 女 權   4/4

|6 6 6 5 | 3 — 5 5 | 3 3 5 5 | 6 — · 0 |
 我輩愛自由   勉勵- 自由一杯酒
 舊習最堪羞   女子竟同牛馬偶

|1 1 2 2 | 6 6 5 — | 3 3 5 3 | 2 — · 0 |
 男女平權 天賦就    豈甘居牛後
 曙光新放 文明候    獨立占頭籌

|1 — 2 2 | 3 3 5 5 | 6 6 5 3 | 6 — · 0 |
 願  奮然自拔 一洗 從前羞恥 垢
 願  奴隸根除 智識 學問歷練 就

|2 2 7 7 | 6 — 5 3 | 2 2 2 1 | 2 — · 0 |
 若安作同儔  恢復 江山勞素手
 責任上肩頭  國民 女傑期無負
```

秋瑾《勉女权》歌（《中国女报》第2号）

从英人手中拯救法国的女英雄若安的出现，既因其足以映照秋瑾"我欲只手援祖国"①的壮烈情怀，也是由于从精神谱系来说，西方女杰天然地接近自西徂东的女权思想。发表在秋氏本人主编的《中国女报》上的此歌为其留存世间唯一的谱曲之作，因而一向受人重视。

---

① 秋瑾《宝刀歌》，《秋瑾集》，82页。

另一首由著名教育家黄炎培作词的《复权歌》①其实更为流行：

复 权 歌

C调　　　　　　　　　　　　4/4

1 4 4 4｜4 4 4 －｜1 1 2 4｜5 － · 0｜
古来第一事不平，　男尊女子　轻。
沉沉女界暗千年，　全无尺寸　权。

6 5 4 4｜2 － 4 2｜1 1 1 2｜1 － · 0｜
三从耻复耻，从父从夫又从子。
无权何以故？无识无知实贻误。

4 4 2 4｜5·4 2 4｜1 1 1 2｜1 － · 0｜
从父犹可言，家庭教育受髫年。
少小弗读书，争道无才福有余。

6 6 6 6｜i i 6 6｜5 5 4 5｜6 － · 0｜
夫妇实朋友，母从子命尤荒谬。
智识不如人，下心低首复何恨？

4 4 2 2｜1 4 4 6｜5 5 4 5｜6 － 5 0｜
须知男女平等,尊卑贵贱复何有？
须知独立自尊,第一学问是根本。

4 5 6 6｜5 4 2 4｜1 1 1 2｜1 － · 0｜
二万万同胞，好争权利完天授。
二万万同胞，大家努力趱程进。

歌词痛斥了以"三从"为中心的男尊女卑立说之"荒谬"，鼓励女子奋起争回天赋人权。而从"教育救国"的理念出发，黄氏也与丁祖荫、金天翮、蒋维乔等《女子世界》中主张"复女权必以教育为预备"一派看法相同，以为女性权利的丧失源于女子的"弗读书"，因此要求以学问为根本，为女权的恢复奠

---

① 《复权歌》，《女子世界》10期,56页,1905年2月。原刊未署名,倪寿龄(觉民)编译之《(改良再版)女学唱歌集》(上海:文明书局,1906年)记为黄韧之作。此歌重刊《神州女报》第2期(1908年1月)时,作者署"韧之",题目改为《女权歌》(见谢俊美《神州女报》,《辛亥革命时期期刊介绍》第三集,406—407页)。原未署调名,据《(改良再版)女学唱歌集》补。

定基础。此作别具一格,以乐歌的形式介入其时正在女报上展开的"女权""女学"何者优先的讨论①,可见晚清的歌曲创作与思想变迁联系之密切。

与秋瑾的《勉女权》尚有国家-民族意识的底色不同,《复权歌》已完全以女性为思考本位,个人权利的完善成为此歌的中心话题。因此,此类作品在晚清女子励志歌中尽管为数不多,却足以显示女性自立原该有其不依附于救亡主题的内涵与意义。

三、助学歌

晚清乐歌的创作本发源于新式学堂,其应当关切课堂教学,似不待言。不过,由于古代"乐教"与"礼教"交相为用,"乐也者,动于内者也;礼也者,动于外者也",故音乐的制作首先关乎德行修养;其次,"声音之道,与政通矣",故音乐亦可用来察见政情与民风②。晚清乐歌作者尽管已改谱新词,对"乐教"的熟悉却使其在写作之际,仍然如蒋维乔一般,最先将唱歌与德育联系起来。上述关切世变的励志歌之蔚为大观,道理在此。

然而,学堂乐歌不仅关系德育,亦应有助于智育的开发,此时已为有识者所体认。1906年,无锡城南公学堂在编著《学校唱歌集》时,便针对已有的音乐教材"于学堂外普通之事矣,及寻常所唱之歌词,各书均兢兢注意"的状况,而特别指出,其"于学堂内之各科目,则尚略而不备,未始非乐歌上之阙点也"③。此发现其实并非该书编者的独得之见,无锡近代教育家侯鸿鉴更早两年即已明示:

> 盖学校之有唱歌,凡历史、地理、修身、理科、体操等各科目,无不寓

---

① 丹忱《论复女权必以教育为预备》,《女子世界》2年3期(15期),1906年1月。参见笔者《晚清女性与近代中国》第三章第四节。
② 《礼记·乐记》又曰:"故天子之为乐也,以赏诸侯之有德者也。……德音之谓乐。""是故治世之音安以乐,其政和;乱世之音怨以怒,其政乖;亡国之音哀以思,其民困。"
③ 无锡城南公学堂《〈学校唱歌集〉编著大意》,张静蔚编《中国近代音乐史料汇编》(1840—1919年),156页,北京:人民音乐出版社,1998年。

于其中。能使儿童口舌之间,引起各科之旧观念,而得新知识,此一端也。①

融会新知的助学歌因此成为学堂乐歌特有的品种。域外儿童教育理论与歌曲创作的影响自不容忽视,而另外一个特殊的背景也值得一提:以西方新事物为歌咏对象的"新题诗",此时也正趁着"诗界革命"的潮流而蓬勃涌现。单是被梁启超录入《饮冰室诗话》及刊布于《新民丛报》"诗界潮音集"者,便有黄遵宪的《今别离》四首、曹民父(名昌麟)的同题诗四首、时若(高燮)的《新游仙诗》六首、楚北迷新子的《新游仙》八首、蒋万里的同题诗二首、雪如的《新无题》十二首等,所咏从潜艇、飞艇、汽艇、气球、汽车、电话、电灯、电报、无线电、留声机、报纸,直到蜡人、西餐、勋章,以及对潮汐、月食、下雨等自然现象的科学解释,皆为晚清得自西方的新器、新物与新知②。而由诗章到歌词,一以贯之的乃是知识界对于新学的高度热情。

认识到乐歌在辅助教学上大有可为,配合学校课程、以传输新知识为目标的学堂歌曲因之出现。刊于《女子世界》1 期"学校唱歌"中的沈心工作《地球》,应该属于最早一批新知歌:

南北东西大海边,远望来去船。去船何所见,船身先下水平线;来船何所见,水面先露棋[旗]杆尖。可知大地到处湾湾圆如橙子面,山高水低赤道膨胀两极扁。吾人环地行,宛似橙面蚁盘旋。

放眼天空气青青,恒星数不清。太阳光热大,吸引其属水、金星。地球、火、木、土、天王、海王循轨行。坤轴自动昼夜分,公动四季定。一年三百六十五日,四年逢一闰。月又环地球,照我夜游更多情。③

---

① 保三《乐歌一斑》,《江苏》11、12 期合刊,121 页,1904 年 5 月。
② 见《新民丛报》14—84 号,1902 年 8 月—1906 年 8 月。参见笔者《晚清社会与文化》(武汉:湖北教育出版社,2001 年)第六章"'新题诗'钩沉"及第五章第三节"诗界革命"。
③ 《地球》,《女子世界》1 期,52 页,1904 年 1 月。原刊未署名,据张静蔚编《学堂乐歌曲目索引》(《搜索历史——中国近现代音乐文论选编》,348 页),知作词者为沈心工。

以之与黄遵宪《海行杂感》其八及雪如的《新无题》比较,黄诗作:

> 星星世界遍诸天,不计三千与大千。倘亦乘槎中有客,回头望我地球圆。

雪如诗作:

> 太阳与地隔,念七千万程。不因相吸力,那得爱潮生?
> 侬与郎相欢,辟如地与月。时时绕郎行,掩蔽有圆阙。
> 侬与郎相慕,如地与火星。暗中作标志,对面未能明。①

无论歌词还是诗篇,都以对于宇宙空间天体知识的新认知为理据。学堂乐歌只是褪去了"新题诗"假托男女之情的笔调,更注重知识表述的精确与完整,故足以成为教材之佐助。

《地球》歌中涉及的地球为圆形以及恒星太阳与各行星之关系、地球的公转与月球绕地球运行等知识,其实在1897年南洋公学外院编印的《蒙学课本》中已可见到②。此书在中国近代教育史上意义重大,一向被视为"我国人自编教科书之始"。而其编写者中,便包括了日后以创作学堂乐歌出名的沈心工③。编撰《蒙学课本》的经验,无疑为其创作《地球》等儿童学习歌开了方便之门。如果与1901年经过修订印行的《新订蒙学课本》对照,第一段歌词更明显是对三编中《地球》一课的韵语撮述:

---

① 人境庐主人《海行杂感》其八、饮冰《饮冰室诗话》,《新民丛报》27、84号,106、98—99页,1903年3月、1906年8月。
② 如《蒙学课本》上卷第三十八课:"十五课中既言地形如球,则天圆地方之说不可信矣。古人又云'天动地静',盖谓地不动而日月五星皆环之而行也。其实不然。日不动而居中,地则运转不息,环之而行。且不独地球也,即水、火、金、木、土等行星,亦皆环日而行;而月又环地球而行也。"(邹凌沅辑《通学斋丛书》,清末刻本)
③ 见蒋维乔《编辑小学教科书之回忆》,张静庐辑注《中国出版史料补编》,139页,北京:中华书局,1957年。

> 某儿见室中小地球仪,问曰:"地形之圆若此球乎?"父曰:"然。"为解其理,儿卒不信。
> 一日父以远视镜,偕儿至海滨眺览。水天一色,辽阔无际,惟远见一物,有若桅顶者。父曰:"船且至矣。"有顷,即见若帆形者,父曰:"有他物蔽汝目者乎?"儿曰:"无之。"曰:"然则何以先见帆顶,次见帆乎?"儿不解。曰:"地蔽之耳。船所在之处,地形已湾,故帆与帆顶不能同时见也。"儿曰:"地何以有湾形?"父曰:"我尝语汝曰,地形圆为球。尔岂忘之乎?"儿恍然悟。父曰:"惟圆,故稍远即湾。见帆顶时,其帆与船身,犹在地下也。"①

而沈心工编写的乐歌中,又以皱痕累累的橙子面比喻地球的圆形与高低不齐,因形象贴切,容易理解,也深印于学生脑海。《女子世界》"文丛"栏后来发表过一篇上海女子蚕业学校学生写的科学短文,讲述"地球与日月之关系",同样使用了"地球圆如橘"②的比喻,令人疑心暗中有沈心工歌词的影响。

用于务本女学堂与爱国女学校"唱歌"课的王引才作品《扬子江》,则与地理知识的传授有关。此歌同样编入《女子世界》,虽分载两期,却应合成一曲。刊出的歌词共四段,而按照沈心工编《学校唱歌集》初集,原作应有13节。对其发表过程作一追踪,可见晚清长篇乐歌的生成情况。《扬子江》初见于曾志忞编辑的《唱歌之教授法及说明》,仅得两阕,并有如下作者附言:

> 此歌第一阕写江之来源去脉,为吾国地理上重要部分;第二阕写自上海驶入是江时途中感情;第三阕以下拟写途中所见商埠名胜、民俗物产及地理上种种历史,而以唁慰是江为结束。

---

① 课六十一《地球》,《新订蒙学课本》三编,上海:南洋公学外院,1901年。此书有长沙岳麓书社2006年排印本。
② 陈以英《地球与日月之关系》,《(续办)女子世界》2年6期,126页,1907年7月。

可知到《女子世界》刊发时,王氏的歌词写作仍在进行中。故第 2 期补录的一首,按叙述顺序应排列在第三段,插入前册"喑慰"扬子江的最后一段歌词之前。而 1904 年出版的《小学新唱歌》所收《扬子江》四段歌词,正是依此次序排列。作者的写法是由上而下,又由下而上,叙述发源于青海的长江,其沿岸城市与形胜景观的地理与历史。不过,因《女子世界》所载只得四节,故显得回旋往复,而特详于上海与江苏:

　　长长长!亚洲第一大水扬子江。源青海兮峡瞿塘,蜿蜒腾蛟蟒。滚滚下荆扬,千里一泻黄海黄。润我祖国、四千余载历史之荣光。
　　啵啵啵!汽笛一声飞出黄歇浦。吴淞公共新商埠,江口开一锁。炮台旧址无,江底空余活沙铺。西北转柁、回看三十六里烟模糊。
　　青青青。长江门户、狼福两山横。右通州兮左江阴,控扼占形胜。京口看潮生,直上扬州揽月明。西望故京,依然虎踞龙盘石头城。①

此间的"狼山"在南通,"福山"在常熟,"京口"为镇江,"石头城"乃南京,完全是以学校所在地上海(即"吴淞公共新商埠")为定点,溯江而上的走法。

　　晚清学堂之讲授中国地理课,并非单纯的知识启蒙,培育爱国心亦时在念中。由归国的留日学生在上海创办的《大陆》杂志,曾刊载过《湖南蒙养院教课说略》,其中关于"乐歌"一科,便是取法日本教育,而有如下设想:

---

① 《扬子江》,《女子世界》1、2 期,53—54、58 页,1904 年 1、2 月,次序已调整;曾志忞《唱歌之教授法及说明》(《江苏》7 期,1903 年 10 月)录其一与其二。1904 年版《小学新唱歌》之《扬子江》,见阿英编《晚清文学丛钞》(说唱文学卷)上册,33—34 页,北京:中华书局,1960 年。歌词作者姓名及《学校唱歌集》初集收录情况,据钱仁康《学堂乐歌考源》;又经其考证,此作曲谱系采自日本的《铁道唱歌》第一集,原有歌词 66 段,描写了日本东海道铁路的沿线风光(68—69 页)。另外,编入《学校唱歌集》的歌词已与《女子世界》版小有差别。

> 应将本省名山大川胜迹名区，乡贤名宦，动植各物，制为浅显歌词，谱出新腔，令学童歌唱，以乐和之。……名山大川胜迹名区，地理所关；乡贤名宦，历史所关；动植各物，理科所关。本省地理、历史、理科是本省学童特性中事，先启发其爱乡之情，然后以言爱国。①

而《扬子江》所歌咏者乃为"亚洲第一大水"的长江流域，江苏省及其属地上海可以成为咏唱重点，却并非作者预设的终点。故《女子世界》刊本的歌词最后一段，即由爱乡心直接升华到爱国心：

> 扬子长寿，扬子长寿！希望将在后。密西息落英人手，凌侮曾未久。一夫倡自由，星旗灿烂西半球。洗我国耻、浣我陋俗，文明冠五洲。②

用来作为"洗我国耻"之取法榜样的，正是由北美第一大河密西西比河（Mississippi River）流贯的美国。经历独立战争的美人摆脱了英国宗主国的统治，建立了一个民主、自由的新国家，其强大的国力与先进的政治体制，也为晚清国人所仰慕、欣羡。

助学歌的用途又不只是与各科教学互动，引发女子的向学心亦为此类歌曲必不可少的内容。而且，面对社会各阶层读者群的基本定位，也使得以具体知识传授为主体的乐歌在晚清女报中不能多占篇幅。更常见的还是以"勉学""励学"为题的劝学歌，如侯鸿鉴作词的《求学歌》③即为一例：

---

① 《湖南蒙养院教课说略》，《大陆》3 年 7 号，101 页，1905 年 5 月。
② 《扬子江》，《女子世界》1 期，54 页。
③ 《求学歌》，《女子世界》2 年 4、5 期（16、17 期）合刊，74 页，1906 年 7 月。原作未署名，据张静蔚编《学堂乐歌曲目索引》（《搜索历史——中国近现代音乐文论选编》，385 页），知其一名《女子求学歌》，词作者为侯鸿鉴（保三）。唯曲谱节拍有出入。

求 学 歌

C调　　　　　　　　　　4/4

1 2 3 2 | 1 1 6 5 | 3 6 1 2 |
同此官骸　同此躯,学 部须同求。

1 2 3 2 | 1 1 6 5 | 3 3 2 1 |
脑纹组织　细且密,颖 慧让吾侪。

5 1 2 3 | 6 5 3 2 | 1 2 3 5 |
珍重此天　赋之资,艰 苦不须愁。

5 1 2 2 6 | 5 3 2 1 | 2 3 2 1 ‖
智育体育相　研究,莫负 那好春秋。

侯氏劝导女子读书求学,本是基于男女平等的思想;而其援引的生理学新说,则是因金天翮著《女界钟》发挥其义,而为人熟知。金氏依据外国学者的研究数据,断言女子脑围大于男子,若与男子相比,女子"脑力程度,直无差异,或更有优焉"①。此说再经丁祖荫的《女子世界颂词》复述,所谓女子"脑力胜于男子者万倍"②便成为流行之说。而以之鼓舞女性求学,自然大得人心,亦富有效力。

不过,侯鸿鉴的歌词虽然思致深刻,却是旋律难于上口,且趣味性明显不足。广东佛山《女界灯学报》上刊发的王宝荷撰《励学歌》则是另一番景象:

> 毋自暴,毋自弃,汝看批茶同玛利。现身世界竖奇功,直与男儿争位置。岂天生是使独耶?不过吾人无奋志。女国民兮女国民,快快读书求识字。地舆图,天文仪,测算机,理化器,罗列教室皆完备。一入女学堂,件件增吾智。患无向学心,不患不能媲美批茶同玛利。二十世纪大舞台,任吾女儿演新戏。汝不闻今日美利坚,妇人亦参政治议。汝不

---

① 爱自由者金一《女界钟》,34—35 页,1903 年初版、1904 再版。
② 初我《女子世界颂词》,《女子世界》1 期,7 页,1904 年 1 月。

闻今日美利坚,妇人亦参政治议。①

此歌从女子求学以成女国民,一路畅说至妇女参政权的获得,在所有励学歌中,实为眼光最弘巨者。其见贤思齐的典范亦在西方女杰,且有意在"二十世纪大舞台"上与之同台竞技。用这一"任吾女儿演新戏"的辉煌前景,激励女子"快快读书求识字",自然易于打动人心。而王氏作歌的成功处尤在于对学堂新生活的描述。借助铺排各种新式科学仪器的名目,女子的好奇心也被逗引、打开。

述及描绘女学堂新风光的乐歌作品,首屈一指者仍属金天翮编写的《女学生入学歌》。其在《女子世界》先以徒歌、后再配曲的形式两次出场②,享受了该刊绝无仅有的待遇,亦可见编者之推重:

女学生入学歌

G调　　　　　　　　　　　4/4

1 1 3 5 | 6 6 5 - | 3 3 1 2 | 3 - · 0 |

二十世纪女学生,美哉新国民。
脂盦粉盏次第抛,伏案抽丹毫。
缇萦木兰真可儿,班昭我所师。
天仪地球万国图,一日三摩挲。
紫裙窣地芳草香,戏入运动场。
鱼更三跃灯花红,退习勤课功。

5 5 6 6 | 5 3 5 - | 2 2 3 2 | 1 - · 0 |

校旗妩媚东风轻,喜见开学辰。
修身伦理从师教,吟味开心苗。
罗兰若安梦见之,批茶相与期。
理化更兼博物科,唱歌音韵和。
秋千架设球网张,皓腕次第攘。
明朝休沐归家同,姊妹相随踪。

---

① 王宝荷《励学歌》,《女界灯学报》1期,12—13页,1905年4月。
② 金一《女学生入学歌》,《女子世界》1、10期,56、53页,1904年1月、1905年2月。

第五章 女性生活中的音乐启蒙

```
6 5 i̇ 6 | 5 3 6 - | 1 2 3 3.2 | 1-·0 ‖
```
展师联队整衣巾， 入学去，重行行。
爱国救世宗旨高， 入学好，女同胞。
东西女杰并驾驰， 愿巾帼，凌须眉。
女儿花发文明多， 新世界，女中华。
斯巴达魂今来飨， 活泼地，女学堂。
励志愿作女英雄， 不入学，可怜虫。

作者用轻快的笔调，全面而具体地展示了女校崭新的学习生活，从课程科目到教授内容均有记述。又于伦理与体育两科格外重视，动用的歌词都占到了一段以上。修身课之以爱国救亡为主旨、以中西女杰为楷模，体操课之训练项目包括荡秋千与球赛，举凡此类细节，金氏所撰《明华女学章程》的学科列表言之不详者，此处却留下了形象鲜活的写照。而按照柳亚子的回忆：

> 天放（引者按：金天翮的别号）为人非常倔强，他是极深度的近视眼，但不肯戴眼镜。上起音乐课来，自己弹风琴，我们笑他常常和黑白键子接吻呢。

金天翮既能自弹风琴，又"常常按谱作曲"[①]，这首《女学生入学歌》的制谱者想来也非他莫属。而其将初刊本"愿为新国民"之句修改为"美哉新国民"，在凸现对女学生的期待之殷时，也将赞美之情吐露无遗。可以想见，同里明华女学校的学生意气风发地唱着此歌，整队入学，该是何等亮丽的一道风景！

上至天文，下至地理，加以"东西女杰并驾驰"，德育、"智育、体育相研究"，如此丰富多彩的女性精神世界与女学新天地，不但为亘古以来的女子所未曾经验，也以其风光无限，散发出无穷魅力。而采用可以传唱的乐歌形式在女报刊出，无疑更强化与放大了其对女性的感召力。这也是金天翮一

---

① 柳亚子《五十七年》，《〈柳亚子文集〉自传·年谱·日记》，174 页，上海：上海人民出版社，1986 年。

定要将歌词再行谱曲发表的原因——歌曲比诗词毕竟更容易流播,也拥有更为广大的接受人群。

四、易俗歌

晚清作为中国社会从古代向现代的转型时期,风俗习惯的改良也早为有识者注目。就女性而言,以抨击缠足为开端,各种被指为危害国族人种、妨碍女子身心健康的不良习俗,已尽在应予扫荡革除之列。1904年《女子世界》刊载的《香山女学校学约》"戒陋习"之条目,对此作了精要概括:"缠足""脂粉妆饰""迷信神权""妖姿弱质""好阅恶劣小说""虐待奴婢""闲散坐食"均"为女子之陋习,不可不戒"①。各女校的章程所言虽不如其详尽,但对于"不得缠足""不得涂抹脂粉"②多半都有明确规定。

在率先推广的不缠足运动中,作为改良旧俗的通俗宣传手段,歌谣已得到广泛的重视与应用。戊戌变法之前,湖南不缠足总会发给每个会员的《戒缠足歌》,以及林纾创作的《闽中新乐府》中被转载次数最多的《小脚妇·伤缠足之害也》三首③,均为此类作品。学堂乐歌出现后,情况发生改变,放足大会上已更多响起歌声。《礼记·乐记》本以"移风易俗,故先王著其教焉"论说音乐的教育功能;而从学校教育走向社会教育,对于以唱歌改变旧俗、推广新风,晚清的乐歌作者自然也有很高的期待。所谓"以之养国民之道德,则道德修;以之革社会之风俗,则风俗易","此种能力,惟音乐足以当之"④,在当时实为一种普遍流行的信念。

抱持以音乐改良社会风俗理想的晚清乐人,为此谱写了大量的移风易俗歌。最早开始学堂乐歌创作的沈心工也有上佳表现,其编写的《缠脚歌》

---

① 《香山女学校学约》,《女子世界》7期,72—74页,1904年7月。
② 《爱国女学校甲辰秋季补订章程》,《警钟日报》,1904年8月1日。
③ 见《湖南不缠足总会简明章程》,《湘报》30号,1898年4月9日;林纾《小脚妇》,初刊1897年魏瀚刻本之《闽中新乐府》,转载于《时务报》49—50册(1897年12月—1898年1月)、《知新报》46—47册(1898年3月)、《女报》(《女学报》)9期(1902年12月)。
④ 黄子绳等《〈教育唱歌〉叙言》(1905年),录自张静蔚编《中国近代音乐史料汇编》(1840—1919年),148页。

因采用了民间流行小调《梳妆台》演唱①而广为流传：

缠 脚 歌

G调　　　　　　　　　　　　　　　2/4

$\underline{4\ 5 4 2}\ |\ \underline{1 6}\ \dot{1}\ |\ \underline{\dot{2}\ \dot{1}}\ \underline{6\ \dot{1}}\ |\ 5\ -\ |\ \underline{\dot{1}\ \dot{2}}\ \underline{\dot{1}.\ 6}\ |\ \underline{5\ 6}\ \underline{5.\ 4}\ |$

缠　脚的苦，　最苦　恼，从小那　苦起
想　初起，　你年还　小，听见那　缠脚你
你　怕痛，　叫亲　娘，叫杀那　亲娘
眉　头绉，　眼泪　流，咬紧那　牙关把
假　小脚，　真罪　过，装到那　高底要
真　小脚，　爱卖　俏，吊起那　罗裙

$\underline{2\ 4.2}\ |\ 1\ -\ \underline{1.\ 2}\ |\ \underline{4\ 4}\ \underline{5\ 6}\ |\ \underline{5\ 4}\ \underline{2\ 1}\ |\ 2\ -\ |\ \underline{\dot{1}\ \dot{2}}\ \underline{\dot{1}\ 6}\ |$

苦到　老。未曾　开步身先　袅。不作孽，
就要　逃。都谢　傍人来讨　好。到说道，
像聋　聋。亲娘　到底亲身　养。强做作，
鸡眼　修。怕他　干痛怕他　臭。撒矾灰，
缎带　多。还怕　冷眼来看　破。没奈何，
格外　高。闲来　还向门前　靠。便没人，

$\underline{5\ 6\ 5}\ |\ \underline{2\ 4}\ \underline{4\ 6}\ |\ 5\ -\ |\ \underline{2\ 4.2}\ |\ 1\ -\ |\ 1\ -\ 0\ \|$

不作恶，暗暗里一世　上脚　镣。
脚大了，你将来攀亲　无人　要。
硬心肠，你看他眼睛　也泪　汪汪。
搦菜油，贴好了棉花　再紧紧　的收。
只好把，那绣花的裤脚　地上　拖。
赞他好，自己也低头　看几　遭。

歌曲详细诉说了缠足的经过，将其给女子带来的巨大痛苦淋漓尽致地展现出来，同时也对这一畸形审美观的贻害无穷，甚至深受其害的女性也迷恋小

---

① 《缠脚歌》，《女子世界》11 期，64—65 页，1905 年 4 月。原作未署名，据钱仁康考证，知其为沈心工借用《梳妆台》的填词之作，歌名又作《缠脚的苦》(《学堂乐歌考源》，27—29 页)。唱词后有添改。

脚的不觉悟大为痛心。此歌初见于《女子世界》并非偶然,联系该刊"专件"栏不断登载的劝诫缠足文、各地不缠足会章程以及放脚方法,"文苑"栏一再发表的戒缠足诗作①,其对缠足害己害人害国的弊端已有充分揭示。其中柳亚子代笔的《黎里不缠足会缘起》面向女性发言,除极论女子缠足之种种病害,又特别表达了对"我可怜之同胞,亦且久而忘其丑,忍其痛,争妍斗媚以为美观"②的责难,所谓"哀其不幸,怒其不争"。这也是沈心工后两段歌词写作的心境。不过;由诉苦到责备,其间的转折仍嫌突兀生硬。嗣后,沈氏在第四段后另作了增补,尤其是第六段歌词所描写的女性心理变化过程更为深刻:脚骨缠断反使"女儿柔顺终情愿",并最终认同于小脚美观的世俗成见:"大几岁,要好看,扳起了小脚自己缠。"③女性自我奴役的心路历程在此被形象地展示出来,以下关于真假小脚的诉说才显得合情合理。

在晚清各地盛行的不缠足活动中,浙江埭溪镇发蒙学堂为女学生蔡爱花举行的放足纪念会可谓别开生面。蔡爱花即前举《女子世界》10期上《菊花歌》的作者,为发蒙学堂总教习蔡绿农之妹,关于其放足开会的记事刊登在杂志的11期。蔡氏既决心放足,为郑重其事并张大其事,其兄特意借用纪念会的名目,祝贺妹妹开始新生活。

此会于1904年12月21日召开,男女来宾共20人出席。纪念会主体采用当时流行的演说方式:先由蔡爱花"痛陈缠足之害",表示"于今日为始,决计解缠";次由发蒙学堂教习许则华向会主蔡爱花致贺,"并劝在座诸女生,继起解缠,光复故体;劝会主当哀怜同群,转相劝解,以冀普渡众生,同出火坑";最后登坛者为蔡绿农,其说辞同样有两项内容,"嘉奖会主,以动人羡慕心;并示诸男学生,以后切不可娶小足妇为妻"。而在所有的演说完

---

① 如刘孟扬《劝戒缠足》(缠脚的妇女多受脚的累)、《奉化不缠足会简章》、吴门天足社《演说放脚的法子》,分刊《女子世界》2、7、12期,1904年2、7月,1905年6月;杜清持《戒缠足诗十首》、天梅(高旭)《哀女子之行为不自由也》(一名《劝解缠诗》),《女子世界》5期,1904年5月。

② 倪寿芝《黎里不缠足会缘起》,《女子世界》3期,70—71页,1904年3月。此文为柳亚子代笔。

③ 沈心工《缠脚的苦》,《心工唱歌集》,1937年;录自钱仁康《学堂乐歌考源》,28页。

毕后,全校男女学生及来宾又在许则华的指挥下,高唱《放脚歌》三遍,将会场气氛推向高潮。根据《警钟日报》更为周详的报道,最后纪念会是在许氏高呼"蔡爱花万岁！埭溪女界万岁！中国女子前途万岁！万岁!! 万万岁!!!"的口号声中结束的①。

作为纪念会主题曲的《放脚歌》也在《女子世界》的通讯中同时出现：

> 放脚乐,乐如何？请君听我放脚歌。棉花塞脚缝,走路要平过。酸醋同水洗,裹脚勿要多。七日剪一尺,一月细功夫。夜间赤脚睡,血脉好调和。放了一只脚,就勿怕风波。放脚乐,乐如何？请君同唱放脚歌。②

此歌不是一般性地劝导放足,而是别出心裁,将长篇大套的放脚方法浓缩在短短一首歌词中,传唱开去,自有普及、教导如何解缠之效。歌曲又有意造成前后的呼应,开头是一人唱,众人听,"请君听我放脚歌",此时的启蒙者还相当孤独；末后则是众声合唱,"请君同唱放脚歌",重唱形式在这里的使用,有力地表现了启蒙深入人心的即时功效。

可惜,在蔡爱花放足纪念会上合唱的这首《放脚歌》未见曲谱。歌词虽写明为"埭溪发蒙学堂总教习蔡绿农著"③,但由现场报道的情形推测,曲作者很可能为许则华。许氏后以别号啸天行世,为著名的鸳鸯蝴蝶派作家。现在尚可看到其创作的两首曲词俱全的乐歌,即《上海天足会女学校校歌》与《女儿叹》：一歌唱"女权女权,发现亚洲东；歇浦旭日红,天足振颓风",一哀伤"依乎依乎生不辰,问苍天奈何女儿身"。二曲均刊登在1909年的《女报》上④,延续了许氏对女性命运的关注与同情。

缠足之外,迷信鬼神作为科学与女性自立意识的对立面,也受到晚清先进者的严厉抨击。《女子世界》主编丁祖荫即将"神鬼魔"列为女子的四大

---

① 《放足纪念》,《女子世界》11期,73页,1905年4月。另参见《记埭溪发蒙学堂女学生蔡爱花放足纪念会事》,《警钟日报》,1904年12月31日。
② 《放足纪念》,《女子世界》11期,73—74页。
③ 《记埭溪发蒙学堂女学生蔡爱花放足纪念会事》。
④ 许则华《上海天足会女学校校歌》《女儿叹》,《女报》1号,81页,1909年1月。

病因之一,强调此魔障在妇女中尤为盛行,毒害更深。因"女子以现实之欲望,仰给于男子;以虚空之欲望,仰给于神鬼",故鬼神迷信有碍开启女智、复兴女权:"夫中国女权之不振,在于压制;中国女智之不启,女学之不昌,在于迷信。迷信一日不去,压制一日不能去,女权即一日不能复。"①本此道理,奉化女学堂学生孙汉英作《女子四勿歌》,第一首便告诫:"勿勿勿,女同胞,切勿信念佛。"常州女士汪毓真撰《箴女界》,也以"焚香佞佛"为"无识,社会贼",而"愿我同胞除陋习,养成高尚国民之资格"②。

此一劝诫在"唱歌"栏也得到了回应。《观音灯》③的作者显然为浙江嘉兴(古称禾郡)志士,歌曲讽刺了当地人挂观音灯以祈福的风习:

观 音 灯

```
       C调                    4/4
    1 1 3 3 | 2 1 2͡ 3 | 5 5 5 6 | 5 - · 0 |
    可怜禾郡 人迷信,  家家争挂 灯。
    3 3 3 3 | 5͡ 5 3 2 | 1 2 3 2 | 1 - · 0 |
    云将观音 敬   几枝, 红烛到更 深。
    1̇ 1̇ 1̇ 3 | 2 1 6͡ 6 | 5 5 6 6 | 5 - · 0 |
    痛兹邪说 太愚民,  养成倚赖 性。
    3 3 5 5 | 3 2 1 1 | 2 2 3 3 | 1 - · 0 |
    惰风日长,妄费日增,家贫国共 贫。
    2 2 1 2 | 3͡ 3 5 5 | 6 6 1̇ 6 | 5 - · 0 |
    前车堪借 镜, 印度 多是佛子 孙。
    6 6 6 6 | 5 5 6 5 | 1̇ 2̇ 3̇ 2̇ | 1̇ - · 0 |
    人奴国灭,呼吁无灵,吾郡何日 醒?
```

与今日民俗研究者所持的客观态度不同,晚清出现在女报中的此类习俗一律成为批判的对象。并且,比丁祖荫的论点又推进一步,《观音灯》不只从

---

① 初我《说女魔》,《女子世界》2 期,4、5 页,1904 年 2 月。
② 孙汉英《女子四勿歌》其一、汪毓真《箴女界》其三,《女子世界》8、7 期,69、69 页,1904 年 8、7 月。
③ 《观音灯》,《女子世界》2 年 2 期(14 期),68 页,1905 年 9 月。

女性的人格缺失出发,痛斥愚昧的观音信仰"养成倚赖性"与"堕风日长",更由靡费金钱于无益有害的迷信造成的"家贫"而延展到"国共贫",则其危害愈见深广。站在国家意识的高度进行思考,歌词作者也尖锐地以佛教发源地印度之亡国史("人奴国灭")作为前车之鉴,佛祖既无法保佑佛国子孙,观音又怎能使中国信徒免于灾难?这一打破后壁的追讨,无疑使此歌呼唤民众觉醒、破除鬼神迷信的主题获得了充足的正当性。而其乐歌曲调为日后刊载的《常熟竞化女校游艺会歌》所沿用,则又可以见出女报"唱歌"栏作品之前后承袭状况。

放足之外,晚清婚礼的改良也是关系到女子生活的一桩大事。传统婚姻强调"父母之命,媒妁之言",以之为婚姻得到社会认可的先决条件。此即孟子所谓:"不待父母之命,媒妁之言,钻穴隙相窥,逾墙相从,则父母、国人皆贱之。"(《孟子·滕文公下》)在这一约定俗成的社会规范中,当事人的意愿基本不在考虑之列。晚清西风东渐,自由恋爱、自主婚姻的观念亦传入中国,相沿数千年的包办婚姻受到极大冲击。此时再讨论男女的结合,激进者已将爱情作为婚姻成立的唯一条件。金天翮的《女界钟》为"婚姻"所下定义,即与古人从天地万物到男女夫妇、再归结到君臣上下的讲法完全不同①,其事与国家、社会、家族了不相干,而只关乎一己之情爱:

　　婚姻者,世界最神圣最洁净的爱力之烧点也。②

婚姻既不再必须承担古代哲人最看重的维系社会结构稳定那般沉重的使命,传统礼制所蕴涵的社会等级秩序等意义也随之淡化以致消解,婚礼的改革于是水到渠成。

追索起来,1902年阳历新年,蔡元培在杭州与黄世振的结婚仪式,可算是晚清新式婚礼的先声。婚礼中最重要的节目"以演说易闹房",显示出蔡

---

　　① 《易·序卦》:"有天地,然后有万物;有万物,然后有男女;有男女,然后有夫妇;有夫妇,然后有父子;有父子,然后有君臣;有君臣,然后有上下;有上下,然后礼义有所错。"
　　② 爱自由者金一《女界钟》,78页,1903年初版、1904年再版。

氏已自觉与旧式婚俗划清界限。在新郎开宗明义申述此举除旧布新的重大意义之后,九位友朋相继"以意赐教"①。蔡元培所开启的婚礼新风日后又加改良,而以"文明结婚"之名流传开来,在晚清新学界人物中更是大行其道。1906年1月发行的《女子世界》15期上,便以"文明结婚"的记事标题,刊登了3对新人的婚礼消息:其中张鞠存为复旦公学学生,其妻王忍之拟入务本女学堂读书;吴晋(回范)毕业于日本士官学校,新娘顾璧已就学镇江承志女学堂;刘驹贤(千里)将游学欧美,夫人吴权(小馥)之教育状况虽未加说明,但作为晚清女界名人、廉泉夫人吴芝瑛的侄女,新、旧学应当也有一定基础②。

至于此"文明结婚"的首创者,也与文明书局创办人廉泉相关。1905年1月2日在上海张园举办的这场结婚庆典,主角为廉泉之弟廉隅(砺卿)与桐城姚女士。廉隅为日本东京法学院留学生,女方的学历状况未知,而从男女宾客的代表人为务本女学堂校长吴馨夫妇,可以推知姚女士有可能为该校学生。婚礼分为三节:"行结婚礼""行见家族礼"与"行受贺礼"。《女子世界》为推广新风气,特意用《创新婚礼》命题,在11期的"内国记事"头条作了详细报道:

(甲)结婚 诸男宾伴送新郎,诸女宾伴送新娘,至礼堂北面立,主婚者西南面立,展读证书。新郎、新娘、主婚人、绍介人各用印毕,主婚者为新郎新娘对换一饰品(如指环、时计类),即对立行鞠躬礼。主婚人读颂词,新郎新娘谢主婚人,次谢绍介人,均鞠躬退。此时贺客均拍手欢呼。

(乙)见家族 先谒尊长叩头;次同辈,次下辈,彼此鞠躬行礼毕,时均授新郎新娘以金银牌,或他饰物,下辈则各献花为贺(俱入礼堂瓶内)。新郎新娘则于次日报酬之。

(丙)受贺 男女宾各依新郎新娘,以次排列,行一鞠躬礼。男女

---

① 蔡元培光绪二十七年(1901)十一月二十二日日记,《蔡元培全集》15卷,371页,杭州:浙江教育出版社,1998年。
② 见《文明结婚》,《女子世界》2年3期(15期),85—86页,1906年1月。三则报道初见于1905年8月17日、9月2日及1日的《时报》。

宾代表人出读颂词毕,各执一花,插于新郎新娘襟上,复位,又一鞠躬。新郎新娘出位读答词,谢众客,行一鞠躬礼,来宾又拍手欢呼。礼毕,乃宴饮。饮时随意举杯祝颂,或歌舞,尽欢而散。

整场婚礼中西合璧的设计一目了然。记者对此也作了刻意强调,称其为"屏除一切旧俗,参用各国文明规则";同时不忘仔细抄录男宾、女宾、主婚人各自的颂词及新人答词①,显然是为了照顾继起仿效者能够方便套用。而上述张鞠存等人的婚礼便大致沿用了此一新创模式,尤以刘驹贤与吴权联姻形式最相像,或竟可谓之一丝不差。

值得注意的是,《女子世界》对后三次婚礼的记述,有两次提到了唱歌:张鞠存与王忍之的婚仪开始时,"先由女士某某唱祝歌",然后才是介绍人报告结婚缘由、主婚人宣读证书等节目;吴晋与顾璧"行结婚礼"时,"相对三揖"后有"唱歌",最后来宾演说结束,也以"唱歌散会"②。因"记事"中未抄入歌词,所唱何曲目前无法考知。不过,当时有一题为《婚姻祝辞》的歌曲后来颇为流行,1909年《女报》重刊时,已径题作《祝文明结婚》③,可知其应为文明结婚礼式上的专用乐歌:

祝文明结婚

F调　　　　　　　　　　2/4

$\underline{5}.\underline{5}$ | 1 — | $\underline{3\ 2}$ $\underline{1\ 2}$ | $\underline{3\ 5}$ $\underline{5\ 5}$ | 2.0 |
诗三　百,　关雎第一,伦理重婚　姻。
廿世　纪,　男女平等,亚东气象　新。

$3.\underline{3}$ | $\underline{5}.\underline{6}$ $\underline{5\ 5}$ $\underline{3\ 3}$ | $\underline{1\ 3}$ $\underline{2\ 2}$ | 5.0 |
夫妇 配定 家族成,　进化首人群。
伟丈 夫,奇女子,倡随百年鼓瑟琴。

---

① 《创新婚礼》,《女子世界》11期,70—72页,1905年4月。此则报道初见于1905年1月3—4日《时报》,题为《文明结婚》与《结婚新礼式续志》。
② 《文明结婚》,《女子世界》2年3期(15期),85—86页。
③ 《婚姻祝辞》,倪寿龄编译《(改良再版)女学唱歌集》,84—85页,上海:文明书局,1906年;《祝文明结婚》,《女报》2号,65页,1909年2月。前者只有一段歌词。

```
5. 5 | 1 - | 6̇ 6 5 5 | 1 1 3 3 | 2. 0 |
 吾祖   国，  改 良 婚 礼， 社 会 进 文  明。
 从此   后，  麟 趾 蒸 蒸， 家 庭 教 育  兴。

 3 - | 5. 6̇ | 5 5 3 1 | 2 2 3 2 | 1. 0 ||
 遮 莫 说    男 尊 女 卑， 同 是 新 国 民。
 吾 侪 额 手  交 相 庆，   奏 乐 表 同 情。
```

而"文明结婚"其时又称"自由结婚"，如刘驹贤与吴权的婚礼仪式单在《申报》布告时，即名为"自由结婚"①。如此，金天翮谱写的《自由结婚》②歌当然也可以作为"文明结婚"的仪式歌使用：

自 由 结 婚

```
G调                                         4/4

 1̇ 1̇ 6 5 3 5 | 6 6 5 3 2 | 3 - 6 6 6 5 | 3 5 6 - |
 改造出新中国， 要自新人  起。莫对着皇 天后土，
 可笑那旧社会， 全凭媒妁 通 情。待到那催 妆却扇，

 3 3 5 3 2 | 3 3 2 3 2 | 5 5 3 2 | 1 1 2 3 |
 仆仆空 行礼。 记当初指 环 交换， 拣着 生平最敬
 胡闹看 新 人。 如今是婚姻 革命， 女权 平等，一夫

 5 3 5 6 | 5 3 5 6 | 1̇ 1̇ 2̇ 3̇ | 2̇ 1̇ 6 6 |
 最爱的学堂 知  己。任你美妙 花 枝，氤氲
 一 妻世界 最 文  明。不问南方      比目，北方

 5 5 6 5 3 | 1 2 3 3 | 2 1 3 - | 1 2 3 5 |
 香盒，怎比得 爱情神圣 涵天 地？ 会堂开 处，
 比翼，一样是 风流快意 享难尽。  满堂 宾客，

 3 2 1 3 | 5 3 5 6 | 5 3 6 5 | 2 3 1. 0 ||
 主婚人到， 有情眷属， 人天皆大 欢 喜。
 后方跳舞， 前方演说， 听侬也奏 风 琴。
```

---

① 《自由结婚》，《申报》，1905年9月1日。
② 《自由结婚》，《女子世界》11期，63页，1905年4月。原刊未署名，据倪寿龄编译之《(改良再版)女学唱歌集》，知作者为金一(69页)。

此歌的特殊处在对于晚清"文明结婚"新礼仪的真切描绘,使人如同置身现场,足可感受到整个会堂洋溢的兴奋、快乐与自豪的气氛。若与1909年刊登在《图画日报》上的《文明结婚之简便》的绘图对读,那种"会堂开处,主婚人到,有情眷属,人天皆大欢喜"的场景已是历历在目;甚至"听侬也奏风琴"的那位"侬",也让人很容易从画面上的两位女生,直接置换为"常常和黑白键子接吻"的金天翮。

金天翮创作的这首将爱情新理想与婚姻新形式的歌咏合为一体的乐歌,当年也确实在婚礼现场演唱过。《女子世界》所报道的1906年5月27日在无锡举行的一场婚礼,原上海爱国学社学生王雅先与务本女学堂学生吴震结婚,婚礼的最后一项仪式,便是由无锡竞志女学校学生与单级私塾女生"合唱《自由结婚》歌"①。至于倪寿龄编《女学唱歌集》1907年被清廷学部查禁,官方举示其间"有伤女教"之作,首罪也在《自由结婚》;并特别摘录其"记当初指环交换,拣着平生最敬最爱的学堂知己",以及"可笑那旧社会,全凭媒妁通情"数句歌词,以为"与中国之千年相传礼教及本部《奏定女学堂章程》均属违悖"②。凡此均清楚地表明了《自由结婚》歌在晚清社会习俗改良中,曾经发生过深刻而实在的影响。

五、时事歌

鸦片战争以后,国难频生,救亡意识深入人心。尤其是经过甲午战败与庚子事变的接连打击,希图清廷变法自新的最大一次努力也随着"戊戌政变"的发生而倾覆,国人对当朝者维护国家权益的执政能力已失去最后的信心。民族主义因而获得了滋生蔓延的土壤,被二十世纪初期的先进者奉为救国利器。与时代思潮呼吸相关的晚清女报,虽以女性解放为中心话题,却也无法割舍对国事的忧虑;甚至更多的情况下,女子的前途已被先入为主地纳入国族命运的整体架构中,成为女性问题思考的基点。于是,记录国耻、因应时事的乐歌不断在女报出现,现实政治也以音乐的形式强力介入女性的生活。

---

① 《婚礼一新》,《(续办)女子世界》2年6期,93页,1907年7月。
② 《提学司示谕》,《大公报》,1907年4月19日。

与激发爱国心相辅而行,《女子世界》1 期刊出的《醒世歌》其二"吾民的中华国"犹以竞争自强为国祈愿,2 期载录的《何日醒》便已由泛泛的救亡意识转为具体的时局指证,当下此时的危机感愈发紧迫:

> 风波蓦地潮流劲,扶桑杀气生。三韩初告警,舰队横飞陆队行。牙山黄海平壤经,烽烟辽海盈。金州、旅顺、威海、荣城纷纷一掷轻。一旦辽东并,强俄、德、法猝缔盟。谁应我请,谁愿我争,吾党何日醒?

所述时事为 1894 年甲午战争清军惨败的过程及其后诸国的角力。次年 4 月 17 日,李鸿章代表清廷被迫与日本签订《马关条约》,同意割让台湾、澎湖列岛与辽东半岛,迅即引发俄、德、法三国的干涉,其驻日公使 4 月 23 日同时照会日本政府,要求放弃对辽东半岛的索求。刚刚崛起的日本权衡利害后,不得不于 5 月 4 日作出决定,表示让步。

但三国干涉还辽绝非为保全中国计,而完全是为了谋求各自国家在华的更大利益。展读 1904 年印行的"蒙学堂学生用书"《(最新)妇孺唱歌书》,可以发现,其中也有一首同题歌,却比《女子世界》所刊多出一节。添加的歌词恰好是把时局的演进连接到 1903 年发生的拒俄运动以及第二年 2 月爆发的日俄战争:

> 辽东半岛风云紧,强俄未撤兵。呜呼东三省,第二波兰错铸成。哥萨克队肆蹂躏,户无鸡犬宁。日东三岛,顿起雄心,新愁旧恨并。舰队连樯进,黄金山外炮声声。俄败何喜,日胜何欣,吾党何日醒?①

如此连缀,不仅俄国侵吞中国东北一以贯之的狼子野心足以昭示天下,而且,歌中反复咏叹、意在唤醒"吾党"的三国干涉、俄败日胜这些与中国国土攸关的事件,作为主权国的中国却置身事外、毫无权利,此一现实的揭露,也

---

① 《何日醒歌》其二,越社编《(最新)妇孺唱歌书》,9 页,上海越社印行,1904 年初版、1905 年再版。此书复印件由钟少华先生提供,特此致谢。

表达出先觉者对国人"亡国奴"心理的深刻警示。联系此歌写作之时,拒俄运动已从上海发端,在各地风起云涌,继蔡元培等在沪组织"对俄同志会"后,1904年1月,"对俄同志女会"也宣告成立①。因知歌词作者所声声召唤的"吾党",原是将女界同仁亦包括在内。

其实,即使载录了两段歌词的《(最新)妇孺唱歌书》,仍非《何日醒》的全本。依据钱仁康的考察,可知此歌作者为夏颂莱,曲谱套用了日本的《樱井诀别》,但在节拍上略有变化。歌词共八段,分别为鸦片烟、圆明园、东海滨、甲申、甲午、海军港、义和团与东三省。上引两节位列第五与第八。由于夏作初刊1904年出版的沈心工编《学校唱歌集》初集②,以时间计,已是将最新时事纳入。而其所采用的历史事件分述方式,实在便于不断展开。故此后热衷编曲的金天翮曾有增润,将其扩充到14阕,并易名为《国民大记念》③,正可见此歌独特的魅力。

同样诞生在拒俄运动中的一首《勉学歌》④更是别出心裁,歌词完全脱离了此类歌曲应有的劝学指向,而专一在救亡图存上用力。作者激昂的情感适与民族主义合拍,并且首句即有发露:

勉学歌

F调　　　　　　　　　　　　2/4

3 2 3̲ 2̲ | 1̲ 2̲ 6 | 5̲ 1̲ 1̲ | 3̲ 4̲ 3̲ 2̲ |

一从蛮族　来称　王,汉家运命大堪　伤。
洋人势力　满天　红,汉人都是可怜　虫。

1̲ 3̲ 3 | 5̲ 6̲ 3 | 3̲ 2̲ 3̲ 2̲ | 1̲ 2̲ 1 |

良湾良港　一齐　亡,辽东今日又作战场。
通商传教　闹烘　烘,人心国帑一齐　空。

---

① 见《对俄同志女会广告》,《俄事警闻》,1904年1月22日。
② 见钱仁康《学堂乐歌考源》,64—67页。又,夏颂莱为沈心工1904年所办"速成乐歌讲习会"的学员。
③ 金一《国民大记念》见1906年出版之氏编《新中国唱歌集(初编)》;后收入阿英《晚清文学丛钞》(说唱文学卷)上册(北京:中华书局,1960年),仍标《何日醒》,阿英并以为金题"不如原本之洽当"(19—25页)。
④ 《勉学歌》,《女子世界》2年1期(13期),65页,1905年6月。

```
5 5 5 | 1    1 1 —  | 3.   0 |
可是我   中   华 土    壤,
劝你们   烈   烈 轰    轰

5 5 5 | 2    5 1 —  | 1    0 |
任人宰割 让   人 强。
夺还自主 有   威 风。
```

此一"勉学"其表、革命其里的乐歌采用的名不副实包装,倒更像是为了避开清廷耳目所使用的障眼法,则其劝告读者与听众"烈烈轰轰,夺还自主有威风"的煞尾,也明显成为一种革命的呼号,推翻清王朝之为救国的先决条件已尽在不言中。证之以在反清色彩浓厚的杂志《神州女报》2期上再度现身的此曲,题目已改为切合内容的《普通女学校励志歌》;结句也不再曲折,革命(光复)之义被斩钉截铁地径直道出:"作一个巾帼英雄,光复旧物有威风。"①比之先前的普告大众,修正稿明确以女性群体为启发对象,对其中潜藏的革命力量深具信心,鼓动效应无疑更强烈。

既然"勉学歌"亦可以借时事鼓吹革命,则标题为"爱国""忧国"一类的乐歌,感时伤怀自是理所当然。《神州女报》创刊号有《哀祖国》②一曲,堪为此中标本:

哀 祖 国

```
       C调 4/4                敌 公
6.6 5 3 | 1 2 5 5 | 6.6 5 3 | 5 2 3 1 — |
蛮夷猾夏  祸滔天,   庄严土,   血痕 鲜,
中原回首  几沧桑,   神明胄,   太凄 凉。

6 6 5 3 6 | 1. 2 3 2 | 6.5 3 5 | 2 — 0 | i i
亡国已多年。叹末路,  汉族谁为 怜? 诛屠
引颈喂豺狼。惠州败,  天日暗无 光,  汉家
```

---

① 《普通女学校励志歌》,《神州女报》2期,1908年1月;录自谢俊美《神州女报》,丁守和主编《辛亥革命时期期刊介绍》第三集,407页,北京:人民出版社,1983年。

② 敌公《哀祖国》,《神州女报》1号,143页,1907年12月。

```
i i 2 | i 6 3 5 - | i i 6 5 2 | i 6 5 6 -
```
未逞，剃 发令又传。屡兴大狱，死 灰恐复燃。
厄运，后 顾正茫茫。大索党人，罗 网重重张。
```
3. 2 3 5 | 6. 5 3 5 | 6. 6 5 3 | 6. 6 5 3 5 | 1 - 0 ‖
```
人生到此 苦难 言，河山被占 更夺自由 权。
诸君何事 作虎 伥，曷不大家 恢复旧封 疆？

歌曲在缕述满清王朝建立过程中对汉族的屠杀与摧残（强迫剃发、文字狱盛行等）之后，也一如《勉学歌》(《普通女学校励志歌》）的作者一样，把民族复兴的希望寄托在"驱除鞑虏，恢复中华"上。而遵照同盟会此一纲领，于1907年6月举行的惠州起义，虽一时造成了清军"连战俱北，省城为之震动"①的声威，却仍未逃脱失败的命运。作者对此结局深感痛心，并因清廷随后的"大索党人"，而忧虑汉族前途未卜。最后的结论则又回归革命的呼唤：不要为虎作伥，大家一起光复旧国。尽管其诉求的对象——"诸君"勉强可以将全体汉族民众包括在内，但由于所用词语本义的限制，最后两句仍更像是针对汉人官员的劝告。此歌出现在女报中，也证明民族主义对于编者而言，地位实在女权思想之上。

实际上，若论革命情绪的激越，陈以益（志群）主编的《神州女报》在晚清女性刊物中确应名列第一。陈氏本与秋瑾商谈过《女子世界》同秋之《中国女报》合办的意向，并已以"新女子世界社"的名义推出了"续办"之《女子世界》②。而新刊于1907年7月刚刚问世，就遇到了15日秋瑾的被杀。满含悲愤的陈以益于是转而创办了《神州女报》，当年12月出版的杂志在"发刊词"中即明确宣告："《神州女报》何为而作乎？为鉴湖秋女士流血之大纪念而作也。"③该志之命名既取义于"中国女报"，自觉为其后身；创刊号也专设

---

① 冯自由《丁未惠州七女湖革命军实录》，《革命逸史》第五集，101页，北京：中华书局，1981年。
② 新女子世界社编辑、出版之杂志仍沿用了原《女子世界》的序号，为第2年第6期。陈以益与秋瑾合办刊物往来商讨详情，见笔者《晚清女性与近代中国》第三章第六节。
③ 记者《〈神州女报〉发刊词》，《神州女报》1号，1907年12月。此文由柳亚子代笔，见其《磨剑室文录》上册，195—196页，上海：上海人民出版社，1993年。

了"秋瑾遗著""舆论"等栏目,并在"史传""词藻""记事"中大量刊载秋瑾传记、祭悼诗文以及秋案报道,成为晚清报刊中最早面世的秋瑾纪念专号。

由于秋瑾死得惨烈,为之呼冤的抗议声浪迅速席卷全国,衍生为一场令统治者始料未及的社会大风潮①:拒绝下令杀害秋瑾的浙江巡抚张曾敭转任江苏,执行死刑的山阴县知县李钟岳愧恨自杀,数百人聚会隆重安葬秋瑾于西湖边,传为告密者的胡道南遭到暗杀,祭文悼诗更是层见叠出,遍布各地报刊。《神州女报》于此间适时编辑、发行,其所刊有关秋案的诗文,多半即录自当日上海的报章。

诸作者中,最先发文追悼秋瑾者,为其结拜盟姊吴芝瑛。秋瑾遇难后不到一周,吴氏已在一片肃杀的氛围中发表《秋女士传》,指称秋瑾"死非其罪"②。继而,又由她发起葬秋。1907年11月28日,《时报》刊出其《哀山阴》诗作,题记特别说明:"芝瑛将赴山阴,为秋女士瑾营葬事,爰赋《哀山阴》二绝句。"诗作一控诉官吏的残暴,代秋瑾鸣冤;一表达为挚友收尸,主意已定。

> 天地苍茫百感身,为君收骨泪沾巾。秋风秋雨山阴道,太息难为后死人。

其二尤其感人。此诗录入《神州女报》第1号时,又配上了曲谱③:

哀 山 阴

C调 2/4　　　　　　　　　　吴芝瑛

1 1 | 2 2 | 3 2 1 | 6 - | 1 2 1 | 6 5 | 3 5 | 1 - |
爱书 滴滴 冤民 血, 能达 君门 死亦恩。

3 2 | 5 5 | 1 6 | 5 - | 3 2 | 6 5 | 3 5 | 1 - ‖
今日 盖棺 论未定, 轩亭谁与赋招魂?

---

① 关于秋瑾遇难所引发的风波,可参见笔者《晚清女性与近代中国》第十章"纷纭身后事——晚清人眼中的秋瑾之死"。
② 《秋女士传》,《时报》,1907年7月21日。其时未署名。
③ 吴芝瑛《哀山阴》,《神州女报》1号,111—112页,1907年12月。

虽如同其他乐歌,此作亦只署词作者吴芝瑛姓名,但配曲之出自该刊主编陈以益,应该并无疑问。

不但为现成的诗作配曲,陈以益也在当期《神州女报》中登载了两首自编歌曲。一为《追悼秋瑾女士》,一为《哀秋女士》①,以表达他对秋瑾牺牲深刻的哀痛。择录一首如下:

追悼秋瑾女士

D调 2/4　　　　　　　　　志群

$\underline{5\cdot 5}\ \underline{5\cdot 5}\ |\ \underline{6\cdot 5}\ \underline{3\cdot 5}\ |\ \underline{1\cdot 2}\ \underline{1\cdot 6}\ |\ 5\cdot 0\ |$
豫 备 立 宪 将 谁 欺,　党 祸 屡 构 成。

$\underline{5\cdot 5}\ \underline{5\cdot 5}\ |\ \underline{6\cdot 5}\ \underline{3\cdot 5}\ |\ \underline{2\cdot 2}\ \underline{3\cdot 2}\ |\ 1\cdot 0\ |$
同 胞 厄 运 临,皖 狱　株 连 浙 狱 兴。

$\underline{\dot 1\cdot \dot 1}\ \underline{\dot 1\cdot \dot 1}\ |\ \underline{\dot 2\cdot \dot 2}\ \underline{\dot 2\cdot \dot 1}\ |\ \underline{6\cdot 6}\ \underline{\dot 1\cdot \dot 2}\ |\ 5\cdot 0\ |$
秋 雨 秋 风 愁 煞 人,　女 士 目 难 瞑。

$\underline{3\cdot 3}\ \underline{2\cdot 3}\ |\ \underline{6\cdot 6}\ \underline{5\cdot 5}\ |\ \underline{2\cdot 3}\ \underline{2\cdot 1}\ |\ 1\cdot 0\ ||$
断 头 台 上,血 肉 纵 横,尽 是 汉　人。

两首歌传达了同样的心声。其对于秋瑾冤狱的认定与时论相同,一伤"皖狱株连浙狱兴",一叹"六月霜飞,三字冤奇";不同的是,作者更突出了秋瑾被害的民族冲突背景,所谓"断头台上,血肉纵横,尽是汉人","呜呼吾族危,四万万人同一轨"。

作为女报同人与革命同志,秋瑾的被害给予陈以益的刺激无疑十分强烈。在其所主持的两份刊物《神州女报》与《女报》上,先后设立专号纪念秋瑾②,不仅在报刊界绝无仅有,而且历时之久、怀思之深,也不多见。可以说,在陈氏走向反清革命的思想历程中,秋瑾之死起了强大的推动作用。于此亦不难理解,陈以益对秋瑾的评价为何空前之高,直许以"神州女界新伟人"。在为秋瑾所作传记中,陈氏也大声疾呼:

---

① 志群《追悼秋瑾女士》《哀秋女士》,《神州女报》1 号,107—108、109—110 页,1907 年 12 月。
② 1909 年 9 月发行的《女报》临时增刊《越恨》,也以秋瑾狱案为专题。

晚清女子国民常识的建构

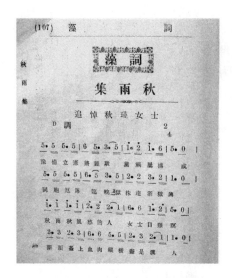

志群《追悼秋瑾女士》歌(《神州女报》第 1 号)

> 呜呼哀哉！女士死矣！虽然,女士之心岂能死哉！必中原独立之日,始九原瞑目之期。世有哀女士、敬女士、怜女士、惜女士、崇拜女士、追念女士而表同情于女士者,则请竟女士之所未竟,为女士之所欲为。其毋使死者徒死,生者徒生,前仆后继,是在吾女界者。①

这种继承遗志的强烈愿望,在《追悼秋瑾女士》歌第二阕歌词中有集中表露：

> 一朝性命竟牺牲,壮志恨未成。英魂常耿耿,还望同胞接踵兴。秋风秋雨愁煞人,女士目难瞑。愿我同志,协力合群,尽□□□。

因政治忌讳而未印出的末三字,依韵当作"杀(或"诛")满人"。而在《哀秋女士》歌中,已有这类"以血还血"的暗示："恨异种蔓滋,草菅人命等闲窥。

---

① 志群《神州女界新伟人秋瑾女士传》,《神州女报》1、2 号,1907 年 12 月、1908 年 1 月;录自郭长海、秋经武主编《秋瑾研究资料·文献集》下册,452 页,银川：宁夏人民出版社,2007 年。

江山惨憺,妖雾漫弥,涤荡更倩谁?"①由反清进而仇满,变宣传策略为实行方针,从而沦为褊狭的民族主义者,此乃晚清不少革命党人的迷误。血气方刚的陈以益也不能例外。

然而,还有另一种声音。由满人贵林主持的《惠兴女学报》,在晚清女报中可算是异类。其本为杭州惠兴女学校校刊,而追溯该校来历,又与满汉矛盾密切相关②。满族妇女惠兴因"愤某女校宣布不收旗女"③立志办学,且抱定"不成功便成仁"的决心,当众割臂发誓:"今日为杭州旗城女学校成立之日,我以此血为记念。如此校关闭,我必以身殉之!"其所创立的贞文女学校于开办一年以后,由于惠兴独力支撑,孤立无援,经费难以为继而课业中断。惠兴果然也实践前言,于1905年12月21日服毒自杀,遗书八封,以求感动众人,获得常年经费④。惠兴之死在北方,尤其是北京激起了巨大反响,包括演戏助学在内的各种形式的募捐活动迅速展开,且卓有成效,使惠氏手创的学校起死回生⑤。尽管惠兴在遗书中仍念念不忘提及:"你们看汉人创兴学务,再过几年,就与此时不同了。"但其同时也强调,"本校必须兼收汉女"⑥。因此,身任惠兴女学校(由贞文女学校改名而来)总办的贵林,也以调和满汉矛盾为办刊之一义。表现在该校乐歌中,淡化满汉之争,只提殉学精神,便成为必然的选择。

由于贵林的努力,《惠兴女学报》搜集、刊录了不下十首纪念惠兴歌。依照1910年1月6日(中历十一月二十五日为惠兴自杀日)"惠兴先生殉学

---

① 志群《追悼秋瑾女士》《哀秋女士》,《神州女报》1号,108、109页。
② 参见笔者《晚清女性与近代中国》第八章"晚清女学中的满汉矛盾——惠兴自杀事件解读"。
③ 中权(贵林)《〈惠兴女学报〉发刊辞》,《惠兴女学报》1期,1页,1908年5月。
④ 《惠兴女士为女学牺牲》,《申报》,1905年12月30日。此文与《惠兴女学报》1期所刊贵林撰《杭州惠兴女士为兴女学殉身节略》文字大致相同。
⑤ 参见笔者《旧戏台上的文明戏——田际云与北京"妇女匡学会"》,原刊《现代中国》第五辑,武汉:湖北教育出版社,2004年12月;收入《北京:都市想像与文化记忆》,北京:北京大学出版社,2005年。
⑥ 《杭州贞文女学校校长惠兴女士绝命遗众学生书》、中权《〈惠兴女学报〉发刊辞》,《惠兴女学报》1期,9、1页。

第四周年纪念会"与"学艺会"程序单,当日在惠兴女学校举办的活动中,歌曲的使用已相当正规。上午的纪念会序次为:来宾及各团体行礼;本校行礼后,摇铃齐队入会场;唱《纪念歌》;总理演说;来宾演说;唱《谢来宾歌》;摇铃闭会。下午的学艺会序次为:摇铃开会;报告学艺会宗旨;唱《纪念歌》;实验学生科学(分图画、讲经、历史、地理、音乐各科);唱《校歌》;女学生演说;本校教员琴操;唱《谢来宾歌》;体操;摇铃闭会①。《惠兴女学报》也于报道上述活动的第 21 期杂志上,逐一刊载了《惠兴女校歌》《纪念歌》与《谢来宾歌》歌词。而此三作先已在第 5、6 期刊物上出现,分别题为《悼惠兴歌一》《惠兴女史周年纪念歌》《敬谢来宾莅会记念歌》,因知其原本是为 1907 年 1 月 9 日(十一月二十五日)惠兴去世一周年而谱。不过,为适应年复一年的演唱需要,《周年纪念歌》首句"荏苒光阴已一年",到《纪念歌》中,后半句顺理成章地易为"又一年"②。

而无论纪念会还是学艺会上所唱《谢来宾歌》,也不似前文"仪式歌"中所录《谢宾歌》之单纯表达感谢光临、握手欢迎,却更向《纪念歌》看齐。《纪念歌》"云端一鹤舞跹跹,疑是惠兴现;饮毒神情在目前,泪渍留遗念"之句,在《谢来宾歌》中也如响斯应:

  天天天天,经过又一年;朝来暮还,心儿里有挂牵。挂牵着惠兴灵迹在堂前;无量纪念,无量感念,口说不完全。
  来来来来,来宾满座排;长言永叹,请演说各登台。说当年冬月廿五心肝摧;纪念成会,纪念临会,临会谢朋侪。③

即使第二节歌词已转向来宾、感谢临会,但重心仍在歌咏其人之演说惠兴殉

---

① 见《特别广告》《纪念会序次》《学艺会序次》,《惠兴女学报》21 期,1 页,1909 年 12 月 27 日;实际出刊日期应在 1910 年 1 月 6 日之后。
② 陈子宣《悼惠兴歌一》《惠兴女史周年纪念歌》,《惠兴女学报》5 期,11、12 页,1908 年 9 月;《敬谢来宾莅会记念歌》(未署名),《惠兴女学报》6 期,11—12 页,1908 年 10 月;《纪念歌》,《惠兴女学报》21 期,2 页。
③ 《纪念歌》《谢来宾歌》,《惠兴女学报》21 期,2 页。

学事，到底脱不出纪念的剧情。

陈子宣编写于惠兴辞世一周年之际的《悼惠兴歌》，则全然是一首记述惠兴办学的叙事歌。歌分七段，且附录了曲谱：

惠兴歌谱

1 1 4 — | 6 5 4 5 | 6 i i 6 | 5 — · 0 |

6 6 i 2̇ | i i 6 — | 4 6 6 5 | 1 — · 0 |

1 1 4 — | 2 2 2 1 | 4 4 4 6 | 5 — · 0 |

6 6 2̇ i | i i 6 — | 4 6 6 5 | 4 — · 0 ‖

此歌首尾两节均在表彰惠兴以身殉学的意义，不过，开头是从惠兴的角度展望前途，末尾是以后继者的身份抚慰英灵：

> 闺中妇莺喉啼破，啼不醒春婆。精卫身轻衔石重，投入海中波。留遗语前因后果，满纸泪珠粗。一命牺牲非短见，宏愿望前途。
>
> 慨时变倡兴女学，目远又心坚。饮毕毒膏甜似蜜，白骨质金钱。英灵现达官名士，担任各挑肩。他日闺壶通教育，含笑立黄泉。①

从后来的结果看，惠兴"为女学牺牲"（借用《申报》标题）确实死得其所，不只所办学校获得再生，而且对清廷学部1907年3月颁布《女学章程》，使得女子教育合法化，也有一份促进之功。

至于《悼惠兴歌》中间的数节歌词，则将惠兴的感人事迹、远大心志一一道来，如"欲点黄金无法术，割臂誓同胞""要为女郎增智识，拼命一肩挑"之写办学决心，"情无奈朝朝暮暮，求不到资财；一载经营心火蓺，心火蓺成灰"之说经费艰难，"筹思定秘书封固，字字结精诚""留凭证师徒修膳，款目

---

① 《悼惠兴歌一》，《惠兴女学报》5期，11页。

列分明"①之述缮写遗书。而惠兴创立女学堂的起因虽在受汉人刺激,但归根结底,仍是出于对世界局势的了悟。遗书中表白:"我并非好事,实因现在的时势,正是变法改良的时候。"尽管其中"与外人争气,不要与同部人争意气,被外人笑话"②之言,内外之别本包括了满汉,但一般人意会,很容易将其转换为"优胜劣败,适者生存"的中外之争。于是,推原惠兴心事,后一说法便占了上风:

  看榜样东西各国,国势日恢张。不论女郎男子事,同建读书堂。细思想增能益智,学问是良方。要使旁人尊视我,才力必相当。③

表扬惠兴乃是为国争胜而创兴女学,将其归入"欲强国,必由女学"④的时代思潮中,方可以超越满汉成见,提升惠兴办学与自杀的意义,使其具备普世价值。这应该也是陈子宣的《悼惠兴歌》从众多同题歌作中脱颖而出,最终被选中确定为《惠兴女校歌》的缘故。

  尽管有民族冲突的背景,但总体而言,晚清女报上的时事歌,其基本主题还是经由对政治及社会事件的及时感应,抒写各自不同的救国理念:改良/革命、民族主义/满汉调和。正因为具有强烈的意识形态甚至党派色彩,这类乐歌也最少性别区分。诸作固然多半出自男性作者的自我感怀,而透过其中具象化的危机展示与音乐处理,甚至还有女学堂中的反复咏唱,晚清女性与现实社会直至国家命运之间的纽带也被拉紧。

第三节 从女报走出的乐歌传人

  处在近代音乐教育初起时,晚清女报的启蒙作用实际是双向的:既针对

---

① 《悼惠兴歌一》,《惠兴女学报》5 期,11 页。
② 《杭州贞文女学校校长惠兴女士绝命遗众学生书》,《惠兴女学报》1 期,9、10 页。
③ 《悼惠兴歌一》,《惠兴女学报》5 期,11 页。
④ 梁启超《论学校六(变法通议三之六):女学》,《时务报》25 册,1 页,1897 年 5 月。

读者,也指向作者。可以说,女报中的乐歌如实记录了近代音乐及其作者成长的足迹。就中,陈以益的经历特别值得单独讨论。

陈以益,又作陈以一,别署志群,江苏江阴人,曾就读上海留学预备高等学校,后赴日求学。其最早介入的女报为《女子世界》,日后自言:"忆十五岁即投稿于上海《警钟日报》及《女子世界》杂志。《女子世界》系常熟丁初我、曾孟朴等所创办,为女界月刊之鼻祖。"①而检查该志,1905年9月发行的2年2期(14期)上,刊有署名"志群"的短篇小说《女子世界》,应该就是陈以益与女报发生关系之始②。嗣后,陈氏的文字逐期增多。至1906年7月2年4、5期(16、17期)合刊出版,主编丁祖荫的名字已完全隐退,门面栏目"论说"的作者也以志群居首,且四文中独占两篇,说明《女子世界》自此已进入陈以益时代。这也是陈能够于1907年3、4月间与秋瑾通信,商量该刊与秋之《中国女报》合办的缘故③。而这一合作的产物——1907年7月由新女子世界社出版的《(续办)女子世界》2年6期甫一问世,便遭遇了当月15日秋瑾的被杀。陈以益于是再度集合两刊,于12月创办了《神州女报》。然而,此报仅出三期,便因经费支绌而停办。经招股改组,1909年1月,陈氏又再接再厉推出《女报》,不过,该刊亦续出至五期即终止。以此渊源,年轻的陈以益已堪称晚清女报界的"三朝元老"。而其矢志不渝坚持办报的毅力,在晚清报界也是独一无二的。

可以想见,由《女子世界》开创的"唱歌"栏以其特出,必然给陈以益留下了深刻印象。由羡慕进而效法,在年少气盛的陈氏也并非难事。何况,无论是其预备留学读书的上海,还是曾经留学居住的日本,当时音乐教育都正在蓬勃兴起。受潮流影响,陈以益首度主持的女报,自然也成为其涉足乐歌创作的最佳试验场。

依据笔者的分析,见于《(续办)女子世界》2年6期上的《女国民》与《世

---

① 陈以益《余之阅报与办报》,《墨游漫墨》,78页,1927年。
② 如"大我"能够确定为陈以益之笔名,则陈与《女子世界》的关系还要提早一期,第2年第1期"丛谈"栏中已有署名"大我"的《奇闻片片》。关于"大我",参见本文"励志歌"一节。
③ 见秋瑾《致〈女子世界〉记者书》,《神州女报》1号,60—62页,1907年12月。

界新》，很可能就是陈以益最早公之于世的歌曲试笔作。《女国民》之署名"佛哉"，乃是沿袭了其所取材的《复报》。如前所述，陈氏在重刊时增加了两段歌词，并且，旋律虽未有大更动，但由原先的 C 调升为 G 调，音高也随之降低了 5 度。如首句《复报》原作"5·55 6 | 7·77 6 | 5·55 3 | 2·0"，《女子世界》改为"1·11 2 | 3·33 2 | 1·11 6 | 5·0"①。这还在其次；更有意思的是《世界新》。比照《复报》，可知其原名《自由结婚纪念歌》，亦出"佛哉"之手。而《女子世界》刊载时，不只是变动了题目，增删了歌词，并且曲谱也已另行改过。原本唱词为 18 段，《世界新》添加到 20 段，其间删去两段，新增四段。《自由结婚纪念歌》原谱作：

5 6 | 5 4 | 6 1 6 1 | 2 — | 1·6 4 | 5 6 | 1 2 | 4 0 ‖

《世界新》全首作：

世 界 新　　　　　2/4
C调
2·3 1 | 4 5 3 5 6 | 3·1 2 3 3 | 2·5 1 ‖

世界新，	男女重平等；	文明国，自由	结婚乐。
我中华，	旧俗真堪嗟；	抑女权，九州	铁铸错。
我想当初，	妇道主三从；	依赖性，养成	种劣弱。
还有那，	媒妁多诳语；	结婚后，焉有	不死者？
到如今，	二亿女同胞，	颠不剌，黑狱	终沦落。
最可怜，	淘汰听天然；	难怪他，红颜	多命薄。
想起来，	惨酷真非常；	吁嗟乎，神圣	何不作？
尽有那，	花脂粉骷髅，	千金价，半世	幽闺阁。
更无耻，	玩物甘自居，	斗金莲，三寸	缠小脚。
剧难堪，	卖笑倚门娼，	谁父母，骨肉	尽人虐。
恶少年，	问柳又寻花，	吊膀子，一味	图淫邪。
老鸨妇，	逼良而为娼，	开妓院，罪孽	不可赦。
妈牵头，	诱人去入胜，	欲渔利，不管	人及肉。
你看他，	习惯成自然；	惨社会，几时	能清廓？
念我生，	一分子国民；	怎忍得，汉族	奇羞恶？
我同志，	为社会牺牲；	自由神，呵护	脱束缚。

---

① 佛哉《女国民》，《复报》5 期，22 页，1906 年 10 月；佛哉《女国民》，《(续办)女子世界》2 年 6 期，61 页，1907 年 7 月。

> 破题儿，革命自婚姻；当头棒，风气　先恢拓。
> 曾记得，交换指环时；最快意，爱敬　莫人若。
> 谢皇穹，昭鉴有兹心；扬子江，证我　三生约。
> 我黄裔，发达会有期；祝前途，努力　鞭一着。

中间第4、11—13段词为后加者，除斥责媒妁一节尚在主意中，其他添补已离题太远，反造成了内容的不均衡。由于曲谱已与原出完全不相干，故此作与《女国民》之仍署"佛哉"名的处理明显不同，而径直付之阙如①。这也可以理解为，陈以益以空白的方式表明了自己拥有部分著作权。

值得一表的是，由陈以益主编的这册新《女子世界》，"唱歌集"竟收录了九首歌曲——这还是将《女杰梁红玉歌》与《女杰秦良玉歌》计为一首的结果。而在丁祖荫时代，除去只录歌词的开头两册"学校唱歌"外，自10期配有曲谱的乐歌登场后，杂志每期最多亦不过刊出四曲。新《女子世界》的破例，恰从一个侧面证明了陈氏对此确有特殊的癖好。检点该期所刊歌作，《女国民》与《世界新》之外，另有《女子蚕桑学校校歌》与《采桑》二作有主名，乃出于"女子蚕桑学校"；其他从《女杰梁红玉歌》到《游行》，包括《女军人》《天足会》《运动场》，这些未注明作者的歌曲，照上例推演，内中起码应该也有属于陈以益之作。

在新《女子世界》尚有遮掩的陈以益，五个月后发起创办《神州女报》时，便已破关而出，以真面目与世人相见。创刊号发表的《追悼秋瑾女士》与《哀秋女士》两首，虽仅署为"志群词"，但依照当时一般只揭明词作者的规矩，并不能排除谱曲亦出自其人的可能；何况，吴芝瑛一作由徒诗变而为歌曲，制谱者除了主编陈以益最方便代劳外，也很难提出其他人选。故此三曲应一并归入陈氏名下。

再往后编辑《女报》时期，"唱歌"栏仍照设不误，陈以益却未在此间刊发署名新作。不过，这并不意味着其已经搁笔，因该栏仍有作者阙名的乐歌。假如换一个角度思考，这反倒证明了追悼秋瑾诸曲确是陈氏奋不顾身的动情之作。

---

① 佛哉《自由结婚纪念歌》，《复报》5期，24页；《世界新》，《(续办)女子世界》2年6期,64页。

而由女报引发的编写歌曲的兴趣,在陈以益竟成为长久不衰的爱好。目前所知,陈氏出版的个人文集共三种,即1924年出版的《爪哇鸿爪》、1927年出版的《墨游漫墨》与《东亚之东》(又名《日下谈日》)。就笔者所见的前两种而言,无独有偶,其中都录有陈以益谱写的歌曲,如《爪》书中的《庆祝荷兰女王登极廿五周年歌》,《墨》书中的《追悼中山先生歌》。而且,陈氏的撰制一如晚清,与现实政治密切相关。颂扬荷兰女王一歌恰合其外交官身份:一则表达"值兹荷王纪念日,凡我侨民同喜欢"的庆贺之意;一则要求"荷政府重修法制,平等待遇,为东印度开一新纪元"①。

其中流传最广者为《追悼中山先生歌》。1925年3月孙中山在北京去世,海内外均举行了大规模的祭奠活动。陈以益时在日本,自述:"此歌为长崎追悼会而作,经各部追悼会采用,先载《民国日报》'追悼特刊';越一年,又见于《中国晚报》之孙先生逝世周年纪念增刊。"显然,此乃陈氏最得意的乐歌作品。现录曲如下:

追悼中山先生歌

C调 4/4　　　　　　　　陈以一

5. 5 5 5 | 6. 5 3 5 | 1. 2 1 6 | 5.—0 |

中山先生,中山先生,中华第一 人。
中山先生,中山先生,世界大伟 人。

5. 5 5 5 | 6. 5 3 5 | 2 2 3 2 | 1.—0 |

四十年来,奔走革命,有志事竟成。
三民主义,五权宪法,建国方略新。

1. 1 1 1 | 2. 2 2 1 | 6 6 1 2 | 5.—0 |

手造共和,推翻满清,东方华盛 顿。
反抗列强,条约改订,国际尚平 等。

3 3 2 3 | 5 6 5 3 | 2 3 1. 1 | 1.—0 |

国基未固,国父先殒,呜呼先　生!
睡狮方醒,一发千钧,呜呼先　生!

---

① 陈以益《庆祝荷兰女王登极廿五周年歌》,《爪哇鸿爪》,卷首,北京:外交部印刷局,1924年。

有趣的是,如与18年前披露于《神州女报》的陈氏作《追悼秋瑾女士》歌对比,二曲竟然惊人地相似。不同处主要在于,整首的节拍由2/4改成了4/4,即追悼秋瑾烈士时,旋律速度较快,表现出作者的感情更愤慨、激越;而追悼孙中山先生时,曲调则舒缓了许多,适可配合沉重、肃穆的哀思氛围。此外,还有一些小变动,如第一句后半之"1·2 1 6｜5·— 0",其中的"1 2 1"在《追悼秋瑾女士》歌中本作高八度处理;最后一句也对原曲的"3·3 2·3｜6·6 5·5｜2·3 2·1｜1·0"有所改动①。而此例也最生动地展示出,时间虽然飞快流逝,多年以后,留在陈以益记忆深处的依然是晚清女报中的乐歌。

陈以益之由编辑女报进而培养出填词作曲的能力与爱好,且行之久长,并以此为荣,尽管或许是特例,但晚清女报"唱歌"栏的设立及其对于乐歌传播的作用与影响,经由以上各节的分析,已是彰彰在人耳目。毋庸讳言,当年的歌曲创作不乏幼稚,有些甚至不易上口,优美和谐更谈不上,却毕竟已经实在地融入晚清女性生活的各个层面:既作为一种启蒙利器,传输了新思想与新知识;也以其广泛的应用性,直接参与到移风易俗、构建女性新生活的历史进程中。在这个意义上,可以说晚清的乐歌作者是幸福和值得自豪的一代。

---

① 陈以益《追悼中山先生歌》及歌谱,《墨游漫墨》,79—80页,1927年;志群《追悼秋瑾女士》歌,《神州女报》1号,107页。

第六章

晚清女报中的国族论述与女性意识
——1907年的多元呈现

1907年是中国女报界迅速扩展的一年,《中国近代报刊名录》所附《中国近代中文报刊创刊年表兼索引》在该年项下便至少列出了十种杂志①。其中,在当时及后世影响最大的三份女报为:1月在上海出刊的《中国女报》,2月、6月在东京先后面世的《中国新女界杂志》与《天义报》②。这三份新出女报的共同特点是,"编辑兼发行人"均为女性,且都有留学或居留日本的经历。而即便在当年,7月印行的《(续办)女子世界》2年6期不仅同时为三家女报做了广告,并且也在"记事"栏发文介绍,称赞秋瑾主持的《中国女报》与燕斌主编的《中国新女界杂志》:"二女士皆东京留学生,品学

---

① 即《二十世纪之中国女子》(日本·东京)、《女学报》(北京)、《天义报》(日本·东京)、《天足会报》(上海)、《中国女报》(上海)、《中国妇人会小杂志》(北京)、《中国新女界杂志》(日本·东京)、《妇女会报》(北京)、《星期女报》(北京)、《神州女报》(上海)。见史和、姚福申、叶翠娣编《中国近代报刊名录》,405—407页,福州:福建人民出版社,1991年。

② 自第3卷起,刊名改题"天义"。

兼优。而此二大杂志亦各有所长。"更推许"《天义报》系东京新出,尤为完善"①。可见三报一出现便已引起关注。何况,秋瑾与燕斌亦有交往,1905年底秋瑾离开日本之际,燕斌曾作《送竞雄女士归国》诗相赠;对燕斌所编杂志,秋瑾也曾有评说②;而秋瑾身后所出版的第一本诗词集,乃由何震编印③。凡此,都为将三份刊物放在一起讨论提供了理由。当然,最重要的是三家女报的同中有异以及对话场域的形成,在国族论述与女性意识上亦有呈现,只有经由彼此的观照,才可以分梳清楚。

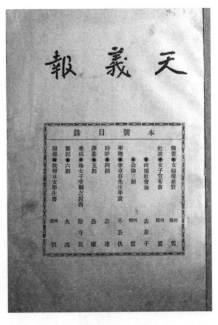

《天义报》第1号封面

需要先行说明的是,出于论题的考虑,本章应采用女作者的文字,方足以考知其对自我身体、权力与身份的自觉与期待。而晚清女报中笔名的混杂,则使作者性别的判定难度綦大。为尽可能保证论述的可靠,笔者将以三份女报主编发表在"社说"(或"论著""论说")与"演坛"(或"演说")

---

① 如瑾(陈志群)《女界二大杂志出现》,《(续办)女子世界》2年6期,113页,1907年7月。另,此期杂志卷首刊登了《天义报》长篇广告,卷末则有《中国新女界杂志》与《中国女报》广告。

② 见《中国女报》1期,47页,1907年1月;秋瑾《致陈志群》其三(1907年4月3日),郭长海、郭君兮辑注《秋瑾全集笺注》,452页,长春:吉林文史出版社,2006年。

③ 何震于《天义》第7卷(1907年9月)发表《〈秋瑾诗词〉后序》,言及:"秋瑾罹祸之岁,七月初旬,得其诗词若干首,各为一卷,乞太炎先生及吾师曼殊为序,并由吾友王芷馥女士助资排比,阅二旬而成。"(45页)其所得秋瑾遗稿来自陶成章与龚宝铨(见龚氏《〈秋女士遗稿〉跋》,《秋女士遗稿》,东京,1910年)。《秋瑾诗词》出版后,凡订《天义》全年者,"均附送一册"(《〈秋女士诗词〉出板豫告》,《天义》5卷,卷末,1907年8月)又,该刊并刊发过《秋瑾传》《绍兴某君来函论秋瑾事》及《秋瑾死后之冤》诸文。参见笔者《秋瑾诗词集初期流传经过考述》,《中国文化研究》2014年2期。

的论说文为主,参以三人在其他栏目以及其他女作者在上述两栏目中的撰述。如此,也有利于呈现三家女报各自的主导趋向。

第一节 《中国女报》中的"汉侠女儿"

《中国女报》是由著名的女革命家秋瑾创办。发刊之前,秋瑾曾于1906年7月31日至8月9日在上海的《中外日报》连续登载广告,拟筹集股金万

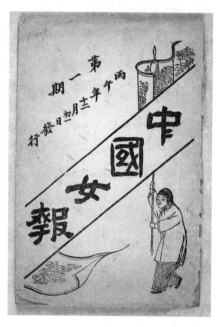

《中国女报》第1期封面

元,可惜应者寥寥。在"经费很为难"①的情况下,《中国女报》仍勉力出版了两期。3期文稿虽在1907年6月中旬前已编就②,但因秋瑾随后的筹划起义与迅速就义,而未能付印。

检索两期杂志,秋瑾以本名或"鉴湖女侠"之号刊载的论说文字并不多,1期里只有"社说"栏的《发刊辞》与"演坛"栏的《敬告姊妹们》,2期更仅见卷首的《创办〈中国女报〉之草章及意旨》一篇广告,余外便是译稿《看护学教程》与诗歌作品了。而2期分列"论说"与"演坛"的《女子教育》与《恭喜恭喜》,虽然署名不同,却均出自后来担任《(续办)

---

① 参见秋瑾《创办〈中国女报〉之草章及意旨》《敬告姊妹们》,《秋瑾全集笺注》,376—377、386页。
② 秋瑾《致陈志群》其九(1907年6月17日)中提及:"《女报》编辑已就,前因无暇,约于此月必行付印。"(《秋瑾全集笺注》,458页)

女子世界》主编的陈志群(本名以益)之手①。于是,另外一位作者"黄公"显得格外引人注目。此人在《中国女报》的重要性显然不亚于秋瑾,两期理应由报社中人执笔的"社说"文字,竟然都由"黄公"具名。而2期中"钝夫"即陈以益的文章特意放置在"论说"而非"社说"栏,也显示出"黄公"乃是自家人。因而,尽管目前没有更确凿的线索,笔者仍希望能对其人稍作推测。

秋瑾遗稿中有一部《精卫石》弹词,今存完整的前五回及第六回前半篇残稿。学界一般认为,第一册一至三回写于1905年秋瑾留学东京时,第二册四至五回为归国后1906年续写,第六回残稿则大致草于1907年②。按照其弟秋宗章的说法,"姊所撰《精卫石》弹词手稿四本,初意在《中国女报》逐期刊布"③。尽管因为第3期的夭折,我们不知此说是否可靠,但起码可以引起关联的是,弹词主角黄鞠瑞的故事,确为秋瑾自身心事、行迹的影写。而依据第六回所述,黄女赴日留学后,改名"黄汉雄",而非秋瑾原拟回目中设定的"黄竞雄"——后者显然与秋瑾已经流传于世的"竞雄"名号相同。此回弹词也在大肆铺写"真革命党"光复会在各地的分支系统④,亦与秋瑾其时正在组织的武装起义情实吻合。因此,经由"黄汉雄"的性别变异,笔者也怀疑"黄公"实为秋瑾的化名。如此也可以解释,秋瑾以本名或人所熟知的"鉴湖女侠"名号在《中国女报》发表的诗文,为何全然不见种族革命色彩,只因这类言说已由"黄公"包揽。更何况,从秋瑾致陈志群信中可知,《中国女报》编务完全由秋瑾一人承担,所谓"前瑾至沪,略为料理报事,嘱樊君付印,近可出版。瑾因绍中校事(按:指大通学校),友人倩代襄理,故

---

① 《女子教育》署名"钝夫"(目录)或"纯夫"(正文),此文后在《(续办)女子世界》2年6期刊出修订稿,自署"志群",与《恭喜恭喜》一文作者名相同。实则,"志群"即陈志群,本名陈以益。
② 参见郭延礼《秋瑾年谱简编》,郭延礼编《秋瑾研究资料》,38页,济南:山东教育出版社,1987年。
③ 秋宗章《六六私乘》,同上书,133页。
④ 汉侠女儿《精卫石》,中华书局上海编辑所编辑《秋瑾史迹》,162—168、28页,上海:中华书局上海编辑所,1958年。

在绍日多。樊君于报中文字茫无头绪,不能代理,故不能不二处兼顾"①,因此,报馆中也确无其他人可分担秋瑾的主笔职责。

明白了《中国女报》作者笔名中的奥妙,便可将报中的启蒙文字分为两个层次,即面向女性大众的发言与针对女性知识者的立论。前者以秋瑾代表,后者由"黄公"主持。

在最低的层次上,秋瑾见于《中国女报》的言说只揭出"我中国之黑暗何如,我中国前途之危险何如",虽然也用了不少形容词语描画"黑暗"与"危险",如"黑暗界凄惨之状态,盖有万千不可思议之危险",但此"中国之黑暗"与"前途之危险"究竟何所指,却并未落实。因此,"爱国"多半成为秋瑾的自我表白,并不作为对女性的普遍期待。这一低姿态的启蒙预设更进而引导以秋瑾之名发表的论说,其重心均放在"我中国女界之黑暗更何如,我女界前途之危险更何如"②的阐发上,从而凸显了对女性自身解放的高度关注。

由此看来,《发刊辞》与《敬告姊妹们》二文更像是彼此关联的上、下篇,前者提出对中国女界黑暗与危险的设问,后者作出回答,展现了中国女性生存的现实情境:

> 我的二万万女同胞,还依然黑暗沉沦在十八层地狱,一层也不想爬上来。足儿缠得小小的,头儿梳得光光的。花儿朵儿扎的、镶的戴着,绸儿缎儿滚的、盘的穿着,粉儿白白、脂儿红红的搽抹着。一生只晓得依傍男子,穿的、吃的全靠着男子。身儿是柔柔顺顺的媚着,气虐儿是闷闷的受着,泪珠儿是常常的滴着,生活儿是巴巴结结的做着。一世的囚徒,半生的牛马。

其中对于缠足、装扮的否定,早有先进者发明在前,算不上秋瑾的特识。秋瑾言说的长处因而只在用类似戏曲唱词的表述,突出呈现了女性身体被男

---

① 秋瑾《致陈志群》其一,《秋瑾全集笺注》,450页。
② 秋瑾《发刊辞》《敬告姊妹们》,《中国女报》1期,1—2、13页,1907年1月。

性拘缚的状况:"这些花儿、朵儿,好比玉的锁、金的枷[枷],那些绸缎好比锦的绳、绣的带,将你束缚得紧紧的。那些奴仆,直是牢头、禁子看守着。那丈夫不必说,就是问官、狱吏了,凡百命令皆要听他一人喜怒了。"显然,在秋瑾看来,身体的拘禁实为女性失去自由最重要的表征与根源。以此,那些"安富尊荣""自己以为我的命好"的"太太奶奶们",落在秋瑾眼中,照样是"没有一毫自主的权柄"的可怜女同胞①。故而,恢复女性身体与行动的自由,便成为秋瑾整个论述的基点。而其设定的抗争对象,也首先指向家庭中的男性。

正是在西方文明、自由理念的观照下,上述男性对于女性身体的桎梏,被秋瑾恰当地概括为女性成为男性的"囚徒"与"奴隶":"总是男的占了主人的位子,女的处了奴隶的地位。"而且,女性"为着要倚靠别人,自己没有一毫独立的性质。这个幽闭闺中的囚犯,也就自己都不觉得苦了"。既然"这奴隶的名儿,是全球万国没有一个人肯受的,为什么我姊妹却受得恬不为辱呢?"秋瑾指出,其原因纯粹在于女性无法自谋生计,只好依赖丈夫。于是,为女子设想"求一个自立的基础,自活的艺业",秋瑾也指明向上一途:"如今女学堂也多了,女工艺也兴了,但学得科学、工艺,做教习,开工厂,何尝不可自己养活自己吗?"而女性拥有自立的能力固然有益家庭,所谓"不致坐食,累及父兄、夫子了","可使家业兴隆";不过,秋瑾更看重的实在第二义项,即"可使男子敬重,洗了无用的名,收了自由的福"。女性所获得的这种"自由自在的幸福",也不只是在家庭中得到男子的尊重,以及"夫妻携手同游,姊妹联袂而语"之乐,还包括了走出家门后,在社会上与男子平等、自由的交往,这就是秋瑾所描述的"在外有朋友的教益"。并且,不止此也,经济自立的更上一级,才是秋瑾理想中女性可达致的最高境界:"如再志趣高的,思想好的,或受高等的名誉,或为伟大的功业,中外称扬,通国敬慕。"虽然关于"名誉"与"功业"所指仍然语焉不详,但由秋瑾所描绘的无论哪个层级的女性解放前景,都昭示出一个"美丽文明的世界"②,却已毫无疑问。

---

① 秋瑾《敬告姊妹们》,《中国女报》1 期,13—14 页。又,"奴仆"后原多出一"奴"字。
② 同上书,14—15 页。

这种对于女性自由的热切呼唤，在 2 期"唱歌"栏刊载的鉴湖女侠秋瑾所作《勉女权》歌中获得了集中呈现：

> 吾辈爱自由，勉励自由一杯酒。男女平权天赋就，岂甘居牛后？愿奋然自拔，一洗从前羞耻垢。若安①作同俦，恢复江山劳素手。
>
> 旧习最堪羞，女子竟同牛马偶。曙光新放文明候，独立占头筹。愿奴隶根除，智识学问历练就。责任上肩头，国民女杰期无负。②

全篇实际是以歌曲的形式，对前述二文核心观点所作的总结与提升。如《敬告姊妹们》的反问："难道我诸姊妹，真个安于牛马奴隶的生涯，不思自拔么？"③在此也得到了正面的肯定。最明显的是，"自由"与"奴隶"的赫然对立贯穿前后，根除奴性方能获得自由与独立，在歌词中已有了最精练的表述。引人注目的尤在意义的提升与发挥。《发刊辞》与《敬告姊妹们》文中并未出现的"女权"或"男女平权"词语不但进入标题，也成为整首歌词的焦点。"自由"的真义就是"女权"或曰"男女平权"的实现，而这种权利本应是与生俱来（"天赋就"），那么，女性的牛马、奴隶境遇即意味着应有权利的丧失，收复女权的正当性由此产生。

只是，这样的释读仅停留在对女性自身权益的关注，仍属前述低层次的要求。而秋瑾对女同胞原本还有更高的期待，所言"伟大的功业"，在《勉女权》中已被具体化为"恢复江山"。与之相关的"中国之黑暗"与"前途之危险"，自然亦指向国家的沦亡。女性因此不只是作为家庭中的母亲、妻子、女儿存在，同时也具有了国民的身份标识，而与国家发生关联。救国于是被秋瑾视为女子理应承担的责任，实践这一理想的女性，方能获得"国民女杰"的荣名。其间，"女权"和"国民女杰"的关系，固然可以从女性应拥有参政权一面设想，但"责任"与"权利"在现实中往往并不等同，以救国为己任

---

① "若安"为法国救国女杰圣女贞德的译名。
② 鉴湖女侠秋瑾《勉女权》，《中国女报》2 期，48 页，1907 年 3 月。
③ 秋瑾《敬告姊妹们》，《中国女报》1 期，15 页。

的中国女杰,获得选举权与参政权的道路仍然漫长。而假如我们另辟蹊径,不拘于秋瑾的言说,而引进"黄公"的论述,"女权"在《中国女报》中的特殊意指即可获解,秋瑾提倡"女权"的深心亦可得到发覆。

据此,《中国女报》1 期"社说"栏刊载的"黄公"《大魂篇》便显得意义非凡。此文大张旗鼓地宣扬种族革命,诸如"中原铁血,大地腥膻,禹氏九州,已无复一寸干净土,为吾黄帝子孙立足地"这类其时反清志士常用的表达,在此文中也一泻无余。而"种族之思想"更被作者认定为区分人类与禽兽的界标,得到高度肯定。因此,"大好河山"被蹂躏,在黄文中首先指向满族对汉族的奴役。其次,窃取了汉族国家的满人,又任由异国侵占中国的领土,则为"神州陆沉"的第二义。所谓"甲国范围线,乙国势力圈;鲸吞者封豕长蛇,蚕食者朝削暮蕞"①,便是此一情境的激愤写照。种族革命因此需要在民族与国家两个层面展开,反抗清朝统治与抵抗列强入侵于是联为一手。《勉女权》中尚嫌笼统的"恢复江山",至此也有了明晰的答案。

而在这一以救亡图存为目标的民族国家论述框架中,"女权"也被委以重任。其说大而言之有谓:

> 国民者,国家之要素也。国魂者,国民之生源也。国丧其魂,则民气不生。民之不生,国将焉存?故今日志士,竞言招国魂,然曷一研究国魂之由来乎?以今日已死之民心,有可以拨死灰于复燃者,是曰国魂。有可以生国魂、为国魂之由来者,是曰大魂。大魂为何?厥惟女权!

"女权"被作者尊称为"大魂",端在其能够诞育、铸造"国魂",使得国民有生气,国家得复兴。而追溯女权之所以具此伟力,作者给出的回答其实不脱当时先进者已经阐发的精义:"女界者,国民之先导也。国民资格之养成者,家庭教育之结果也。我中国之所以养成今日麻木不仁之民族者,实四千年来沉沉黑狱之女界之结果也。"②比较 1903 年林宗素之言:"女子者,诞育

---

① 黄公《大魂篇》,《中国女报》1 期,5—6 页,1907 年 1 月。
② 同上书,7 页。

国民之母。……故今亡国不必怨异种,而惟责我四万万黄帝之子孙;黄帝子孙不足恃,吾责夫不能诞育国民之女子。"①也就是说,由性别构造所带来的生育能力以及作为家庭教育最早的实施者,都使女性具备了养育国民身体与精神的母体本原的特质。汉族的疲弱与国家的沦亡既源于女界的沉沦黑狱,则汉族的崛起与国家的强盛,势必也要归本于女界。是即黄文道破的:"欲收他日之良果,必种今日之好因。唤起国魂,请自女界始。"②

然而,负有"生国魂、为国魂"重大使命的女界,现实的情况远不能令人满意,其本身即为病体,需要全面医治。而"黄公"开出的药方,包括了德育、体育、智育三方面。德育以破除"三从四德,数千年来之古训"为急务,体育以戒除缠脚、"人人尽复其天足"为前提,智育以根除"女子无才便是德"为起点。凡此,"曰三从四德也,培养奴隶之教育也;曰缠足也,摧残奴隶之酷刑也;曰女子无才便是德也,防范奴隶之苛律也",其要义均在以女子为奴隶。而要革除奴性,将女性从"四千年来沉沉黑狱"中解救出来,首先就要改变女性无权的处境。结论是:

  故振兴女界,万绪千端,挈领提纲,自争女权始。

如能"争已失之女权于四千年",即能"造已死之国魂于万万世"③。女权因而成为再造国魂的"大魂"。

而女权如何收复,在晚清也是检验女性意识是否完足的一方试金石。其时已有诸多热心"女界革命"的男子发表了各种论说,但女界先进者仍坚定地发出了维护女性自主权的声音。如林宗素即不以金一《女界钟》"为我女子辩护""代谋兴复权利"为可凭恃,因为,"权也者乃夺得也,非让与也"。即使"彼辈男子慨然尽举畴昔所占据之权利,一一让与而还付之于我女

---

① 林宗素《叙》,金一《女界钟》,林《叙》1—2 页,1903 年。
② 黄公《大魂篇》,《中国女报》1 期,8 页。
③ 同上书,8—10 页。

人",也不能"保护享受于永久"①。"黄公"正是延续了这一思路,力言:"(女权)争之若何,亦自为之而已矣。幸福固非他人所能赐予者。"②并且,不仅于此,黄文对女性其实还另有崇高的期待。

在这一更高的层级上,"黄公"要求于晚清女性知识者的"名誉"与"功业"已远远超越家庭一隅,而立身于民族国家的高度。故谓,"贤内助之资格,于彼男子诚利矣,与吾女界何?与吾祖国何?"其所寄望于同胞姊妹的上乘境界,实为"宏其愿,达其识,肩任立功,以与天下男子争着鞭"。因此,女性的任务不只是夺回女权,而且,"还以助男子,共争主权于异族",亦被规定为"我女子之天职"。《大魂篇》也在激昂的种族革命与女权革命合一的话语中结束:

> 尽我天职,以效祖国,凡我女子志愿所及,即我女子权力所及,当仁不让,夫何吝于先着鞭?嘻嘻!兴矣。近以挽狂澜于既倒,远以造国魂于将来。伟哉女权!伟哉大魂!魂兮归来,吾将见之,吾愿买丝以绣之,酬金以铸之。③

而能够担负此重任的女性,自然是"国民女杰";若兼顾从异族手中夺回主权的使命而言,其命名则以秋瑾在《精卫石》上的署名"汉侠女儿"最为贴切。

因应晚清女界的现实状况,《中国女报》将读者群区分为大众与精英两类,分别以秋瑾与"黄公"两种论述层次进行启蒙。从最低的启发女性挣脱奴隶地位,经由国民意识的加入,最终提升到赋予女子从满清与列强手中拯救中国的至高责任,女子的性别身份也相应地从贤母良妻、国民女杰直指汉侠女儿。而无论隐显,作为全部论述的核心理念,实为"女权"。

---

① 林宗素《叙》,金一《女界钟》,林《叙》2—3页。
② 黄公《大魂篇》,《中国女报》1期,10页。
③ 同上书,10、9、11页。

第二节 《中国新女界杂志》中的"女国民"

与秋瑾的归国办报不同,燕斌创办《中国新女界杂志》之际,正在东京早稻田同仁医院留学。除为此刊主编、主笔外,时年三十九岁的燕斌还同时担任了中国留日女学生会对外书记。加以1905年冬留学之前,燕斌自称已"奔走遍十二行省,名媛贵妇,订交论学,相追随而莫逆者,颇不乏人"①。以其在国内尤其是留日女界中的资历与声望,《中国新女界杂志》既吸引了诸多留学生,特别是女生参与其中,出刊后,也获得了广泛的关注,第3期的发行量便"已及五千余册"②。然而,由于内地代销报费多有拖延,致使该刊"经济异常困难"③。先是自4期起开始延期出版④,至6期印行后,杂志终于被迫停刊。

燕斌在《中国新女界杂志》主要使用"炼石"的笔名,室名亦署

《中国新女界杂志》第6期封面

---

① 参见《论女界医学之关系》之炼石志、《中国留日女学生会成立通告书》、炼石《罗瑛女士传》,《中国新女界杂志》1、2、5期,19、75、51页,1907年2、3、6月(实际大约11月刊行)。

② 中国新女界杂志社《本社特别广告》,《中国新女界杂志》4期,卷首,1907年5月(实际大约7月刊行)。

③ 参见《本社特别广告》《本社借股诸君公鉴》,《中国新女界杂志》5、6期,卷首,1907年6、7月(实际大约11、12月刊行)。

④ 《中国新女界杂志》第4期《本社特别广告》称:"惟前因特别事故,以致未能如期出版。"

"补天斋",显然以女娲补天的功业自期,志向可谓宏大。其办刊发论,也立意高远,且多长篇大论。因此,出自其笔下的文章,重要者如《女权平议》《本报对于女子国民捐之演说》《女界与国家之关系》《本报五大主义演说》《中国婚俗五大弊说》,均未完篇。很可能为其另一笔名"娲魂"所写的小说《补天石》,甚至连卷一"楔子"亦未刊全。这也令人疑心燕斌眼界虽高,却力有未逮;同时亦为完整考察其女性观带来一定困难。

燕斌自记其十余岁时与女友一起读书:"每披阅史鉴,同概[慨]人事之不平。读大家《女诫》,尤窃相议之,以为女子亦人类,何卑弱乃尔,无或谬乎?"而当年不能明白宣说的质疑,始终"盘结于脑际",便成为其"他年提倡学说,扶植女权,为女同胞谋幸福之心"①的萌蘖。因而,《发刊词》之外,《中国新女界杂志》刊出的第一篇论说,标题即为《女权平议》。只是,与《中国女报》倡言的"女权"带有鲜明的民族革命印记不同,燕斌的阐说别有会心。

按照燕斌最初的设想,《女权平议》本是一篇宏论:

> 今欲推翻已往之腐败社会,扶植女权,催其发达,当首令吾女同胞,知女权之原则,与女权之设施,及女权之将来;次宜就中国历史上之性质,所以妨害于女权之故,精研而深究之;证以欧美之事实,斟酌损益,以定吾中国提倡女权之方针,分其次第,期以实行,而后中国女权之发达,可企而待矣。

只是,此篇论说只刊出一次,即不见下文。所述也仅及第一个小话题,即"女权之原则"。经过一番人类史的考证,燕斌指出:"夫世界人类,既只有男女,男女之数,又常平均,可知造物生人之本意,其视男女,皆人类而已,无所偏于男,无所重于女。"由此证明,男女两性天生平等,女子与男子本有对等的人权,是即女权。而"夫妇之名,嫁娶之制,男刚女柔,男尊女卑,男外

---

① 炼石《罗瑛女士传》,《中国新女界杂志》5 期,54 页。

女内"的习俗观念,均属后起的"不公平、不道德"的"人为之习惯",应予破除。收复女权对于女子而言,因此具有天然合法性。此节结尾便极言:

> 语曰:不自由勿宁死!吾窃一易说曰:女权不复勿宁死!此女权之原则也。①

尽管《女权平议》只是残篇,不过,如结合《中国新女界杂志》的诸多论说,钩稽铺排,还是可以大致了解燕斌的思路。如从历史上考究妨碍女权之缘故,有忏碧所作《妇人问题之古来观念及最近学说》的系统论述,也有散见各篇的对于"男尊女卑"一类旧学说的批驳。而介绍欧美女界情况,则以燕斌本人最为用力,先后刊有《美国女界之势力》《请看俄罗斯二百年前之妇人界》《欧美之女子教育》《纪美国妇人战时之伟业》②诸文。更值得关注的是,此类文字,无论反观历史还是远究域外,都是针对当下中国的现实发言,具体说来,即是"以定吾中国提倡女权之方针,分其次第,期以实行"。

由"女权之将来"以及"分其次第"之言,可以意会,在燕斌看来,"女权"的内涵既在不断进化发展,其实现也需要经历若干阶段。或者可以说,在不同的阶段里,女权应有不同的实践形态。故此,应晚清中国的现实情境,燕斌所要"扶植"的"女权"也染上了鲜明的国家主义色彩。

按照燕斌的女界进化观,中国女界应"由家族的妇人地位,进而为国家主义的妇人,更进而为世界主义的妇人"。"世界主义"属于未来的理想,燕斌对此不及讨论。而晚清女性尚处于"家族的妇人地位",当务之急是将其提升为"国家主义的妇人"③。后者即为《中国新女界杂志》大声呼唤的"女国民"。还是在《发刊词》中,燕斌已以"欧美诸强国"为表率,赞扬"其女国民,惟日孜孜,以国事为己责;至于个人私利,虽牺牲亦不之惜。斯其国始得

---

① 炼石《女权平议》,《中国新女界杂志》1期,2—4、6页。
② 其中《美国女界之势力》与《纪美国妇人战时之伟业》署"炼石",刊《中国新女界杂志》1—2期、4期;《请看俄罗斯二百年前之妇人界》与《欧美之女子教育》署"娲魂",刊1期、2—6期。
③ 炼石《留日见闻琐谈》,《中国新女界杂志》2期,134页。

为有民,宜其国势发达,日益强盛,而莫之能侮"。中国的状况恰与之相反,"虽有多数女国民之形质,而无多数女国民之精神,则有民等于无民"。故燕斌认为,中国"以硕大民族,势力衰微"①,根本原因在此。既然国力的强盛与女国民的质量与数量成正比,祈望中国迅速强大的燕斌,于是也将培植女国民确定为其所办刊物的主旨,即其所谓"最崇拜的就是'女子国民'四个大字。本社创办杂志的宗旨,虽有五条,其实也只是这四个大字"②。女国民由此成为《中国新女界杂志》对晚清女性群体的普遍期待。

在燕斌的用语中,"女国民"既等同于"国家主义的妇人",便意味着对现行政权所代表的国家有认同感。这也使其区别于秋瑾激烈的种族观念,在政治立场上更接近于温和的改良派。《发刊词》中称"近年以来,朝野上下,始从事于女子教育问题",是"为吾女学界开一新纪元也"③,已露端倪。更明显的是对"女子国民捐"的全力肯定。燕斌为此专门写了一个长篇演说文,不但赞美1906年9月1日清廷发布的预备立宪上谕"放出祥光瑞气",而且针对批评"国民捐"的议论,也坚定地站在国家主义的立场予以反驳。因为"有人说,他捐的钱,都交在户部银行,明明是为虎作(伥)呢,不过去供给政府的霍挥[挥霍]罢了。提起赔款来,一定还是去剥削百姓罢",燕斌的辩护就很有些强词夺理:指责"女子国民捐"发起一年来,得款甚少,"还不够零头的零头呢","这能怨他不得已,又去剥削百姓么"?又说:"就任他挥霍了,究竟还是用在政治上面,终须有个报销,有个着落,也比那太太们奶奶们,整日里施僧修庙,焚香赶会,拜佛念经,拿着有用钱财,去供给老和尚挥霍,强的多罢。"④此类言说已经明白显示出燕斌的国家至上立场。其逻辑起点为,国家的权益在任何情况下,都凌越于个人权益,而唯此为大。

当然,这也不表示燕斌全盘认可现政权的作为,相反,对于历代相传,亦为清朝所承袭的专制政体,其《本报关于女子国民捐之演说》一文即曾痛加

---

① 炼石《发刊词》,《中国新女界杂志》1期,《发刊词》1—2页。
② 炼石《本报对于女子国民捐之演说》,《中国新女界杂志》1期,42页。
③ 炼石《发刊词》,《中国新女界杂志》1期,《发刊词》2页。
④ 炼石《本报对于女子国民捐之演说》,《中国新女界杂志》1、3期,44、24—25页,1907年2、4月。

批判。只是,由于该文采用了寓言体,作者只形容它是"两个字里头的最大怪物","发出凶光万丈,臭气千条,恶不可当;所有一切的字,若是会奉承他,还可偷生苟活;若是稍微冲犯着,可就没有命了";述其历史,在中国是从秦始皇时代开始发作,西洋各国则是十九世纪以后,先在欧洲站不住脚,四十年前,在日本也被打出来,俄国早晚也不能住了,"惟独中国,本是他极好的一个养老院",却又有五百零九个字合成的上谕"颁行各省,声明教大家豫备资格,约定年限,定要把他两个字合成的大怪物,在中国几千年放出的毒气,斩草除根似的,拆开了消尽了,不准他们两个字再到一堆,结合起来害人"①。这样缠绕的表达,"专制"二字始终未道破,确会造成额外的困扰。难怪秋瑾对《中国新女界杂志》大为不满,严词斥责:

□□之杂志,直可谓之无意识之出版,在东尚不敢放言耶?文明之界中乃出此奴隶卑劣之报,不足以进化中国女界,实足以闭塞中国女界耳,可胜叹息哉!

而其第3期《中国女报》拟定的一则"演坛"题目,即为"专制毒焰之澎涨"②,亦不无针锋相对、纠偏补弊之义。

以国家主义为救国方策,燕斌关于女性权益的所有思考,从人身的自由开始,包括其在《女权平议》中所称羡的欧美女子享有的"姻婚[婚姻]之自由,学问之自由,生业之自由"③,因此无不置于这一理路中。

对于女性人身自由的讨论,在晚清主要集中于身体与行动两项最基本权利的拥有。前者以抨击缠足为极致,后者多半关涉"男外女内"的规限。燕斌也是如此。依据人道主义女权观,燕斌既痛心于"吾中国社会,对于女子,更有最不仁之行,为世界所未有者,则缠足是矣",又揭示其危害不仅及

---

① 炼石《本报对于女子国民捐之演说》,《中国新女界杂志》1期,43—44页。
② 秋瑾《致陈志群》其三、其四(1907年4月3日、4月23日),《秋瑾全集笺注》,452、454页。
③ 炼石《女权平议》,《中国新女界杂志》1期,6页。

于女子一身：

> 迟之既久,举步维艰。周身气血,不能流通,斯疾病生矣。此时为病女,将来即为病妇。病体之遗传,势必更生病子孙。使仅为一人一家之事实,则所关尚细;无如千百年来,统二万万之妇女,已皆沦于此境界,迄未改革焉,则其人种之健全,必不可得。彼"东方病夫"之徽号,诚哉其有自来矣!①

小说《补天石》则从禁锢女性于家中的角度,得出了相同的结论:

> 只因数千年来,有一个最奇的习俗,凡是女子,都须收藏在家里,连风儿都不叫吹着。虽有手却不让他做事,虽有脚却不让他走路,只算是男子的玩物罢了。因此那汉族的女子,都衰弱起来。女子既然衰弱了,那女子所生的男子,自然就一代不如一代,也衰弱起来了。列位请想,一国的民族,既然成了这种现象,难怪外人呼他为病夫、为老大罢。②

总之,在燕斌的追究下,无论缠足还是幽闭女性,都造成了汉族人种的衰弱(因缠足为汉族风习),这是导致中国国势衰微的深层原因。结论于是也很现成:如要振兴国力,必自恢复女性的人身自由权开始。

言及婚姻自由,燕斌专有《中国婚俗五大弊说》详加阐论。而无论其弊端为"媒妁""早聘早婚",还是"迷信术数"等,无不危及国家前途。如媒妁撮合男女,于"财利之外,他非所顾"。如此漠视性情才德的婚姻,往往造成"夫妇之情意不洽",并由此带来一连串恶果——"情意不洽,则气脉不融;气脉不融,则种裔不良;种裔不良,则国脉之盛衰系之矣"。而早聘早婚同样被斥为"中国人种日劣之大原"。凡此对于中国婚姻旧俗"遗害无穷"的清算,概言之即为:

---

① 炼石《女界与国家之关系》,《中国新女界杂志》2期,3页。
② 娲魂《补天石》,《中国新女界杂志》2期,149页。

> 吾恐其患之中于个人者尚小,而无如养成依赖之性根,损失家庭之幸福,消耗社会之资材,演成种裔之悲剧,而国民之生殖力、发展力,亦以俱形其薄弱也,其害可胜言哉!

因此,燕斌反对"惟凭父母之意见"、以"父母为绝对的主体"之"父母专婚",而肯定青年男女"请命于父母""以请命者为主体"的"父母主婚"①,也应放在这一笼罩婚姻、家庭的国家主义背景下考量。女性的婚姻权因此也与国家发生密切关联。

至于生业的自由,由于中国女子被禁闭家中,此项权利自是完全缺失。尤其是在与女界"最有势力的,以美国为第一"的对比中,美国女界"于事业的各方面,不但与男子平等,并且还有强似他的地步",中国女子却"没有独立的事业,凡事皆仰给于男子"②,两个国家的盛衰强弱,在此也立分高下。

而《中国新女界杂志》最关心点,尤在"学问之自由",即女性教育权问题,这也是主编燕斌最关心的。"鼓吹教育"尽管被列于该刊"五大主义"的第三条③,对于报社同人来说,却实为其倾心致力之首务。《本社征文广告》已明言:"本社创办杂志,原以开通风气,提倡教育,为最要之主旨。"④而教育作为"女权"的第一义项,在燕斌的如下表述中也得到凸显:

> 所以本报提倡女权,是要指望大家先从真实学问下手,然后从事于各种事业。⑤

当然,此一对于女性教育的强调,亦与国家主义的整体语境相关。援用燕斌的说法即是:"故论女子之时代,其与国家之密接关系者,就普通论之,当以

---

① 炼石《中国婚俗五大弊说》,《中国新女界杂志》3 期,3、5、8、2、6 页。
② 炼石《美国女界之势力》,《中国新女界杂志》1 期,79、81、80 页。
③ 炼石《本报五大主义演说》,《中国新女界杂志》2 期,13 页。
④ 《本社征文广告》,《中国新女界杂志》3 期,卷首。
⑤ 炼石《美国女界之势力》,《中国新女界杂志》1 期,81 页。

教育为急。"①准此，女性教育权及其实施，便顺理成章地转化为以培养女国民为目标。

依照燕斌的构想，女国民教育大体可分为物质与精神两个层次。燕斌最先在《发刊词》中引其端绪，紧接着，《中国新女界杂志》2期即刊出了以"中国女子教育之方针"为题的征文广告：

> 女子教育之于中国，其关系固不待言。然奴隶的教育，与国民的教育异；物质的教育，与精神的教育异。种如何因，即收如何果，则施措之方针，宜早定也。本社恐仅就个人意见，不足以端海内之趋向，愿我同胞，各抒伟论，以解决此问题。谨择尤登布，庶从事斯道者，有所折衷焉。②

可惜，这一面向东京与国内的征稿，经过再次刊求，结果仍不能令人满意。投稿虽然不少，燕斌却认为多半"与本报的主义不能相合，以致不便登载"③。而其间的缘故，主要在于对"精神的教育"论述不合格。

推究《中国新女界杂志》所谓"物质的教育"，大体相当于智育，指各种专门知识与职业技能的培训。燕斌以日本为此类教育的典型："教育虽普及，究其实际，因被男界限制之故，所得者仅物质上的文明。"而由此"所造就者，良妻淑女，其上选也"。因此，日本的女子教育尽管比中国先进，燕斌也主张中国女学"不妨近取诸东洋，以医痼疾"；但她仍然认定，"物质的教育"尚属粗浅层次，其所培养的"良妻淑女"更适合"家族的妇人"时代，而非目前急需的"国家主义的妇人"④。

燕斌理想的完全的女国民教育，则应在"物质"之外，更施以"精神的教育"。根据《发刊词》所述，"但深望当事者，勿徒尚物质的教育，必发挥其新

---

① 炼石《女界与国家之关系》，《中国新女界杂志》2期，3页。
② 《本社悬赏征文广告》，《中国新女界杂志》2期，卷首。
③ 炼石《本报五大主义演说》，《中国新女界杂志》4期，20页。杂志第3期再次刊登《本社征文广告》，吁求"男女同胞"踊跃发表意见，"想热心君子，必不忍坐视而缄默耳"。
④ 炼石《留日见闻琐谈》，《中国新女界杂志》2期，132、134页。

道德,而活泼其新思想"①,可知"精神的教育"实指向"新道德"与"新思想"。这也是《中国新女界杂志》之所以将"提倡道德,鼓吹教育"并列,作为第三条主义的深意②。而此一更上层楼的教育,所取法者乃是欧美,燕斌即坦言,"精神上的教育,则断宜以欧美为师"③。

这一源于欧美的"精神的教育"既以"新道德"为主体,《中国新女界杂志》因此大加提倡,推许其"乃是世界通行的女子新道德"。而对此"新道德"的阐释,单看燕斌于《本报五大主义演说》中所述,不无夹缠不清处,远不及巾侠的《女德论》取镜欧美女权精神,提出的"慈爱""高尚""侠烈""勇毅"④之四德明晰且系统。不过,参照《发刊词》中燕斌赞羡"欧美诸强国""对于女界,实行开明主义,与男子受同等之教育,其爱国之理想,国民之义务,久令灌注于脑筋",也不难理会,爱国思想理所当然应为"女子新道德"的基本要素。因此,说到"新道德的好处",燕斌也必以此居先:"第一件是女子的新道德,若果然发达了,便可与男子,同具有国民的资格,尽一分国民的义务,国家便可实在得着女国民的益处了。"而"这担任国民义务,必先富于爱国思想,把国看的,比自己生命还重,无一刻能忘了"。经过这样充满爱国思想的"精神的教育"洗礼,燕斌所期盼的"斯教育一女子,即国家真得一女国民"⑤方可实现。

需要指出的是,无论哪个层次的女子教育,燕斌都以为应与男子教育毫无差别。"凡男子所能学的,无论是什么海陆军、政治、法律、工业、农业、商业、哲学、理学、文学、医学等等,都要分配开了,去研究个毫无余蕴。"⑥而只有获得同等教育,女性才能够在择业上与男性享有同等待遇,进而在一切的

---

① 炼石《发刊词》,《中国新女界杂志》1 期,《发刊词》2 页。
② 参见炼石《本报五大主义演说》,《中国新女界杂志》2、4 期,13、19—28 页。
③ 炼石《留日见闻琐谈》,《中国新女界杂志》2 期,134 页。
④ 炼石《本报五大主义演说》,《中国新女界杂志》4 期,21 页;巾侠《女德论》,1 期,13—15 页。
⑤ 炼石《发刊词》,《中国新女界杂志》1 期,《发刊词》1、2 页;《本报五大主义演说》,4 期,24—25 页。
⑥ 炼石《美国女界之势力》,《中国新女界杂志》1 期,80 页。

权利上与男性平等。这也是燕斌特为看重女学的缘故。

虽然在燕斌的论述中,"欧美女界"作为超越日本的典范,其女权之发达已足令中国女界艳羡,但其实"欧美"之中,仍有轩轾,燕斌最赞赏者还在美国。断言"近世女权之最发达者,当以北美合众诸州为最;女权之最不发达者,则以吾中国为最"①,已尽显此意。美国与欧洲的差距,归根结底在参政权。译述《美国女界之势力》时,燕斌于是特别致意于美国女性在"官吏界"与"议员界"的任职,一则说:"世界上各国的官吏,无论大小,皆是男子的专业,从来没有女子作官的。"一则说:"必有选举权的人,方能举别人作议员;必有被选举权的人,方能被别人举他作议员。这是一定的道理了。但是各国宪法上,从未认许女子,有这个权利。"而唯独美国女界首开风气,享有此权②。由此可见,燕斌倡导女国民"精神的教育",所要达致的最高目标,实在女性获得参政权。而必至此境界,才可谓为完全的女权。

从强烈的国家主义理念出发,由燕斌主编的《中国新女界杂志》形成了鲜明的特色。以塑造具有"新道德"的女国民为中心,燕斌充分展开了对于逐步实现女权的设想。而其问题意识既得益于留学日本、汲引最新学说的便利,又充分体现出杂志同人所代表的留日女学界炽热的救国情怀。恰如燕斌在《中国女报》上发表的一首诗作所吟诵的:"女学苟不振,国民安可兴?女界不维新,教育胡能成?关键于爱国,吾侪务血诚。"③其所吐露的心声正可作为创办杂志的缘起解读。只是,由此引发的国家至上,在实践中也会导致集权统治,对其间可能存在的弊害,燕斌等人显然缺乏意识。

第三节 《天义报》中的女虚无党

何震作为《天义报》的编者,过去一直不被认可,近年学界则多持肯定态度。笔者认为,两说都存在偏差。实则在办刊方面,何震初期投入较多,

---

① 炼石《女权平议》,《中国新女界杂志》1期,1—2页。
② 炼石《美国女界之势力》,《中国新女界杂志》2期,97—98页。
③ 燕斌《浩气吟》其四,《中国女报》1期,47页,1907年1月。

嗣后热情退减,故杂志主要仍由何震的丈夫刘师培支撑①。创刊之际,曾在多处登载的《〈天义报〉广告》,已明确将该刊定位为"女子复权会"的机关报②。虽然很快又兼为宣传无政府主义的"社会主义讲习会"会刊,但刊期到19卷的杂志,多半将有关女性的论述置于"社说"(或"论说")栏首位,仍体现出对"女子解放"话题的突出关注。而何震本人的写作也如同火山爆发,数量之多在其一生中空前绝后。

有趣的是,《天义报》1期卷首,刊发了何震绘图的《女娲像》,恰与燕斌的"炼石"别号相对应。不过,与燕斌的志在"补天"迥异,何震突出的是女娲"断鳌足,杀黑龙,先禹有功抑下鸿(按:通"洪"),辟除民害逐共工"的伟业。凭借这份救世济民的功劳,何震认为女娲应"与轩、羲并隆"③,即与黄帝与伏羲一起受到后人的尊崇。此图像与赞语有意将女性对于人类的贡献追溯至历史源头处,实为何震所持男女平等思想的形象化表达。

追溯何震的思想轨迹,1907年2月同刘师培一道赴日后,夫妇二人与日本社会党中的激进派多有接触,因而迅速接受了无政府主义④。何震当年曾坦言:"吾于一切学术,均甚怀疑,惟迷信无政府主义。故创办《天义报》,一面言男女平等,一面言无政府。"⑤而建基于无政府主义之上,也使得何震的男女平等思想具有鲜明的特色。

无政府主义最核心的理念是消灭阶级、废除国家,反对一切统治关系的存在。秉持此意,何震等《天义报》发起人也认定,"世界固有之社会,均属于阶级制度","均含有不平之性质",故"非破坏固有之社会,决不能扫除阶级,使之尽合于公"⑥。革命的正义性与必要性由此发生。而《天义报》区别

---

① 参见笔者《何震的无政府主义"女界革命"论》,《中华文史论丛》2006年3辑,311—350页。
② 此广告至少在《(续办)女子世界》2年6期、《复报》10期以及《神州女报》1号刊载过。
③ 何殷震《女娲像并赞》,《天义报》1号,卷首,1907年6月10日。
④ 参见万仕国《何震年表》,赵昌智主编《扬州文化研究论丛》7辑,81—82页,扬州:广陵书社,2011年。
⑤ 公权(汪公权)《社会主义讲习会第一次开会记事》,《天义》6卷,30页,1907年9月1日。
⑥ 何殷震等《〈天义报〉广告》,1页,《(续办)女子世界》2年6期,1907年7月。

于其他无政府主义报刊的独特处,乃是在所有领域的革命中,将"女界革命"(亦称"男女革命")放在第一位。创刊号登载的《简章》已宣告:

> 以破坏固有之社会,实行人类之平等为宗旨。于提倡女界革命外,兼提倡种族、政治、经济诸革命,故名曰天义报。①

"天义"在何震等人的语境中,相当于"真公""至公",意指天下正义、公道之所在,实以平等为旨归。因此,"女界革命"所要达致的男女平等,本是无政府主义的题中应有之义。正如何震所言:"盖无政府之目的,在于人类平等,及人无特权。若男女平等,亦系人类平等之一端;女子争平等,亦系抵抗特权之一端,并非二主义相背也。"②这是从无政府主义的思想逻辑推演出来的道理。只是,何震以"女界革命"居先,还另有深意。

就人类最基本的关系构成而言,实属男女两性。而自原始社会(何震谓之"图腾社会")解体,父权制建立,女性即受制于男性。这就是何震等人所谓"世界固有之阶级,以男女阶级为严"。由此,男女权利的不平等,也在最根本的层面上决定了社会的阶级属性,并深入到人们意识的最深处,以致其他阶级关系的改变,亦不能影响男权即男性特权的尊崇地位。用何震的说法,即是女子"贵为王后,其身不可谓不尊,而受制于男自若也"。既然人类平等乃是"天义",占人类半数的女性无权状况自不可容忍:"使女子而非人类也则已,使女子而为人类,又安能日受压抑而不思抵制乎?"于是,在《天义报》发起人那里,结论也很现成:"故欲破社会固有之阶级,必自破男女阶级始。"而必须优先进行的"女界革命"与其他诸种革命的关联便呈现为:"夫以男女阶级之严,行之数千载,今也一旦而破之,则凡破坏社会之方法,均可顺次而施行,天下岂有不破之阶级哉!"③在此,"女界革命"显然被

---

① 何殷震等《简章》,《天义报》1号,封二。
② 公权《社会主义讲习会第一次开会记事》,《天义》6卷,30页。
③ 震述《女子复仇论》,《天义报》2号,4、1页,1907年6月25日;何殷震等《〈天义报〉广告》,1—2页,《(续办)女子世界》2年6期。

认定为具有动摇现行社会结构全局的突破效力。当然,这只是理论推导的结果,占先并不意味着可以单独获得成功,何震即一再强调:"居今日之中国,非男女革命与种族、政治、经济诸革命并行,亦不得合于真公。"①因此,更值得重视的是何震凸显"女界革命"重要性的思路。

尽管随着"社会主义讲习会"内容比重的不断加大,当年10月底《天义》第8—10卷合册出版时,更正后的《简章》已将最初列于首位的"提倡女界革命",替换为"实行男女绝对之平等"②,并移至五条纲领的最后一项,但其精神仍前后贯通。甚至可以说,经由后者的概括,何震倡言的"女界革命"底蕴也得到了精粹揭示。

阅读何震在《天义报》的所有论述,不难发现,"实行男女绝对之平等"乃是其统贯的立场与信条。"女界革命"正以此为目标,极言之则谓:

> 要而论之,男女同为人类,凡所谓"男性""女性"者,均习惯使然,教育使然。若不于男女生异视之心,鞠养相同,教育相同,则男女所尽职务,亦必可以相同。而"男性""女性"之名词,直可废灭,此诚所谓"男女平等"也。③

显而易见,何震所谓废灭"'男性''女性'之名词",并非指消除男女两性的自然特征,而是要求泯灭男女在社会性别上的差异。因为社会性别歧视乃是由习惯与教育等社会文化与制度塑造形成,而在何震的语汇中,这些人为的规范、制度被统称为"人治"。

在批判社会性别的不平等时,何震也采取了和前述两份女报完全不同的论述方式,放弃了更贴近其时女性日常生活的话题,乃至不涉及两报热衷抨击的缠足、包办婚姻等陋习,而是直抉根本,专一从清理制度入手。《女

---

① 何殷震等《〈天义报〉广告》,2页,《(续办)女子世界》2年6期。另参见震述《女子宣布书》,《天义报》1号,6页。
② 何殷震等《简章》,《天义》8—10卷合册,封二,1907年10月30日。
③ 震述《女子宣布书》,《天义报》1号,6页。

子宣布书》最典型。何震揭发男女不平等的"古制",归结为四事:"一曰嫁娶上之不平等","二曰名分上之不平等","三曰职务上之不平等","四曰礼制上之不平等"①。其中第一条检讨的是婚制,痛斥男子多妻,明显与燕斌关注"婚俗"中的"媒妁之弊""早聘早婚之弊"等异趣②。

针对"男女之间,其制度失平"③的现状,何震在批判的同时,也要求遵从男女平等的原则,逐一加以矫正。如以"实行一夫一妻之制",革除婚制中的不平等;以"无论社会间若何之事,均以女子参预其间",破除职业上的不平等。而其首先身体力行的,则是对姓氏制度的革命。何震尖锐地指出,姓氏所涉关系重大,女子"姓则从夫"这种名分上的不平等,实乃"以女子为男子附属物"的表征。由此,针锋相对的解决之道即为:

> 既嫁之后,不从夫姓;如从父姓而遗母姓,仍属不公。故生当今时者,当并从父母得姓(即双姓并列是)。俟满洲革命以降,则男女均去其姓,以合至公之理。④

虽然因应现实,"双姓"与"废姓"在推行时尚需分别先后,但在首倡者何震本人,自《天义报》创刊伊始,便已将二者同时付诸实行:第1号目录中所列作者署名均为"何_殷震",正文则一律为"震述"。其关注男女平等的实现以及实行之决心,于此清晰可见。

而采用"双姓"与"废姓",也是何震主张"男女绝对之平等"的绝佳例证。实际上,只有从追求绝对平等的角度,何震诸多奇特惊人之论才可以得到准确解读。

《女子复仇论》可谓何震最有名的文章。其开篇提出的"男子为女子之大敌"的观点,在作为何震"女界革命"论纲领的《女子宣布书》中先已倡言。

---

① 震述《女子宣布书》,《天义报》1号,1—2页。
② 炼石《中国婚俗五大弊说》,《中国新女界杂志》3期,3—10页,1907年4月。
③ 何殷震等《〈天义报〉广告》,1页,《(续办)女子世界》2年6期。
④ 震述《女子宣布书》,《天义报》1号,3、4、2、3—4页。

而其前提是"女子受制于男,已历数千载之久",故"女子一日不与男子平等,则此恨终不磨"①。可见,看似荒谬的男子为女子大敌、女子要向男子复仇的立说,本是起因于男尊女卑的性别歧视,从而集中体现了女性先进反抗男性特权压迫的高度自觉。并且,何震用激烈语气表述的"复仇",只不过是"复权"的另一说法,但更突出了其间"实行"的意涵。也就是说,何震是将反抗男权压迫以实行男女平等的自觉行动称为"复仇"。为此,何震甚至一再倡导使用暴力,如《女子复权会简章》规定的两条"对于女界之办法",一为"以暴力强制男子",一为"干涉甘受压抑之女子"②,其所惩治的对象也包括了女性自身。显然,何震认为,暴力是在"实行男女绝对之平等"的"女界革命"过程中不得不采用的手段。

另一"如有以未昏之女,嫁再昏之男者,女界共起而诛之"的规定,更是在当时引起争议。日本著名的无政府主义者幸德秋水便表示"不解",因"爱情为男女交际之要件",其他均无关紧要,故怀疑何震"仍为古来'贞女不见二夫'之陋道德所染"。实则,何震之说系由"以初昏之男,配初昏之女"推衍而来,仍是出于谋求男女绝对平等的考虑,并将之推行到人类最基本的欲望层面。秉持同样的理由,在反对"男子多妻"的同时,何震也大力谴责以"抵制男子"为名的"女子多夫"。对何震而言,"平等"比"自由"更重要,她正是以此概括与幸德的分歧:幸德之意"在于实行人类完全之自由",己意"则在实行人类完全之平等"③。这种对"平等"的绝对尊重,以致置于"自由"之上,也是何震区别于其他晚清女权论者的特出之处。

由上可知,何震那些貌似偏激的言论,其实往往同时兼顾男女两性立言,绝无例外。故其对于"复仇"的界限也有明确的提示:"盖女子之所争,仅以至公为止境,不必念往昔男子之仇,而使男子受治于女子下也。"而何震对于平等的绝对化诉求,正是源自其当时崇信的无政府主义:

---

① 震述《女子复仇论》,《天义报》2号,1页;《女子宣布书》,《天义报》1号,3页。
② 《女子复权会简章》,《天义报》1号,封三。
③ 震述《女子宣布书》,《天义报》1号,4、6页;《幸德秋水来函》及其后之"震附志",《天义报》3卷,45、46页,1907年7月10日。

> 盖政府既设,即有统治机关。而统治机关,必操于男子之手,是与专制何异?即使男女同握政权,然不能人人均握政权也,必有主治、被治之分。以女子受制于男,固属非公;以女子而受制于女,亦属失平。故吾人之目的,必废政府而后已。政府既废,则男与男平权,女与女均势,而男女之间,亦互相平等,岂非世界真公之理乎?①

换言之,只有进入无政府社会,何震所致力的"男女绝对之平等"才可以真正实现。因此,"颠覆一切现近之人治"(对于女性来说,则是"覆人治以弭男权")②,也被《天义报》同人视为实现人类平等,包括男女平等的必由之路。

小而言之是男女平等,大而言之为人类平等,要达到这一目标,《天义报》在讨论与"女界革命"并行的"种族革命""政治革命"与"经济革命"时,也始终坚守了无政府主义立场。

主张"驱除鞑虏"的革命派,尚可算是无政府主义者的半个同路人。况且,何震本人的思想也经历了从民族革命到无政府革命的转变。不过,《天义报》时期的何震与刘师培已明确在二者之间作出界划,二人联名发表的《论种族革命与无政府革命之得失》对此进行了集中清理。何、刘认为,革命派实行的种族革命仍存独尊汉族的民族不平等观,与无政府革命以"满人之当排,非以其异族而排之也,特以其盗窃中国,握中国之特权"的出发点不同。并且,革命派于"革命之后,希冀代满人握政权",亦是出于自私自利之心,因此终不如无政府革命纯洁、彻底:"满洲政府既覆,则无政府之目的可达";而"革命以后,无丝毫权利之可图","则革命出于真诚"。因此,无政府革命实为包含了种族革命"排满之目的",且更高一筹、"一劳永佚"的革命③。

相对而言,努力推行新政的改良派与立宪派则被视为无政府革命的敌

---

① 震述《女子复仇论》,《天义报》2号,3、2—3页。
② 何殷震等《简章》、震述《女子解放问题》(又题《妇人解放问题》),《天义》8—10卷合册,封二,5页。
③ 震、申叔合撰《论种族革命与无政府革命之得失》,《天义》6卷,17—19页;7卷,22页,1907年9月15日。

人。刘师培专门写过《论新政为病民之根》一文，阐发此意。由何震参与的论说也指认，新政崇信与效法欧美、日本的"伪文明"，不仅将中国传统的"放任之政府"变为"干涉之政府"，"自由之人民易为受制之人民"，加大了无政府革命的难度；而且，对人民的剥削、压制更甚。因此，对所有可能加固清政府的新政举措，何震等人也一律猛烈声讨："以法治国"被认作"实则贵族、资本家，咸受法律之保护，而平民则受法律之蹂躏"；"建立议院"则"为政府所利用，以病其民"；"振兴实业""不过为竣[朘]削贫民计"；"广设陆军"又"不过为镇压民党及戕贼弱种计耳"①。至于燕斌极力赞美的"女子国民捐"，其倡导者吴芝瑛干脆被骂为"女子而为盗行"，乃是"吸国民之产，以为腐败政府效忠"②。

在此理路中，作为新政之一的新式教育当然也会遭到痛责。女学也不例外。《女子教育问题》开门见山即指出："近日女子教育，均奴隶之教育也。不惟亚东为然，即欧美亦然。"在燕斌那里更为先进、属于"精神的教育"典范的欧美，依何震等《天义报》同人之见，因其施行"宗教教育"，照样不脱"形式之解放"的窠臼，距离"排除一切奴隶教育"的"思想上之解放"尚远。日本与中国的女子学校，又"非迫女子为家庭奴隶，即迫女子为国家奴隶，其立意虽殊异，而其为奴隶教育则同"。其中值得注意的是"国家奴隶"的提法。出于无政府革命的理念，何震等反对以军国主义、尚武精神"提倡于女界"，故指控"仅勉女子以爱国，则是导女子于国家奴隶耳"；而"关于国家主义者，宜在屏遗之列"③，自然成为革新女子教育必不可少的一节。在此也昭示出《天义报》同《中国女报》，尤其是《中国新女界杂志》之间的鸿沟。

---

① 震、申叔合撰《论种族革命与无政府革命之得失》，《天义》7卷，20—21、16—18页。申叔《论新政为病民之根》刊《天义》8—10卷合册。
② 志达《男盗女娼之上海》，《天义》5卷，33页，1907年8月10日。"志达"很可能是何震的另一笔名，《天义》第13、14卷合册所载《女子教育问题》与《经济革命与女子革命》二文，目录页与正文中作者署名之"志达"与"震述"相互易位，此后亦未有更正说明，可见二者本可置换。而阅读"志达"的文字，其思路与表述也与何震、刘师培最接近。
③ 志达《女子教育问题》，《天义》13、14卷合册，1—2、6页，1907年12月30日。

更进一步,出于对任何权力的警惕,即认为权力都会带来不平等,所谓"盖人治一日不废,权力所在之地,即压制所生之地也"①,何震对"女权"的使用也相当谨慎。在参政权态度上,尤可见出其思考的深入与透彻。无政府主义既认为"政府者,万恶之源也"②,政府当然也是人类不平等的根源。如要"实行男女绝对之平等",自须先废政府。在此意义上,何震提出了"尽废人治,实行人类平等,使世界为男女共有之世界"的理想,并指出:"欲达此目的,必自女子解放始。"对先进者视为女权最高级别的女子参政权,何震不仅不予提倡,反断然否定,以为其违背了"国会政策为世界万恶之原"的无政府原则,也势必在女子之间造成新的不平等,故要求"有志之妇女"将争获参政权之心,"易为废灭政府之心"。据此,何震也将"解放女子"的"根本改革"之道归结为"尽覆人治",而不以女子"对男子争权"③为然。

由上可知,对于排满的"种族革命"、推翻君主制的"政治革命",《天义报》指出的光明大道,最终都通向无政府革命。所言"经济革命"同样如此,何震即概括其内涵为"颠覆财产私有制度,代以共产,而并废一切之钱币是也"④。其实,无论何种革命,何震等人明示的实行方法均不外"反抗在上之人"一策。以弱势者反抗强权,除去不能持久的"全体罢业"⑤之类消极抵抗,便只剩下暴力抗争一途,而这也被何震视为最有效的革命手段,故力言:"特无政府主义,不仅恃空言也,尤重实行。"受其时俄国民意党不断得手的暗杀恐怖行动的鼓舞,何震也肯定:"世界无政府党,以俄国为最盛。""盖今日欲行无政府革命,必以暗杀为首务也。"⑥投掷炸弹的女虚无党,于是成为何震对中国女子的最高期望。

基于无政府主义理想,《天义报》所倡导的"女界革命"以"实行男女绝对之平等"为精义,带有强烈的理论色彩。由此,既造成了何震等人思考的

---

① 震述《女子解放问题》,《天义》8—10卷合册,3页。
② 志达《政府者万恶之源也》,《天义》3卷,34页。
③ 震述《女子解放问题》,《天义》7卷,5页;8—10卷合册,1、6页。
④ 震述《经济革命与女子革命》,《天义》13、14卷合册,20页。
⑤ 震、申叔合撰《论种族革命与无政府革命之得失》,《天义》6卷,15页。
⑥ 公权《社会主义讲习会第一次开会记事》,《天义》6卷,30—31页。

彻底性，不纠缠于枝节，而始终寻求根本解决之道；同时也因悬的过高，不顾及现实国情，躐等而行，渴望毕其功于一役，以致阻断了实际进行革命的路径。尽管其说不乏偏执，但从中透显的思想的深刻，仍使《天义报》在当时的女报界独占鳌头，并光照后世。

总括而言，1907年确可谓中国女报的黄金时代，其异彩纷呈令人惊叹。而无论是秋瑾主办的《中国女报》之提倡民族主义、燕斌主持的《中国新女界杂志》之宣导国家主义，还是何震编辑的《天义报》之标举无政府主义，都从不同的角度与层面切近了女性与国族的关系问题。而由此形成的多元论述，无疑丰富了近代中国的思想图景，也是一笔至今引人不断回味的精神遗产。

附录

晚清两份《女学报》的前世今生

作为一种公共舆论空间的报刊,本来就是现代社会的产物。具体到女报,在中国更是旷古未有,晚清始应运而生。根据徐楚影与焦立芝撰写的《中国近代妇女期刊简介》可知,上海是女报的发祥地;并且,在其列出的二十余种辛亥革命以前出现的刊物中,"在上海创刊出版的几占一半"①。虽然其中有误收,也有遗漏②,但大体而言,上海在晚清女报格局中居于首位的重要性确如其所述,无可置疑。关于近代几种重要的妇女报刊,已有多篇论文进行过讨论。不过,由于资料的限制,除收入《中国近现代女性期刊汇编》的《岭南女学新报》《女子世界》《中国女报》与《中国新女界杂志》相对易见外③,其他各刊则连研究者亦难窥其真面目,不少论述因此人云亦云,

---

① 徐楚影、焦立芝《中国近代妇女期刊简介》,丁守和主编《辛亥革命时期期刊介绍》第四集,680 页,北京:人民出版社,1986 年。
② 如金天翮的《女界钟》为著作而非期刊,创刊于 1908 年 5 月 14 日的《惠兴女学报》失收。
③ 除《女子世界》外,其他三种均非全璧。

以致沿袭谬误而不自知。为此,本文将以钩稽所得的资料为依据,对最早出现的两种女报进行原生态的考察。

上篇 《女学报》的创生

上海之所以为中国女报发祥地,这一荣誉是由《女学报》的创办带来的。

1897年11月15日,一向被称为国人自办的第一所女子学校中国女学堂在上海举行了第一次筹备会;到次年5月31日,该校即已正式开馆。而在开学前半个月的5月17日,一份题为《中国女学拟增设报馆告白》的广告也出现在《新闻报》上。其文曰:

> 敬启者:中国女学不讲已二千年矣。同人以生才之根本在斯,于是倡立女学堂,现定四月十二日开塾,已登报告白。外欲再振兴女学会,更拟开设《官话女学报》,以通坤道消息,以广博爱之心。乃万事创始,章程粗具。今得主笔两三,恐不足以供应天下。想宇宙之大,闺秀中定不乏大手笔。无论中西贤淑名媛,如有高见卓识,乞请迅速惠赐官话《缘起》一篇,章程数则,本馆当有文必录,公聘笔政。夫今日何日,宜爱人之不暇,尚可拘成见乎?佳作请寄英租界望平街蒙学报馆及坭城桥不缠足会是荷。上海桂墅里女学会书塾女提调、女董事等公启。

此告白除在上海的报刊出现外,亦曾在澳门的《知新报》、长沙的《湘报》刊登①。其中的"桂墅里"即学校所在地,"女学会书塾"则是中国女学堂的另一名称,意在表明其与筹组中的中国女学会之系属关系。而由女学会书塾的提调与董事共同具名的方式,则表明此报与中国女学堂密切相关。因此,笔者在1995年出版的《晚清文人妇女观》中,将其定义为"兼有中国女学会

---

① 刊登此告白的报刊,上海尚有《时务日报》(1898年6月25日起);《知新报》则自55册(1898年6月9日)、《湘报》自87号(1898年6月15日)起,亦曾连续刊载。

会刊与中国女学堂校刊的两重性质"①。

创刊号是 1898 年 7 月 24 日出版的。六天后,《新闻报》对其进行了及时报道:

> 中国近来报馆林立,而如泰西之以女子主持笔政者,实未之见。近日沪上创立女学堂后,有诸女士共立一《女学报》,于昨日为第一期。报中主笔人等,皆以女士为之。展诵之下,合志数言,以见我朝巾帼中未尝无人,且实开古今风气之先焉。②

不过,"昨日"之说与刊头所署日期不符,应是记者未能及时见到该报或通讯延后刊出所致。至于拟议中的《官话女学报》更名为《女学报》,当期的《本馆告白》已作了说明:"本报向意雅三俗七,用官话演说一切女学,期易于披览,名之曰《官话女学报》。惟主笔各有所见,不能一律,今定名为《女学报》云。"又有英文报名"CHINESE GIRL'S PROGRESS",亦揭于报首。

尽管报名中去掉了"官话"二字,《中国女学拟增设报馆告白》中所征求的"官话《缘起》一篇"却如期出现,此即第 1、2 期连载的潘璇作《上海〈女学报〉缘起》。其中最有名的一段话,即是关于女学会、女

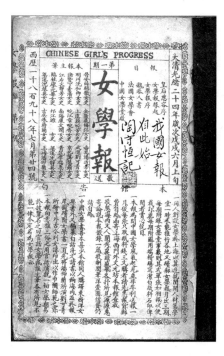

《女学报》第 1 期

---

① 夏晓虹《晚清文人妇女观》,32 页,北京:作家出版社,1995 年。
② 《女学开报》,《新闻报》,1898 年 7 月 30 日。

学堂与《女学报》三者关系的妙喻：

> 这女学会、女学堂、《女学报》三春[桩]事情，好比一株果树：女学会是个根本，女学堂是个果子，《女学报》是个叶，是朵花。……那女学会内的消息，女学堂内的章程，与关系女学会、女学堂的一切情形，有了《女学报》，可以淋淋漓漓的写在那里。①

潘璇另有《论〈女学报〉难处和中外女子相助的理法》，也是用官话写成。开篇论《女学报》发刊的意义，同样精彩。除了强调此前"设报的人，或者是本国的绅商，或者是外国的教士，从来没有我们本地女子，设立报的"，因此，《女学报》的出现，"不独他们男子和外国人，看为希奇，即我们自己，岂不也觉得新奇"！更重要的意义是："直把戒'外言''内言'的这块大招牌，这堵旧围墙，竟冲破打通了，堂堂皇皇的讲论女学；女主笔岂不是中国古来所未有的呢，我们现在竟直认不讳，亦畅快极了。"②

身为"女主笔"的潘璇所感到的兴奋与自豪，和《新闻报》"以女子主持笔政"的关注点前后呼应，凸显了《女学报》最新异之处。而该报创刊号报名左侧，也以显著的位置，列出了"本报主笔"18人的名单，不妨移录如下：

晋安薛绍徽女史	金匮裘梅侣女史	番禺潘道芳女史
明州沈和卿女史	上虞蒋畹芳女史	武进刘可青女史
诸暨丁素清女史	皖江章畹香女史	京兆龚慧蘋女史
江右文静芳女史	南海康文僴女史	贵筑李端蕙女史
临桂廖元华女史	邗江睢（念劬）女史	梁溪沈静英女史
梁溪沈翠英女史	古吴朱莳兰女史	上海潘仰兰女史

---

① 潘璇《上海〈女学报〉缘起》，《女学报》2期，1898年8月3日。本文所用《女学报》的原始文献，由吕美颐与钱南秀两位教授提供，特此致谢。
② 潘璇《论〈女学报〉难处和中外女子相助的理法》，《女学报》3期，1898年8月15日。

其中"睢女史"的名字是2期才补上。这份主笔名单日后不断有增减,如3期去掉朱荇兰,增加了"溧阳狄宛迦""江宁宗恒宜""曲阜张蕴华""括苍周远香",为21人;5期添加"真州吴亦秋""棠湖谢佩兰""棠湖谢墨卿""上海朱沁芬""余姚吴蓬仙"五人,减去文静芳与沈和卿,为24人。其中第8期变动最大,增"武进程湘蘅""华亭钟茜君""蜀东姜切秋"三人,去龚、康、李、廖、睢、丁、周七人,为20人。而根据杜继琨记述,10期又增加了美国林玛莱(一作林梅蕊)之名①。

分析一下主笔构成,可了解《女学报》与中国女学堂的内外关联。其中,沈和卿名沈瑛,为首任中国女学堂提调与总监塾。惟8月17日第二学期开始,沈氏"因家务羁绊"②,未能前来,故8月27日印行的《女学报》5期将其除名。与沈氏一同销去的文静芳(芸英)乃文廷式之姊,经其弟文廷楷推荐,本有意来校任教;终因"两小儿俱在弱龄,携随既安顿为难,留家又虑旷学"③,未能赴沪。丁素清本应聘任中文兼绘画教习,"允八月间到塾",亦未履约④。而曾在中国女学堂执教的则有:最先应聘的中文兼绘画教习蒋兰(畹芳)与刘靓(可青),此外,华医教习吴蓬仙与中文教习张静仪(蕴华)第一学期也在校⑤;龚慧蘋仅于第二学期短期代过中文课;周莲(远香)则与蒋兰一道,为中国女学堂坚持到最后的三位女教习之一;章兰(畹香)是沈瑛的内侄媳,其夫沈敦和乃近代上海西学界的重要人物,章本人在1899年担任过女学堂监院⑥。此外,康同薇(文僴)是康有为长女,李端蕙

---

① 见杜继琨《再谈〈女学报〉》,《图书馆》,1963年4期。
② 《桂墅里女学会书塾告白》,《女学报》5期,1898年8月27日。
③ 《女学堂接华文教习江右文静芳女史书》,《新闻报》,1898年4月14日。
④ 《中国女学会书塾》广告,《时务日报》,1898年6月19日。其名记作"丁夫人叶素清女史"。不过,《中国女学堂戊戌八月底止收付清账》(《新闻报》,1898年11月1日)并无开支丁氏薪酬的记录。而1898年6月4日《新闻报》刊载丁素清诗作,署记为"中学兼绘事教习"(《闺秀诗钞》)。
⑤ 见《中国女学会书塾》广告,《时务日报》,1898年6月19日。
⑥ 见"女公学监院、董事,归吴兴、皖江女士浣芗章兰"识语,《居易初集》卷二,72页,澳门印本,1901年。此跋作于"己亥(按:即1899年)秋仲"。另,关于中国女学堂教习的任职情况,可参见笔者《上海"中国女学堂"考实》,《中国文化》31期,2010年5月。

(蕙仙)为梁启超夫人,廖元华(佩琼)为康有为桂林弟子龙泽厚的夫人,朱芳兰为经元善如夫人,狄宛迦为狄葆贤三姐,宗恒宜为盛宣怀长子盛昌颐夫人①。诸人或以自己名义,或家中女性长辈有捐款,依照《女学堂试办略章》的规定:"堂中设内董事十二人,皆以曾经捐款之妇人为之。"②则此六人亦可视为中国女学堂的内董事。另有薛绍徽,其夫陈寿彭之兄长陈季同(敬如)亦为该校八位发起人之一③。由此可见,在笔者所见的9期刊物、总共30位先后列名《女学报》的主笔中,大半都与中国女学堂存在直接或间接的关联。

而上述诸人在《女学报》上也多有著述。如薛绍徽因陈季同介绍,最先应征,"许月赠六千余言,且不假润笔之费"④。后虽未有如许多的文字见报,但至少亦发表了《〈女学报〉序》(1期)、《女教与治道相关说》(3、4期)与《四德颂》(9期起)⑤三文。沈瑛与拟聘为洋提调的陈季同法国夫人赖妈懿共同署名的《女学会书塾开馆章程》,也自8期起,作为保存文献重新刊布⑥。蒋兰亦有《论中国创兴女学实有裨于大局》(9期)的论说。狄宛迦与朱芳兰均刊出了书信⑦,龚慧蘅则有《读〈中国女学集议初编〉喜成四绝录呈女学堂诸贤媛大吟坛哂政》(5期)的诗作。而康同薇的论文《女学利弊说》(7期)、章兰的《桂墅里女学堂开馆诗》三首(8期)以及刘靓之《女学歌》,

---

① 据盛昌颐之女盛佩玉记述:"年初一向长辈拜年。大娘(指宗恒宜)新派,不要我们磕头,只要向她三鞠躬,弄得我们反而不习惯了。""我小时候,母亲要我裹小脚,是大娘反对的,所以我免了受这个痛苦。她思想一向很新派。""大娘是南京人,一口南京话,一头白发。配我父亲是祖父在官场上定的婚姻。后来他们全家除大娘外都迁到常熟。舅舅宗姓,书香门第,常熟当地人称为'野宗'。""大娘每天读两份报纸,《时报》和《新闻报》。……报上谈的大事很多,但她不问国家的事,只顾自己的逍遥,看看戏院的节目而已。"(《盛氏家族·邵洵美与我》,6、9、22、47、48页,北京:人民文学出版社,2004年)
② 《女学堂试办略章》,《新闻报》,1897年11月18日。
③ 见《上海新设中国女学堂章程》,《时务报》47册,10页,1897年12月4日。
④ 沈瑛等《中国女学会致侯官薛女史绍徽书》,《知新报》59册,8页,1898年7月19日。
⑤ 所见原刊复印件仅至第9期止,故《四德颂》只刊出了《妇德》一则。
⑥ 此件初名《中国女学会书塾章程》,在1898年3月17—20日《新闻报》连载。笔者所见至9期尚未刊完。
⑦ 分别为《狄女士书》(3期)与《女公学内董事朱女史复吴女史书》(6期)。后者因朱芳兰"不通文义",应是由经元善代笔。

亦在此得到了重刊的机会①。至于每期卷首必不可少的图画,应出自绘事教习刘靓与蒋兰之手,亦为《女学报》增色不少。

其他女主笔中,值得特别提出的还有裘毓芳。裘为创办《无锡白话报》的裘廷梁之再从侄女,该刊于1898年5月11日发行,每期均载有裘毓芳的白话撰著,引人注目。故《女学报》一经议定筹办,实为《无锡白话报》第一主笔的裘毓芳作为最佳人选,当然立即获邀。而裘氏为《女学报》提供的稿件《论女学堂当与男学堂并重》(7期),却与其一向示人的著述风格不同,反而使用了文言。笔者原先推断,《女学报》初拟报名中之有"官话",应与裘毓芳有关,现在看来未必。裘文的出以文言,显然是

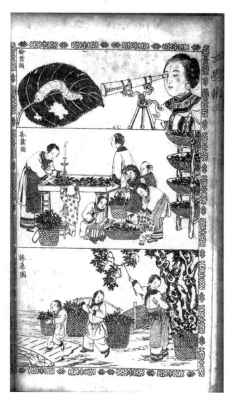

《女学报》第8期之《蚕桑图》

顺从了报纸已然文白兼顾的事实。如此,则力主"官话"者当别有人在。此人即是潘璇(仰兰)。

其实关于潘璇,除了发表在《女学报》上的两篇文章外,学界至今对其人并无所知——唯一的例外是由署名"上海女史潘璇"带出的籍贯。但毫无疑问,潘氏的文字恰是《女学报》最具分量的论说,前文引述的两段话已足可证明。而潘璇之推崇白话,在其所撰《上海〈女学报〉缘起》中有充分的

---

① 刘靓与章兰诗作初刊《新闻报》1898年6月9日及6月12日,后者原题为《女学开馆诗》;康同薇文原载1898年5月11日《知新报》52册。其中刘诗在《女学报》刊载情况系据杜继琨《再谈〈女学报〉》。

表达。此文共两节,第二节"论本报为女学起见",因已收入《中国妇女运动历史资料》(1840—1918),容易见到,故常见引用。其未曾转录的第一节"论用官话",却正是专在原先报名中的"官话"二字上大做文章。

潘璇显然视野宏阔,"论用官话"一开篇,即纵论中外古今之语言文字:

> 言语分中外古今:那希伯来、希利尼(按:即希腊)、拉丁,一切横行之文字,西国的古话也;那十三经、廿七史,一切书籍的文理,中国的古话也。英、法、俄、德、西班牙、亚拉伯之方言,西国的白话也;燕、齐、楚、蜀、闽广、吴越之方言,中国的白话也。

更妙的是其借"砚友清河女史"之口发挥的一段议论:"古话合宜古人用,白话合宜今人用。你拿古书文理来讲,恐怕老秀才、老翰林,也有懂不得的;你拿白话来讲,就是小孩子、乡下人,皆能懂得的。"更进一步,潘璇又从文字的起源说到文与言的关系。造字本是为了留下语言的声音,使之"可以久留,可以行远",所以,"这文字是手里的话,言语是嘴里的话,虽是两件事情,却是一样功用"。如此,孔子所谓"辞达而已"便应成为最高的准则:"今人的出言措辞,若是能达自己的意思,这就好了,何必用古奥深文呢?"而中国的喜用文言,一如欧洲以前的崇拜拉丁文,只是造成了一个"具文的世界","徒有虚文,毫无实济"。有鉴于此,潘璇得出的结论是:"古话除考古外,没有别用。不如用白话的易读易晓,可以省却那些无限的工夫,好去揣摩这些有用的实学。"①此论刊载于1898年7月24日的《女学报》1期,尚早于8月27日方才在《中国官音白话报》(即《无锡白话报》之更名)出现的裘廷梁名作《论白话为维新之本》。裘在此文中倡言的"文言兴而后实学废,白话行而后实学兴"②,若追溯源头,亦可谓肇端于此。

而上述一大篇文字,最终落实到《官话女学报》的取名立意上。潘璇主张:

---

① 潘璇《上海〈女学报〉缘起》,《女学报》1期,1898年7月24日。
② 裘廷梁《论白话为维新之本》,《中国官音白话报》19、20期合刊,本文4页,1898年8月27日。

> 现在这个英文、法文、俄文、德文,是英国、法国、俄国、德国,四大国国中通行的话;我中国通行的,有这官话。"官"字是公共的字,"官话"就是公共的话了。我们如今立报,应当先用官话,次用土话。为什么呢?因为土话只能行在一乡一村的,不能通到一县一州;行在一县一州的,不能通到一省一国。本报章定用官话,乃是公共天下的意思。你想这官话的用处,是寻常吗?①

这种带有辩说性质的宏论,与同期刊于头版的《本馆告白》言明的改名原因前后对照,更能彰显其坚定的白话立场。

所谓主笔意见"不能一律",其实主要持异议者为薛绍徽,在答应大量供稿的同时,她也认为"官话""虑失雅观"。中国女学会同人在复信中,于是既陈述了"中国妇女,绝少读书识字之人;报以'官话'为名,亦不得已之意";同时也表示,"所论极是,容与诸同人商之,集思广益,惟善之从,定不执泥"②。而报名最后的舍弃"官话",自然是出于《女学报》同人顾全大局的谋虑。不过,同为主笔的潘璇显然仍在坚持己见。并且,超越颇具歧视意味的女性只能读懂白话之"不得已"的选择,潘璇乃是以一种更为积极、开放的姿态,论证官话通行天下的合理性及其与报章公共天下的旨趣相吻合:"现在你们看了这报,都是已经编为官话的了,就可以随口读出。一个人读,能数十人听,一个人看,能数十人知,岂不是爽快的么?"③其所体现出的整体识见非凡,明显高于同侪一等。而潘氏发表在《女学报》上的所有论说均以官话书写,亦保持了言行的统一。尽管"雅三俗七"的比例未能贯彻始终,但《女学报》论说的间以白话,新闻的均作白话,仍给予嗣后继起的女报以巨大启示。

还必须提及的是,在诸位女主笔之外,实际主持中国女学堂事务的经元善也是《女学报》的重要撰稿人。代替不能读写的小妾朱莳兰回复女友书

---

① 潘璇《上海〈女学报〉缘起》,《女学报》1期。
② 沈瑛等《中国女学会致侯官薛女史绍徽书》,《知新报》59册,8页。
③ 潘璇《上海〈女学报〉缘起》,《女学报》2期,1898年8月3日。

信,尚属分内之事;而多篇由经氏执笔的《女学堂禀南洋大臣刘稿》(4、5、6、8等期),在存留女学文献的同时,也使经元善从幕后走到台前,成为《女学报》的一大支柱。

《女学报》初办时,原订"月出三期"、"送报一月"①。因销行畅好,"每印数千张,一瞬而完"②,无疑鼓励了编者。为此,从10月中旬发行的10期起,该报改为"五日一期",报价也由4期初始的售价"每张三文",提为"每张取价十文"③,这样剧烈的变动显然不利于报纸的长久销行。何况,其改弦更张之际,"戊戌政变"刚刚发生,8期主笔名单中康同薇、李端蕙等人的消失,即与这一政局的变化有关。故此时扩张报务,并非明智之举。而与中国女学堂自9月起,新聘美国传教士林乐知之女林玛莱(Mary Louise Allen)为西学总教习④相应,改章后的《女学报》也由林氏"主持",并且,"移报馆至桂墅里女塾傍"(原设址于西门外文元坊),以求"更为贯气"。林玛莱之外,尚有"程柏嘉为主稿写报"⑤。考虑到林氏原在其父创办的中西女塾任教⑥,有此一层关系,程柏嘉或许也出身该教会女校。至于刻意凸显西人在其间的作用,当属经元善应对变局而为中国女学堂与《女学报》涂上的保护色。不过,这一举措对报纸后来的走向影响深刻。

关于《女学报》的出版期数,根据杜继琨的记述,其所见总共12期,最末一期刊于1898年10月29日(九月十五日)⑦。而徐楚影与焦立芝又提供了1899年3月6日出版的一份未标期数的《女学报》。此报"第一页下方框线外印有'上海商务印书馆承印'字样,上方有'CHINESE GIRLS' PAPER'的英文字"。更重要的是当期的《本馆告白》,徐、焦文中只作了节引,抄录如下:

---

① 《本馆告白》,《女学报》1期,1898年7月24日。
② 《本报告白》,《女学报》8期,1898年9月(戊戌八月中旬)。
③ 《女学报告白》,《中外日报》,1898年10月2日。
④ 见《上海女学堂公启》,《苏报》,1898年10月19日。
⑤ 《女学报馆告白》,《中外日报》,1898年11月13日。
⑥ 梁元生《林乐知在华事业与〈万国公报〉》,51页,香港:中文大学出版社,1978年。
⑦ 见杜继琨《再谈〈女学报〉》。杜文中所述第12期出版时间,误将阴历记为阳历,余福媛《关于〈女学报〉的刊期与刊行期》(《图书馆杂志》1986年2期)已予纠正。

> 本馆设在高昌乡经家路桂墅里女公学书塾内,于己亥年正月改章,每月出报一次,托苏报馆随报附送。……本报由塾中华洋教习主持笔政,西文总教习、美国林梅蕊小姐主译报事。①

由此可知,《女学报》至 1899 年 3 月还在刊行,并且,自 2 月起已经改为月刊。该报仍与中国女学堂关系密切②,报社既设于校内,主笔者也还是学堂的中西女教习,不过,林玛莱已从主编退为主译,这对她实为更合适的位置。尤其紧要的是,此时的《女学报》不再零售,改为随《苏报》附送,说明其与《苏报》已经建立了极为密切的合作关系。如此,故事才有了续篇。

下篇　《女报》的再生

1902 年 5 月 8 日,陈撷芬主编的《女报》1 期在上海出版。引人注目的是,该报封面在报名之前,冠以"续出"二字。而其所续的前身为哪一份女报,关系到此报是否新创,在这一问题上,已有的论述意见分歧。

戈公振的《中国报学史》最早作了清理,关于《女报》的相关记述为:"其提倡女学与女权者,则有光绪二十八年在上海出版之《女报》,为《苏报》主人陈范之女撷芬所创办。每月发行一小册,每册约二十页。所载分论说、新闻、翻译、教育论等。初出版时,随《苏报》附送六期,我国之有女报自此始。"③其中"光绪二十八年"即 1902 年,戈氏显然以之为陈撷芬所办《女报》之始创期。当然,最后一句断语因有前述《女学报》的存在而并不准确。与戈公振持论相同的尚有撰写《中国近代妇女期刊简介》的徐楚影与焦立芝④。

---

① 徐楚影、焦立芝《中国近代妇女期刊简介》,《辛亥革命时期期刊介绍》第四集,682 页。标点有改动。
② "女学会书塾"之易名"女公学书塾",与"戊戌政变"后,各地学会纷纷停止活动有关。
③ 戈公振《中国报学史》,130 页,北京:三联书店,1955 年。
④ 徐楚影、焦立芝《中国近代妇女期刊简介》关于《女学报》一条,称其"一九〇二年创刊于上海"(《辛亥革命时期期刊介绍》第四集,683 页)。

另一说法则以上海图书馆所编《中国近代期刊篇目汇录》为代表,其于第一卷收录之《女报·女学报》目录加注云:"《女报》,我国最早的妇女刊物。1899年(光绪二十五年)创刊,在上海出版。陈撷芬主编。不久即停刊。至1902年(光绪二十八年)续出,月刊,期数重起,由苏报馆发行。1903年(光绪二十九年)改名《女学报》。"并称:"本书收录续出第1—9期全部及第2年第1—4期,1899年各期未见。"①其说为《中国近代报刊名录》采纳,并直言1899年之"杂志现已无存"②。

之所以有此歧说,自然也与1902年以前的杂志不见存世相关。既没有实物,如何能证明此《女报》1899年即已出现? 何况,1907年陈志群接办《女子世界》时,所刊《女报界新调查》已对其语焉不详,著录的《女学报》既无初始之《女报》名,"发起人"与"编辑人"栏也均署"未详"③,可见其存在状况久已若明若暗。这也是美国莱斯大学(Rice University)教授钱南秀在1898年的《女学报》与1902年的《女报》(《女学报》)之间建立联系,分别以"母亲"与"女儿"称之的原因。这种"母女"关系除了落实在两份女报主笔辈分上的差别,就报刊的承继而言,钱氏也认为,1期封面标明为《(续出)女报》之1902年刊,所"续"者乃是1898年之《女学报》,而1899年之《女报》似不存在④。

但如果翻检"续出"《女报》,1期刊载之《简明章程》五则对此情节虽未提及,3期的《覆陈君他山函》中倒是起始就有交代:

> 本报于己亥冬间,即由敝执事创办,嗣以费绌中止。近日续出者既

---

① 上海图书馆编《中国近代期刊篇目汇录》第一卷,1071页,上海:上海人民出版社,1980年。
② 史和、姚福申、叶翠娣编《中国近代报刊名录》,56页,福州:福建人民出版社,1991年。
③ 《女报界新调查》,《(续办)女子世界》2年6期,115页,1907年7月。
④ Nanxiu Qian, "The Mother *Nü Xuebao* versus the Daughter *Nü Xuebao*: Generational Differences between 1898 and 1902 Women Reformers," in Nanxiu Qian, Grace S. Fong, Richard J. Smith, eds., *Different Worlds of Discourse: Transformations of Gender and Genre in Late Qing and Early Republican China* (Leiden: Brill, 2008), pp. 257-265.

篇幅较多,而一切排印装订工价,亦比前更贵。①

由此可知,《(续出)女报》乃是接续"己亥冬间"中止之报而来。这应该就是《中国近代期刊篇目汇录》对于《女报·女学报》所加说明的依据,所谓"己亥",即光绪二十五年,对应的西历大致为1899年。

只是复信中的说法仍嫌简单。如要了解更详细的情况,现存13期杂志显然尚不足以餍人望。而《简明章程》中既有"本报随《苏报》附送,并不另售"一条,目前可见之《苏报》亦不断刊载《女报馆启》一类《女报》发行信息,因此可以推测,《苏报》上肯定应有相关记载。而《(续出)女报》所刊《简明章程》下确有一行小字标明:"详章登列《苏报》前副[幅]。"②遗憾的是,今日能够见到的《苏报》已非完璧,此一阶段的报纸又恰好亡佚。在陷于无解的状态下,笔者竟然在编印于北京的《时事采新汇选》第三卷壬寅三月十四日(1902年4月21日)的报章中,发现了录自《苏报》的《续办〈女报〉事例》,亦即《简明章程》之所谓"详章",其惊喜之情可想而知。

这份出自陈撷芬之手的《续办〈女报〉事例》显然为一广告,其主体部分乃杂志刊行条例,置于篇首的一段说明,则可以让我们对其前身了然于心:

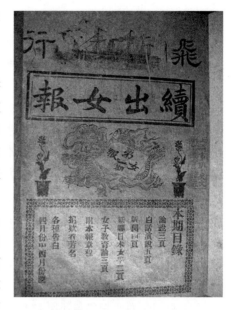

《(续出)女报》第1期封面

---

① 《覆陈君他山函》,《(续出)女报》3期,覆函1页,1902年7月5日。此文作为《女报馆告白》,先已于1902年6月23日的《苏报》刊出。另,本文所用《(续出)女报》《女学报》的原始文献,由钱南秀教授提供,特此致谢。

② 《简明章程》,《(续出)女报》1期,封二,1902年5月8日。

> 己亥年冬间,撷芬女史创办《女报》,月出二册,随《苏报》附送,不取报赀,一时深谅女史开通风气之心者颇相期许,或且助以赀。然经费太钜,女史力不支,四期而辍。论者以为惜,女史心尤耿耿也。今以亲友愿伙助,请续出第五期以下。

于此,不仅可以知晓《女报》1899年冬即已行世,而且,与"续出"后取"月出一册"①的月刊形式不同,初期《女报》本为"月出二册"的半月刊,甚至其总共出版了四期便中辍的期数,也在简短的叙述中一并道出。尽管还不清楚具体的发行日期,但1899年的《女报》前史已经开始浮出水面。只是杂志正式刊行时,陈撷芬已经改变初衷,显然是因为意识到"续出"者已与前在各册有了很大差别,故放弃接续使用原刊序号,从头另起。这也是造成日后追溯《女报》前史难度增大的一个原因。

更引人瞩目的是,下文开列的"详章"基本是"将其从前报端所刊《事例》"照抄一过,对于想象与还原1899年刊也大有助益,故不妨大幅移录:

> 一、本报首登论说、传序,不限篇数;次登见闻,或新或故,亦不限段数;次列古事一则,附以图画地方,以冀感动触发;次登各处寄来诗词各著。
>
> 一、各省各国妇女,无论现在、已故,如有奇才绩学、苦志异行者,凡其亲族知友,均可代为阐扬,或作为传赞,或付之歌咏,或仅叙事实,由本报润色,均无不可。但使足资观感,本报自当酌登。倘志在众擎,玉成义举,而随寄刊资,有无多寡,悉听所便。
>
> 一、各省各国闺秀,如以论说、诗词见赠,本报按期照登;倘以纸短见遗,亦望见谅。原稿概不寄还,寄费自理。或有寄以规则章程,俾本报收集思之益者,自当择善而从。
>
> 一、本报系为感发天下女子向学之心,不过比于嚆矢,深冀闻风兴

---

① 《简明章程》,《(续出)女报》1期,封二。

起者,或创女学,或联女课,渐开中国二千年未有之盛,俾本报不虚此举,方副愿望。

一、本报目下并不另设报馆,暂附苏报馆内,随《苏报》附送,不取分文。纸墨印费,均由同人伙助。

一、本报现因绌于经费,每月祇出两期,篇幅亦未能充畅。随后当以次扩充至……按:近日续出者,每月只出一期。

一、本报专为劝导女学,故语有偏注处,非谓德不足重也。

一、本报于《苏报》现登告白中,择其为居家切用、闺阁必需之物,酌登一二则,并不另取刊资。倘有指登本报者另议。

一、各埠寄本报函件,望寄上海苏报馆转交。

其间唯第六条,因刊期有变化,故有按语说明,且原文亦未录全。

据此可知,陈撷芬创办《女报》之初,乃是以"感发天下女子向学之心""劝导女学"为宗旨,故在所列九条中,阐发此意者用了两条的篇幅,突出强调之意显而易见。因此,《续办〈女报〉事例》的出现,不但可以使人了解1899年之《女报》的办刊缘起,也足可弥补现存《女报》(《女学报》)未有发刊词或章程以宣明主旨的缺憾。

其实,随着《(续出)女报》的逐期编行,刊物的取向也在逐渐调整与明确。1期《快些做事》劝告女子无论力量大小,都应尽力做事。而在陈撷芬看来:

> 现在顶大的事,就是女教女学了,有势的把势来扶持,有钱的把钱来提倡,有学问的人把学问来运用,有精神的把精神来布置。总不忘记这个女教女学,务必要做到成功,宁可把自己的私事靠后些。我说一句自己表明的话:我到如今是全把自己忘记了,专门在这女教女学上留心,务必要中国所有的女子,人人都晓得学问,人人都有高尚的思想,我

的事才算做完。①

这也是陈撷芬续办《女报》的原因。此一专注于"女教女学"即女子道德与知识培育的目标，到3期读者陈他山来函，已直指为"为海内唱平权之说"；7期集中刊发的务本女学堂以《女报》为题的作文中，女学生们更是一致认定其宗旨为"发国民之思想，伸女权之公理"②。于是，1903年3月13日杂志改名《女学报》后，陈撷芬综合个人的思考与外界的评定，在新刊1期的《独立篇》中，已毅然以"兴女学、复女权"为"明达女子"③之职志。此文不但列于该期卷首，且杂志尚未发行，《独立篇》先于3月9日以"录《女学报》"的名义在《苏报》刊出，则其文在陈撷芬心目中的重要性不言而喻。因此，以"兴女学、复女权"概括《女学报》的最新诉求，应是合乎事实的。当然，从始至终，"兴女学"显然一直是两份前后相继的《女报》(《女学报》)的重中之重。

与对女学一以贯之的倡导不同，在栏目的设置上，《(续出)女报》实际已有变化。"论说"固然是开卷首列最重要的栏目，但配合演说风气的兴起，取代"传序"(实则此栏目在"续出"后并未出现)，"演说"成为紧随"论说"之后的新栏目。"见闻"最初易为"新闻"，5期起，又将其分作两类，"时事"类题名"最新眉语"，"人物故事"类称为"炜管证闻录"④(后合并为"女界近史")，并放弃了原有的"古事一则"，显示出《(续出)女报》更关注当下。增加"翻译"(后名"译件")一栏，则使杂志的取材愈加丰富。置于卷末之"各处寄来诗词各著"，在《(续出)女报》中也有了专门的栏目名称"同

---

① 《快些做事》，《(续出)女报》1期，"女报演说"4页。
② 《陈君他山来函》、(黄)守蘖《读〈女报〉书后》，《(续出)女报》3、7期，覆函1页、《务本女学堂课艺》1页，1902年7月5日、10月31日。黄文属于连载两期的《务本女学堂课艺》之一篇，其中与之类似的说法，如同期曹庆云《论〈女报〉之有益》称《女报》"发国民伟大之思想，开男女平权之世界"(《务本女学堂课艺》2页)。
③ 陈撷芬《独立篇》，《女学报》2年1期，3页，1903年3月13日。《中国近代期刊篇目汇录》第一卷误记为"1903年2月27日"，乃是仍以每月初一为刊行日，实则《女学报》2年1期登载的《〈女学报〉规则》已声明："每月一回，月望发行。"(卷首)
④ 《最新眉语》，《(续出)女报》5期，"最新眉语"1页，1902年9月2日。

声集"(后名"词翰")。而无论前、后期,较之1898年的《女学报》,《女报》之设立栏目且分类适宜,已经是很大的进步。到1903年3月改名《女学报》后,又于卷首增设"插画"("图画")一栏,刊发照片,纸张与印刷从薄纸单面印改为厚纸双面印,装订形式也由线装变为洋装,其面目益发焕然一新。

关于栏目的变动,最值得一提的是"演说"。1期《(续出)女报》上,陈撷芬特意在这一栏发表了《白话演说的缘故》加以说明:

> 我做这个《女报》,已经有了"论说"一门,又另外有《女子教育论》,又有"新闻",又有各国各省女学的章程,为什么还要添这一门"白话演说"呢?因为论说、新闻、章程,都是书上的文理,有那些闺中同伴不愿意看的,还有那些小孩子,不会看的,所以添出这个白话演说,预备这不愿意看论说、新闻、章程的,和那些不会看论说、新闻、章程的,把只白话演说当做听戏,当做听说书,当做听讲闲话。一人传十,十人传百,无事时可以消消闲,磕睡时可以消消磕睡,又可以当做课本,教教那些女孩子。①

这一对白话的认识,即"白话演说"不只面向读者,更是面向听众,在白话报刊与演说结盟的1901年以后②,已逐渐深入人心。其间强烈的启蒙色彩,使该栏目实际具有了"论说"普及版的意义。陈撷芬每期必为之撰稿,亦可见其重视程度。而以之兼做课本的期望,则体现了自第一份《女学报》起,晚清女报即有意承担的教科书功能③。

另一个应当分说的栏目是"图画"。创刊伊始,此栏即已纳入陈撷芬的计划中:"我只个报内,还要出一种画图……每一月出一回报,每一回报内,

---

① 《白话演说的缘故》,《(续出)女报》1期,"女报演说"1页。
② 参见李孝悌《清末的下层社会启蒙运动》(1901—1911),石家庄:河北教育出版社,2001年。
③ 1898年7月24日的《女学报》创刊号所刊《本馆告白》即已宣称:"中国女学书,善本甚少。本馆同人购译东西洋女学书外,又编纂白话浅文诸书,以饷海内。兹于报尾,拟续附女学书一页。"并参见笔者《晚清文人妇女观》,38页。

必定有一张。"因为 1 期刊物编印太匆忙,来不及做,陈氏因此许愿:"列位要看图画,请看五月初一的第二期报。"①不过,拟刊 2 期的《日本华族女学校图》,却始终未曾见报②。按照陈撷芬的说法,此栏的空缺主要是由于经费问题,因此,8 期刊物的提价也与此有关。迨至 1903 年《女学报》以新样貌出现,陈氏"每期用两幅铜板的图画"③这一心愿才真正得以实现。

而陈撷芬办《女报》(《女学报》)的经历,放在近代中国妇女报刊史中,也可谓意味深长。1902 年 4 月决意"续办"《女报》之时,陈氏尚在教会学校中西女塾读书,故《续办〈女报〉事例》中有"惟女史入西塾,兼肄英文,每礼拜祇有一日之暇"的说明,为此,刊物也由先前的半月刊调整为月刊。其发行方式倒还是照旧随《苏报》附送,重点则在"本报目下并不另设报馆,暂附苏报馆内"。作为《苏报》的赠刊,固然如陈撷芬所言,是为了广开女界风气做的赔钱事④,但其实也与不另立报馆一样,在节省了精力与经费的同时,不免丧失了《女报》的独立性。

杂志出版后,大受欢迎,"远近索取者纷纷不已",女报馆因此刊出"兹特另行排印,每本售洋一角"⑤的广告。当然,对于《苏报》的订户,附送《女报》仍是独享的优惠,故 3 期《本馆参订章程》即对此前的《简明章程》中"不收报资"一条做了限制性修正,由此也可证实,其时已经出现了"不阅《苏报》、愿专购《女报》者"⑥。并且,在《苏报》的赠阅者之外,这些读者的数量至《(续出)女报》7 期刊行时,已经达到一千人以上⑦。由此也奠定了《女报》(《女学报》)独立的基础。因而,从此期开始,编者特别声明,"无论本埠外埠,概不送阅"⑧,订购或零买成为获取刊物的唯一途径。

---

① 《白话演说的缘故》,《(续出)女报》1 期,"女报演说"1 页。
② 《续办女报》《女报馆启》,《苏报》,1902 年 6 月 20 日、8 月 4 日、9 月 4 日。
③ 《本报初次改良》,《(续出)女报》8 期,"女报演说"1 页,1902 年 11 月 30 日。
④ 参见《白话演说的缘故》,《(续出)女报》1 期,"女报演说"1 页。
⑤ 《女报馆启》,《苏报》,1902 年 6 月 20 日。
⑥ 《简明章程》《本馆参订章程》,《(续出)女报》1、3 期,封二。
⑦ 《本报初次改良》,《(续出)女报》8 期,"女报演说"1 页。
⑧ 《本报简章》,《(续出)女报》7 期,封二。

至《女学报》发刊,最大的变化即是女学报馆已从苏报馆分离出来,"编辑所"从"上海三马路"搬到了"上海新马路华安里",印刷也改由文明书局活版制造所承担。而这一期篇首的"论说"恰以《独立篇》命名,正好可以概括《女学报》的新气象。主编兼主笔的陈撷芬身份也发生了变化,用她的话说,就是"境遇却真是改新了:去年是学堂里读书,今年是在报馆里办报,岂不是大大的改变了么?"借着主客问难的假托,针对朋友反对设报馆的种种批评,陈撷芬也畅谈了一番"设报馆的意思"。除了办报"不比做文章,做诗,做赋,只要照自己意思做去,做得好就是了",而必须"要叫别人看得喜欢","所以不能不专心致志,体贴人情";陈撷芬也讲道:

> 虽然设了报馆也有别的事体,但我既然在女报馆里住,这《女报》就是着重的功课。既然是着重的功课,我的精神心力必定专注于此。精神心力既然专注于此,这件事办出来就总要好些。①

这样一份完全脱离《苏报》而独立的《女学报》,已经成为陈撷芬全力投入、专心经营的一桩事业,由此也揭开了晚清女报史上女性以一人之力主持报刊的新篇章。

尽管上文已考证《(续出)女报》并非承接 1898 年的《女学报》而来,并且,陈撷芬对于刊物是否要改名《女学报》也有过犹豫,曾经顾虑"《女报》的命意,添了个'学'字,倒反包括不住"②,但出版在后的《女报》(《女学报》)其实仍与作为中国女学堂校刊的《女学报》密切相关。捐款人中既有经玉娟、金兰贞、盛静英这样当年在读的中国女学堂学生③,作者中如丁慧(明

---

① 陈撷芬《元旦问答》,《女学报》2 年 1 期,5、7、8 页。
② 《本报初次改良》,《(续出)女报》8 期,"女报演说"1 页。
③ 经玉娟为经元善之女,其与金兰贞、盛静英俱见《中国女学堂戊戌七月底止收付清账》(《新闻报》,1898 年 9 月 25 日)之住塾学生名单;《(续出)女报》2 期列经、金各"捐洋十元";《女学报》2 年 1 期列经与盛各赞助十元。

玉)、张静仪①亦曾任教该校,且后者名列《女学报》主笔,而陈骞(槎仙)与陈超(班仙)均为学堂倡办者之一陈季同之女,也参与了中国女学堂筹备阶段的活动。

尤其重要的是,初期的《女报》显然是以前在的《女学报》为样本的。这在"图画"栏目的设计上表现得最明显。陈撷芬最初的想法是:"把那些古往今来,中国外国,好女人的事迹,画将出来;还把那天球的样子,地球的样子,怎么分昼夜,怎么分冬夏,还有个外国女学堂款式,女学生在里边读书的景像,一一画出;就是那纺纱的机器,织布的机器,做针线的机器,也要画出来。"②若与《女学报》拟刊白话演述加绘图的《中外古今列女传》,以及已经登载的《上海桂墅里女学堂图》《女塾图》《女红铁车图》《蚕桑图》③等相对照,实可谓萧规曹随。虽然陈记《女学报》最终有所修正,刊出的是照片而非绘图,并且,这一发布女学堂师生合影与杰出女性单人照的创举对后来的女报影响深巨,但如追源溯流,1898年的《女学报》仍有启导之功。

即使放在报刊史的线索中,《女报》前身的确认,也为两份《女学报》之间关系的密切提供了新证。最关键的是,1899年3月出刊的《女学报》,其发行已是"托苏报馆随报附送",而同年冬,陈撷芬创办的《女报》也同样采用了"随《苏报》附送"的形式,并因此获得了"女苏报"之称④。尽管在陈氏,附送算是"近水楼台",但这同一年份前后相继、发行形式相同的种种关联已足够提醒我们,陈撷芬之创办《女报》,乃是有意接续停刊未久的《女学报》。如此,则两份女报之间并未出现数年的间断,二者的关联应用"前仆后继"来形容方为适切。在此意义上,钱南秀教授关于两报的"母女"之称也可以成立。

《女学报》的结束说起来有些偶然。1903年6月底,因提倡排满革命、

---

① 《(续出)女报》8期所刊《去害质言》署名为"崞阳女史张静娴",内文则均作"静仪",应是题名误书。
② 《白话演说的缘故》,《(续出)女报》1期,"女报演说"1页。
③ 分见《女学报》1期(《本馆告白》)、3、7、5、8期。
④ 冯自由《开国前海内外革命书报一览》,《革命逸史》第三集,138页,北京:中华书局,1981年。

言论激烈,清政府联手上海租界当局,制造了"苏报案"。章太炎被逮,邹容投案,《苏报》被查封,陈范也匆忙带女儿撷芬逃亡日本。其时,《女学报》虽有延期,但最晚至 6 月 12 日,也已出版了第 3 期①。尽管避难东京,生活流荡不安,陈撷芬却未放弃这份杂志。10 月间,《女学报》4 期终于出版,编辑兼发行所的地址为"东京牛込区喜久井町二十番四号",总发行所则是"上海国民日日报馆",此外,国内各地还有 12 个代派所。"苏报案"在此期刊物留下的显著印迹是,陈撷芬的署名已全部改易为"楚南女子"。封底的《本报迟出之原由》,对于"现在是九月,应该出第八期了,怎么还出四期呢",陈撷芬也以"总算是为私误公,也不用说了"含糊过去。而其中明白传达出的则是对杂志前途的充足信心:

> 但是现在要尽这四个月内补足十一期的数目,还差着八期呢,也只可赶着做去。如其赶不及,或又遇着排印耽误,落下几期,也只可明年补足的了。然而却总不肯中止的,请诸位原谅些。②

这一诺言嗣后虽未能兑付,《女学报》此后似未再出刊,但《女学报》的结局与一场著名的政治案件联系在一起,已足够光荣,而由此开启的晚清女报与革命的结合,更是意义深远。

---

① 1903 年 5 月 17 日《苏报》所刊《女报馆广告》称:"本馆第三期之报原定于十五日出版,现因东洋代印之插画尚未寄到,故未能如期出报,阅者谅之。"而 6 月 12 日已见《第二年第三期〈女学报〉已出》之告白。

② 记者《本报迟出之原由》,《女学报》4 期,封底,1903 年 10 月。

主要参考文献

基本文献

中文部分

《女学报》(1898年7月24日创办)
《女报》(《女学报》)(1902年5月续出)
《女子世界》(1904年1月创刊)
《妇孺报》(1904年5月创刊)
《女界灯学报》(1905年4月创刊)
《北京女报》(1905年8月20日创办)
《中国女报》(1907年1月创刊)
《中国新女界杂志》(1907年2月创刊)
《天义报》(1907年6月创刊)
《神州女报》(1907年12月创刊)
《惠兴女学报》(1908年5月创刊)
《女报》(1909年1月创刊)

《申报》(1872年4月30日创办)
《万国公报》(1874年9月由《教会新报》改名而来)
《点石斋画报》(1884年5月创刊)
《新闻报》(1893年2月17日创办)
《苏报》(1896年6月26日创办)
《时务报》(1896年8月创刊)
《知新报》(1897年2月创刊)
《湘报》(1898年3月7日创办)
《时务日报》(1898年5月5日创办)
《无锡白话报》(《中国官音白话报》)(1898年5月创刊)
《中外日报》(1898年8月17日由《时务日报》改名而来)
《清议报》(1898年12月创刊)
《选报》(1901年11月创刊)
《新民丛报》(1902年2月创刊)
《时事采新汇选》(1902年1月10日创办)
《大公报》(1902年6月17日创办)
《新小说》(1902年11月创刊)
《大陆》(1902年12月创刊)
《江苏》(1903年4月创刊)
《俄事警闻》(1903年12月15日创办)
《警钟日报》(1904年2月26日由《俄事警闻》改名而来)
《时报》(1904年6月12日创办)
《复报》(1906年5月创刊)
《学部官报》(1906年8月创刊)
《图画日报》(1909年8月16日创办)

《十三经注疏》,北京:中华书局,1980年。
《后汉书》,范晔撰,北京:中华书局,1965年。
《明实录·神宗实录》,台北:"中研院"历史语言研究所校印,1966年。
《明史》,张廷玉等撰,北京:中华书局,1974年。

《明伦汇编·闺媛典》,陈梦雷、蒋廷锡编《古今图书集成》395 册,影印本,上海:中华书局,1936 年。

《近代中国女权运动史料》,李又宁、张玉法主编,台北:龙文出版社,1995 年。
《老上海名人名事名物大观》,熊月之主编,上海:上海人民出版社,1997 年。
《清末民初洋学学生题名录初辑》,房兆楹辑,台北:"中研院"近代史研究所,1962 年。
《清末文字改革文集》,文字改革出版社编,北京:文字改革出版社,1958 年。
《中国出版史料补编》,张静庐辑注,北京:中华书局,1957 年。
《中国妇女运动历史资料》(1840—1918),徐辉琪、刘巨才、徐玉珍编,北京:中国妇女出版社,1991 年。
《中国近代报刊名录》,史和、姚福申、叶翠娣编,福州:福建人民出版社,1991 年。
《中国近代期刊篇目汇录》第一、二卷,上海图书馆编,上海:上海人民出版社,1980 年。
《中国近代学制史料》第二辑,朱有瓛主编,上海:华东师范大学出版社,1989 年。
《最近三十五年之中国教育》,庄俞编,上海:商务印书馆,1931 年。

《张太岳集》,张居正著,上海古籍出版社影印明万历刻本《张太岳文集》,1984 年。
《曹大家〈女诫〉直解》,赵南星直解,万历刻本。
《教家二书》,赵南星编注,光绪十七年(1891)刻本。
《〈女诫〉浅释》,劳纺释,光绪二十五年(1899)守拙之居刊本。
《〈女诫〉注释》(俚语本),吴芙注释,清抄稿本。

《蒙学课本》,邹凌沅辑《通学斋丛书》,清末刻本。
《新订蒙学课本》,长沙:岳麓书社,2006 年。
《白话丛书》第一集,裘廷梁编,1901 年。
《自助论》,上海通社原译,林万里校订,上海:商务印书馆,1910 年。

《世界十二女杰》,岩崎徂堂、三上寄凤[风]著,赵必振译,上海:广智书局,1903 年。
《世界十女杰》,1903 年。

《(近世欧美)豪杰之细君》,村松乐水著,丁初我译,常熟:海虞图书馆,1903 年。
《女子新读本》,杨千里编著,上海:文明书局,光绪三十年(1904)七月初版,光绪三十二(1906)年五月七版。
《外国列女传》,陈寿彭译,薛绍徽编,南京:江楚编译官书总局,1906 年。
《祖国女界伟人传》,咀雪庐主人(许定一)编述,日本横滨:新民社,1906 年。
《祖国女界文豪谱》,咀雪子(许定一)编著,北京:京华印书局,1909 年。

《晚清文学丛钞》(说唱文学卷),阿英编,北京:中华书局,1960 年。
《(最新)妇孺唱歌书》,越社编,上海越社印行,1904 年初版,1905 再版。
《新中国唱歌集》(初编),金一编,上海:小说林社,1906 年。
《新中国唱歌集》(二编),金一编,上海:小说林社,1906 年。
《(改良再版)女学唱歌集》,倪寿龄编译,上海:文明书局,1906 年。
《中国近代音乐史料汇编》(1840—1919 年),张静蔚编,北京:人民音乐出版社,1998 年。
《搜索历史——中国近现代音乐文论选编》,张静蔚编,上海:上海音乐出版社,2004 年。

《蔡元培全集》第 15 卷,蔡元培著,杭州:浙江教育出版社,1998 年。
《墨游漫墨》,陈以益著,1927 年。
《爪哇鸿爪》,陈以益著,北京:外交部印刷局,1924 年。
《革命逸史》第三、四、五集,冯自由著,北京:中华书局,1981 年。
《康有为全集》第三集,康有为著,上海:上海古籍出版社,1992 年。
《女界钟》,爱自由者金一著,1903 年初版,1904 再版。
《居易初集》,经元善著,澳门印本,1901 年。
《韧盦老人自订年谱》,劳乃宣编,1922 年刻本。
《李鸿章》,饮冰室主人(梁启超)著,日本横滨:清议报馆,1902 年。
《中国现代学术经典·梁启超卷》,梁启超著,夏晓虹编校,石家庄:河北教育出版社,1996 年。
《(柳亚子文集)自传·年谱·日记》,柳亚子著,上海:上海人民出版社,1986 年。
《磨剑室文录》,柳亚子著,上海:上海人民出版社,1993 年。

《秋瑾集》,秋瑾著,上海:上海古籍出版社,1979年。
《秋瑾全集笺注》,秋瑾著,郭长海、郭君兮辑注,长春:吉林文史出版社,2006年。
《秋瑾史迹》,中华书局上海编辑所编辑,上海:中华书局上海编辑所,1958年。
《秋瑾研究资料》,郭延礼编,济南:山东教育出版社,1987年。
《秋瑾研究资料·文献集》,郭长海、秋经武主编,银川:宁夏人民出版社,2007年。
《秋女士遗稿》,秋瑾著,龚宝铨编,东京,1910年。
《可桴文存》,裘可桴著,无锡:裘翼经堂,1946年。
《盛氏家族·邵洵美与我》,盛佩玉著,北京:人民文学出版社,2004年。
《吴友如画宝》,吴友如绘,上海璧园,1909年。
《周作人日记》,周作人著,鲁迅博物馆编,郑州:大象出版社,1996年。

蒋术《吴稚晖和他的一家》,《卢湾史话》第四辑,政协上海市卢湾区委员会文史资料委员会编印,1994年。
陆费逵《六十年来中国之出版业与印刷业》,《申报月刊》1卷1号,1932年7月。

日文部分

《西國立志編》(原名《自助論》),英国斯邁尔斯著,中村正直譯,東京:七書屋,1876年。
《泰西列女傳》,白勢和一郎抄譯,新發田:綠樹館,1876年。
《古今萬國英婦列傳》,關信三纂譯,東京:集賢閣,1877年。
《西洋列女傳》,宫崎嘉國譯,東京:錦森堂,1879年。
《婦女鑑》,西村茂樹編,東京:宮内省,1887年。
《(齊武名士)經國美談》后篇,矢野文雄纂譯補述,東京:報知社,1887年。
《泰西婦女龜鑑》,澁江保纂譯,東京:博文館,1892年。
《婦人立志篇》,竹越竹代編纂,東京:警醒社書店,1892年。
《名女傳》,瀨川さわ子編纂,東京:東陽堂,1898年。
《世界古今名婦鑑》,蘆花生編,東京:民友社,1898年。
《泰西名婦傳》,永山盛良編,東京:勢陽堂書房,1901年。
《惹安達克》(世界歷史譚第三十二編),中内義一著,東京:博文館,1901年。

《世界十二女傑》，岩崎徂堂、三上寄風合著，東京：廣文堂書店，1902年。
《歐米女子立身傳》，根本正譯述，東京：吉川弘文館，1906年。
《(自助的人物典型)中村正直傳》，石井民司著，東京：成功雜誌社，1907年。
《德富蘇峰集》（"現代日本文學全集"第四編），東京：改造社，1930年。
《弟德富蘆花》，德富蘇峰著，東京：中央公論社，1997年。

研究论著

《蔡元培年谱长编》，高平叔撰著，北京：人民教育出版社，1996年。
《民国吴稚晖先生敬恒年谱》，杨恺龄编，台北：台湾商务印书馆，1981年。
《辛亥革命时期期刊介绍》第三、四集，丁守和主编，北京：人民出版社，1983、1986年。
《中国报学史》，戈公振著，北京：三联书店，1955、1986年。
《北京妇女报刊考》(1905—1949)，姜纬堂、刘宁元主编，北京：光明日报出版社，1990年。
《历代妇女著作考》，胡文楷编著，上海：上海古籍出版社，1985年。
《学堂乐歌考源》，钱仁康著，上海：上海音乐出版社，2001年。
《中国近现代(1840—2000)音乐教育史纪年》(增订本)，孙继南编著，济南：山东教育出版社，2004年。
《近代日本思想史》第一卷，[日]近代日本思想史研究会著，马采译，北京：商务印书馆，1983年。
《近代日本思想史》第二卷，[日]近代日本思想史研究会著，李民等译，北京：商务印书馆，1991年。

《晚明与晚清：历史传承与文化创新》，陈平原、王德威、商伟编，武汉：湖北教育出版社，2002年。
《〈女四书〉研究》，黄丽玲撰，台湾南华大学文学研究所硕士论文，2003年。
《清末的下层社会启蒙运动》(1901—1911)，李孝悌著，石家庄：河北教育出版社，2001年。
《林乐知在华事业与〈万国公报〉》，梁元生著，香港：中文大学出版社，1978年。

《觉世与传世——梁启超的文学道路》,夏晓虹著,上海:上海人民出版社,1991年。
《晚清女性与近代中国》,夏晓虹著,北京:北京大学出版社,2004年。
《晚清社会与文化》,夏晓虹著,武汉:湖北教育出版社,2001年。
《晚清文人妇女观》,夏晓虹著,北京:作家出版社,1995年。
《中国新文学的源流》,周作人著,北平:人文书店,1934年。
《苦竹杂记》,周作人著,长沙:岳麓书社,1987年。

杜继琨《再谈〈女学报〉》,《图书馆》1963年4期。
季家珍(Joan Judge)著,曹南屏译《扩充女性/国族的想象:晚清妇女期刊中的社会女英雄及女战士》,复旦大学历史学系等编《新文化史与中国近代史研究》,上海古籍出版社,2009年。
栾伟平《〈觚庵漫笔〉作者考》,《小说林社研究》,北京大学博士论文,2009年。
栾伟平《蒋维乔日记中的小说林社资料》,日本《清末小说》29号,2006年12月。
栾伟平《清末小说林社的杂志出版》,《汉语言文学研究》2011年2期。
松尾洋二《梁启超与史传——东亚近代精神史的奔流》,狭间直树编《梁启超·明治日本·西方》,北京:社会科学文献出版社,2001年。
万仕国《何震年表》,赵昌智主编《扬州文化研究论丛》7辑,81—82页,扬州:广陵书社,2011年。
夏晓虹《何震的无政府主义"女界革命"论》,《中华文史论丛》2006年3辑。
夏晓虹《旧戏台上的文明戏——田际云与北京"妇女匡学会"》,《现代中国》第五辑,武汉:湖北教育出版社,2004年12月。
夏晓虹《秋瑾诗词集初期流传经过考述》,《中国文化研究》2014年2期。
夏晓虹《上海"中国女学堂"考实》,《中国文化》31期,2010年5月。
余福媛《关于〈女学报〉的刊期与刊行期》,《图书馆杂志》1986年2期。
张天星《我国最早女报人裘毓芳卒年考证》,《江苏地方志》2008年1期。

前田愛《明治立身出世主義の系譜―『西国立志編』から『帰省』まで》,氏著《近代読者の成立》,東京:有精堂,1973年。
松尾洋二《梁啓超と史伝——東アジアにおける近代精神史の奔流》,狭間直樹編《梁啓超:西洋近代思想受容と明治日本》,東京:みすず書房,1999年。

Nanxiu Qian, "The Mother *Nü Xuebao* versus the Daughter *Nü Xuebao*: Generational Differences Between 1898 and 1902 Women Reformers," in Nanxiu Qian, Grace S. Fong, Richard J. Smith, eds. , *Different Worlds of Discourse: Transformations of Gender and Genre in Late Qing and Early Republican China* (Leiden: Brill, 2008).

后　记

本书从最初的设想到最后的完成,其间几易题目,亦即反映出研究范围的几经调整。

最初的书名预定为"晚清启蒙读本研究",那时的想法是将各种晚清有代表性的通行启蒙读物纳入,以考察西学如何通过精英知识分子的接受,再通俗化地传播到民间社会。因此,2006年2月最先完成的是有关中外女杰传译介的《晚清女性典范的多元景观》,这篇论文其实是更早三年已经开始写作。接下来,从2006年3月到2008年12月,又先后写出了《从"尚友录"到"名人传略"——晚清世界人名辞典研究》《晚清的西餐食谱及其文化意涵》与《〈蒙学课本〉中的旧学新知》三文。不过,表面看起来按部就班的推进,背后实际都有会议的驱动。我的策略仍然是把主办方的题旨,落实在个人的关注点上。

正因如此,加之女性议题本来也是我关心的一大重点,撰文时难免偏向于此,故与上述线索同时并进的,仍有关于晚清女性启蒙读物的论述。陆续发表的各篇,涉及《女诫》白话注解本的演变、西方女杰传的来源、女子乐歌以及女学报刊诸问题。当然,可以讨论的读本还有不少,起码女子教科书、戒缠足宣传品等就应数及。只是,就资料的搜集看,通俗读物相对于高雅的著作,后世更难觅得。原因是,这些读本当年虽然可能有很大的印量,但多半被判定为价值不高,同时代的收藏家与图书馆均看不入眼,以致教材与用于赠送的读本存世反而更少。既然无法看到前后贯联、左右并列的系统印本,研究工作自然不易展开。于是,那些原先设定的选题不得不放弃。只是,这样说,多少带有自我辩解的意味。而我更希望的是,此书能够成为一个有待生长的课题,将来再接续写出第二编。

但无论如何,就篇数而言,与女性启蒙读物相关的部分已经坐大,占了绝对多数,"人名辞典""西餐食谱"以及"蒙学课本"三文反倒显得零散、游离。将其勉强编入,书名一度考虑改为《晚清女性与启蒙读本》,总觉十分别扭。终于有一天,香港三联书店的侯明总编辑面邀我加入"三联人文书系",我才憬悟,抽出此三篇,与谈晚清白话文的另外二文合为一书,两本书的主题因此都能相对集中,实可谓彼此成全。这样,最终编定的本书也有了第三次命名的机会,并可与我先前在北大出版社出版的《晚清女性与近代中国》配合,成为一本晚清女性研究专著。

为了这本不够厚重的书稿,寻找那些散落在各处的启蒙文本,我打扰了许多朋友以及先前的学生。且容我把这些名字写在下面,以表达深挚的谢意:美国莱斯大学的钱南秀教授,日本东京大学的尾崎文昭教授,日本关西大学的沈国威教授,北京社会科学院的钟少华研究员,中国现代文学馆的刘慧英研究员,郑州大学的吕美颐教授,安徽师范大学的吴微教授,华东师范大学的魏泉教授。由他们帮忙提供的资料,对本书各篇论文的构建具有关键的意义。

其中,最当感谢的是钱南秀教授。2000年8月于北大召开的"晚明至晚清:历史传承与文化创新"会议上,我和她第一次相遇,我们一见如故。谈及1898年在上海创办的中国女学堂及其所办报章,她立刻将在南京图书馆复印的两期《女学报》慷慨送我分享;过后,更连同她在无锡图书馆笔录的资料亦一并倾囊相赠。而我的先行发表很可能因此挤占了她的研究空间,但她毫不介意。因此,我对南秀在友情之外,也葆有很高的敬意。

如上所述,除了附录,本书各章均曾作为会议论文宣读过,现将经过情形略志如下:

2003年11月在台湾中正大学"文学传媒与文化视界"学术研讨会上发

表的《晚清女性典范的多元景观——从中外女杰传到女报传记栏》,后经补充、修订,2006年3月又在美国加州大学尔湾分校主办的"中国的性别政治与妇女传记传统"研讨会发表,此文构成了本书第二章。

2007年4月在德国海德堡大学"国际视野中的中国妇女期刊、新女性与文类重构"学术研讨会上发表的《晚清女报中的乐歌》,构成了本书第四章。

2008年8月在台湾"中研院"文哲所"明清文学文化中的秩序与失序"国际学术研讨会上发表的《〈世界古今名妇鉴〉与晚清外国女杰传》,构成了本书第三章。

2010年3月在台湾"东华大学"主办的第四届"文学传播与接受"国际学术研讨会上,发表《经典阐释中的文体、性别与时代——晚明与晚清的〈女诫〉白话注解》,此文构成了本书第一章。

2011年5月在伦敦大学亚非学院"性别与跨文化生产:1900—2000年全球语境中的中国妇女报刊"国际学术研讨会上,发表《晚清女报中的西方女杰——明治"妇人立志"读物的中国之旅》,此文构成了本书第五章。

2013年7月在东京大学举行的日本中国社会文化学会年会的"中国社会性别结构的历史变迁"专题研讨会上,发表《晚清女报中的国族论述与女性意识——1907年的多元呈现》,此文构成了本书第六章。

为此,我要特别向各次会议的主办者与邀请人致谢,他们是:加州大学尔湾分校的胡缨教授,加拿大约克大学的季家珍(Joan Judge)教授,海德堡大学的梅嘉乐(Barbara Mittler)教授,伦敦大学亚非学院的贺麦晓(Michel Hockx)教授,一桥大学的坂元弘子教授,横滨女子大学的白水纪子教授,中研院文哲所的胡晓真研究员,中正大学的江宝钗教授,东华大学的赖芳伶教授。可以看出,其中好几位是我在晚清研究领域中的同道。

值得一记的还有最后一章的写作过程。与其他各章不同,此篇可谓"命题作文"。具体负责筹办专题研讨会的白水纪子教授,起初即交代我,能否准备"在清末时期形成民族性和爱国主义的过程当中,中国社会怎样构成'男性性'(masculinity, masculine gender)与'女性性'(femininity, feminine gender)"的报告,并说明只谈后一方面的问题亦可。我于是按照这一

"既定方针"开始思考。虽然起初我对这个题目并不喜欢,但选定1907年创办的三种女报做进去后,发现在相异的国族论述背景下观察其女性意识,的确别有景观。最终,我对白水教授的给定题目很是感激。应当感谢的还有北海道大学的清水贤一郎教授,我的会议论文,包括最后的成稿,均由其翻译成日文。译文也很荣幸地在去年的《中国:社会与文化》第29号上刊出。

而最后的感谢一向都是留给平原君的。三十年的相濡以沫,谨以此书作为纪念。

2015年1月18日于香港中文大学寓所

作者小传

夏晓虹,北京大学中文系教授。先后赴日本、美国、德国、捷克、韩国、英国、马来西亚、以色列、新加坡、法国以及中国台湾、香港地区从事研究与参加学术会议,并曾在德国海德堡大学(1998)、日本东京大学(1999—2001)、香港岭南大学(2009、2014)客座讲学。主要关注近代中国的文学思潮、女性生活及社会文化。著有《觉世与传世——梁启超的文学道路》《诗界十记》《晚清文人妇女观》(日译本名《纏足をほどいた女たち》)、《旧年人物》《诗骚传统与文学改良》《晚清的魅力》《晚清社会与文化》《返回现场——晚清人物寻踪》《晚清女性与近代中国》《阅读梁启超》《晚清上海片影》《燕园学文录》《珍藏生命》《晚清报刊、性别与文化转型——夏晓虹选集》《梁启超:在政治与学术之间》《晚清白话文与启蒙读物》;并主编"学者追忆丛书""梁启超史学著作精校系列",编校《梁启超文选》《中国现代学术经典·梁启超卷》《〈饮冰室合集〉集外文》《中国近代思想家文库·金天翮、吕碧城、秋瑾、何震卷》等,合编《二十世纪中国小说理论资料》第一卷、《北大旧事》《图像晚清:点石斋画报》《清华同学与学术薪传》等。

学术史丛书

中国禅思想史	葛兆光 著
——从6世纪到9世纪	
士大夫政治演生史稿	阎步克 著
中国文学研究现代化进程	王 瑶 主编
中国现代学术之建立	陈平原 著
——以章太炎、胡适之为中心	
陈寅恪先生史学述略稿	王永兴 著
明清之际士大夫研究	赵 园 著
儒学南传史	何成轩 著
西潮激荡下的晚清地理学	郭双林 著
中国文学研究现代化进程二编	陈平原 主编
文学史的权力	戴 燕 著
《齐物论》及其影响	陈少明 著
文学史书写形态与文化政治	陈国球 著
晚清女性与近代中国	夏晓虹 著
北京:都市想像与文化记忆	陈平原 王德威 编
中国民间文学研究的现代轨辙	陈泳超 著
触摸历史与进入五四	陈平原 著
制度·言论·心态	赵 园 著
——《明清之际士大夫研究》续编	
近代中国的百科辞书	陈平原 米列娜 主编
清末民初的晚明想象	秦艳春 著
德语文学研究与现代中国	叶 隽 著
作为学科的文学史	陈平原 著
儒学转型与文化新命	彭春凌 著
——以康有为、章太炎为中心(1898—1927)	

政教存续与文教转型	陆胤	著
——近代学术史上的张之洞学人圈		
世运推移与文章兴替	王风	著
——中国近代文学论集		
晚清女子国民常识的建构	夏晓虹	著
晚清文人妇女观(增订本)	夏晓虹	著
* 文化制度和汉语史	〔日〕平田昌司	著
* 现代中国述学文体	陈平原	著

文学史研究丛书

中国现代主义诗潮史论		孙玉石	著
小说史:理论与实践		陈平原	著
上海摩登	〔美〕李欧梵 著	毛尖	译
——一种新都市文化在中国1930—1945			
北京:城与人		赵园	著
中国小说叙事模式的转变		陈平原	著
晚清至五四:中国文学现代性的发生		杨联芬	著
词与文类研究	〔美〕孙康宜 著	李奭学	译
二十世纪中国文学三人谈·漫说文化			
	钱理群 黄子平	陈平原	著
唐代乐舞新论		沈冬	著
文学复古与文学革命	〔日〕木山英雄 著	赵京华	译
鲁迅·革命·历史	〔日〕丸山昇 著	王俊文	译
——丸山昇现代中国文学论集			
鲁迅、创造社与日本文学 〔日〕伊藤虎丸 著 孙猛 徐江		李冬木	译
被压抑的现代性	〔美〕王德威 著	宋伟杰	译
——晚清小说新论			

汉魏六朝文学新论	梅家玲 著
——拟代与赠答篇	
重建美国文学史	单德兴 著
明代复古派唐诗论研究	陈国球 著
新文学现实主义的流变	温儒敏 著
丰富的痛苦	钱理群 著
——堂吉诃德与哈姆雷特的东移	
大小舞台之间	钱理群 著
——曹禺戏剧新论	
地之子	赵园 著
《野草》研究	孙玉石 著
中国祭祀戏剧研究	〔日〕田仲一成 著 布和 译
韩南中国小说论集	〔美〕韩南 著
才女彻夜未眠	胡晓真 著
——近代中国女性叙事文学的兴起	
中国现代小说的起点	陈平原 著
——清末民初小说研究	
朱有燉的杂剧	〔美〕伊维德 著 张惠英 译
后殖民理论	赵稀方 著
耻辱与恢复	〔日〕丸尾常喜 著 张中良 孙丽华 编译
——《呐喊》与《野草》	
鲁迅与中国现代文学批评	陈方竞 著
鲁迅：中国"温和"的尼采	张钊贻 著
左翼文学的时代	王风 〔日〕白井重范 编
——日本"中国三十年代文学研究会"论文选	
中国戏剧史	〔日〕田仲一成 著 布和 译
上海抗战时期的话剧	邵迎建 著
屈原及其诗歌研究	常森 著
鲁迅：无意识的存在主义	〔日〕山田敬三 著 秦刚 译
情与忠：陈子龙、柳如是诗词因缘	〔美〕孙康宜 著 李奭学 译

知识与抒情	张　健　著
——宋代诗学研究	
唐代传奇小说论	〔日〕小南一郎　著　童　岭　译
临水的纳蕤思：中国现代派诗歌的艺术母题	吴晓东　著
美人与书	〔美〕魏爱莲　著　马勤勤　译
——19世纪中国的女性与小说	
*物质技术视阈中的文学景观	潘建国　著
——近代出版与小说研究	
*屈原及楚辞学论考	常　森　著
*史事与传奇	黄湘金　著
——清末民初小说内外的女学生	

其中前加*者即将出版。